수능을 준비하는 교사, 학생 모두의 수능독해 필독서

요지의 냄새를 맡는 흥릉흥릉 독해

심우철 지음

"수능영어 교재의 깊이가 다르다!"
강남대성 20년 강의 선생님만의 입증된 노하우!

맑은샘

KB193131

독해 특징

유형 총망라! 포인트 공략!
특화된 핵심 완성으로 수능 독해는 "큭독"으로 해결하자!

☑ 문제제기

생각해 보셨나요? 시중에 독해 문제집(워크북)은 넘쳐 나는데, 정작 (독해방법을 설명해 주는) 독해 교재는 없는 아이러니!

EBS 교재 열심히 풀면, 모의고사 양치기 하면, 빈칸완성 정답률이 높아지나요?

"'교육은 ~ 가져오게 한다'는 내용의 글이다. 따라서 빈칸에 들어갈 말로 가장 적절한 것은 ③ '부담에서 ~ 한다'이다." 이와 같은 기존의 문제 해설을 보면, 이후부터는 빈칸완성을 풀 수 있나요?

학교에서도, 학원에서도, EBS에서도, 인강에서도 그 어디에도 우리 수험생들에게 독해하는 방법, 그 자체를 가르쳐 주는 곳은 없습니다. 어찌보면 무책임 한거죠.

강남대성학원에서 20년 동안 재수생들을 가르치면서 헤아릴 수 없이 많은 영어1등급 성공 사례들과 수능만점 제자들을 보고 확신에 확신을 거듭하게 되었습니다.

20년에 거쳐 검증되고 입증된 저의 수능독해 방법을 이제 세상에 자신있게 공개하여, 수험 생들의 영어공부에 대한 어려움과 불안감을 자신감과 확신으로 바꿔 드리겠습니다.

☑ 수능독해 출제 기준

독해 지문들 중에서 도표/실용문, 내용일치, 심경/어조, 어법 등을 제외한 나머지 모든 지 문들은 사실상, 넓은 의미의 논설문이다. 다시 말해 지문에 '작가의 생각이나 의견'(요지)이 들 어있다는 말이다. 따라서 수능 독해 지문의 가장 중요한 평가목적은 주어진 시간 안에 해당 지문을 읽고 글의 요지를 파악하는지 여부이다. 이제 더 구체적으로, 실제 유형별로 확인을 해보자.

내용; 제목, 주제, 요지, 주장, 요약문 완성, 함축의미

☑ 이러한 문제 유형들은 모두 지문을 읽고 요지문을 찾을 것을 요구한다.

① 제목, 주제: 찾은 요지문을 명사구(영어)로 표현한 것이다. 이때 제목은 문장(영어)도 가능하다.

② 요지: 찾은 요지문을 문장(한글)으로 표현한 것이다.

③ 요약문 완성: 지문의 요지를 한 문장(영어)으로 요약하고, 핵심 단어 두 개를 요구한다.

④ 함축의미: 밑줄 친 부분은 '요지 혹은 요지의 정반대'의 뜻을 가진 비유적 표현이다.

예시 지문

밑줄 친 Flicking the collaboration light switch가 다음 글에서 의미하는 바로 가장 적절한 것은? [3점] 2021.09. 평가원 21번   정답률 31%

Flicking the collaboration light switch is something that leaders are uniquely positioned to do, because several obstacles stand in the way of people voluntarily working alone. For one thing, the fear of being left out of the loop can keep them glued to their enterprise social media. Individuals don't want to be — or appear to be — isolated. For another, knowing what their teammates are doing provides a sense of comfort and security, because people can adjust their own behavior to be in harmony with the group. It's risky to go off on their own to try something new that will probably not be successful right from the start. But even though it feels reassuring for individuals to be hyperconnected, it's better for the organization if they periodically go off and think for themselves and generate diverse — if not quite mature — ideas. Thus, it becomes the leader's job to create conditions that are good for the whole by enforcing intermittent interaction even when people wouldn't choose it for themselves, without making it seem like a punishment.

① breaking physical barriers and group norms that prohibit cooperation

② having people stop working together and start working individually

③ encouraging people to devote more time to online collaboration

④ shaping environments where higher productivity is required

⑤ requiring workers to focus their attention on group projects

예시 지문에 표시되었듯이 글의 요지는 '협업에서 벗어나서 혼자 힘으로 생각하면서 다양한 아이디어를 만들어내자.'는 내용이다. 따라서 이 요지와 같은 내용, 즉 '협업을 멈추고(stop working together) 혼자 일하기 시작하라(start working individually)'는 내용의 ②번 선택지가 정답이다. 이 문제를 풀 때 요지문 찾았다면 정답률이 그렇게 처참하지는 않았을 것이다. 이것이 바로 본 교재가 필요한 이유이다.

문맥; 무관한 문장, 무관한 어휘

'전체 흐름과 관계 없는 문장'에서 '전체흐름'은 바로 '요지'를 나타내는 것이다. 다시말해, '무관한 문장' 유형은, '요지와 무관한 문장' 유형으로, 선택지 중에서 '요지'와 내용이 다른 문장을 고르는 문제인 것이다.

예시 지문

다음 글에서 전체 흐름과 관계 <u>없는</u> 문장은? 2018.09. 평가원 35번   정답률 44%

While the transportation infrastructure may shape where we travel today, in the early eras of travel, it determined whether people could travel at all. ① The development and improvement of transportation was one of the most important factors in allowing modern tourism to develop on a large scale and become a regular part of the lives of billions of people around the world. ② <u>Another important factor was the industrialization that led to more efficient transportation of factory products to consumers than ever before.</u> ③ Technological advances provided the basis for the explosive expansion of local, regional, and global transportation networks and made travel faster, easier, and cheaper. ④ This not only created new tourist-generating and tourist-receiving regions but also prompted a host of other changes in the tourism infrastructure, such as accommodations. ⑤ As a result, the availability of transportation infrastructure and services has been considered a fundamental precondition for tourism.

따라서 예시 문제에서 ①번 문장과 ②번 문장은 'one of the most important factors'와 'Another important factor'로 자연스럽게 이어지는 것으로 보이지만, 이 지문의 요지는 첫 번째 문장(수송 인프라가 여행에 끼치는 영향)이므로, '제품 수송'과 관련된 ②번 문장이 요지와 무관한 문장인 것이다. 해당 모의고사 당시 요지문을 찾아 활용하지 못한 수험생들이 절반을 훨씬 넘었다.

세엣

빈칸완성

빈칸완성 문제의 해당 빈칸 문장은 '요지 혹은 요지의 정반대'의 뜻을 담는다. 결국, 찾아낸 요지문과 빈칸 문장이 같은 뜻이 되게 만드는 표현을 선택지에서 고르는 것이 빈칸완성의 해법이다.

예시 지문

다음 빈칸에 들어갈 말로 가장 적절한 것을 고르시오. [3점] 2024.09. 평가원 34번   정답률 **29.5%**

That people need other people is hardly news, but for Rousseau this dependence extended far beyond companionship or even love, into the very process of becoming human. Rousseau believed that people are not born but made, every individual a bundle of potentials whose realization requires the active involvement of other people. Self-development is a social process. Self-sufficiency is an impossible fantasy. Much of the time Rousseau wished passionately that it were not: Robinson Crusoe was a favorite book, and he yearned to be free from the pains and uncertainties of social life. But his writings document with extraordinary clarity _____ _____. "Our sweetest existence is relative and collective, and our true self is not entirely within us." And it is kindness - which Rousseau analyzed under the rubric of pitié, which translates as "pity" but is much closer to "sympathy" as Hume and Smith defined it - that is the key to this collective existence.

* yearn 갈망하다 ** rubric 항목

① the necessity of philosophical study to understand human nature

② the development of self-sufficiency through literary works

③ the shaping of the individual by his emotional attachments

④ the making of the self-reliant man through his struggles

⑤ the difficulty of trusting other people wholeheartedly

지문의 표시된 요지문에서 '친절, 번역하면 공감(sympathy)'이 '집단적 존재(collective exis-tence)로서의 개인'을 만드는 핵심이라 했으므로, '정서적 유대(emotional attachments)'가 '개인(individual)'을 형성한다는 내용의 선택지 ③번이 정답이다. 따라서 요지문만 찾았다면 어렵지 않게 맞출 수 있는 문제였지만, 실제로는 대부분의 수험생들은 요지문 찾는 방법을 배우지 못하기 때문에, 해당 모의고사에서 가장 많이 틀렸던 문제이다. 요지문 찾는 방법은 반드시 숙달시켜야 한다.

네엣

순서/삽입

순서추론이나 문장삽입 유형은 수험생의 WRITING(글쓰기) 능력에 대한 간접평가 영역이다. 따라서 일반 READING(읽기) 능력, 즉 요지찾기 능력을 평가하는 유형이 아닌 것이다. 그러나 문제는 대부분의 수험생들이 이러한 출제의도를 모르고, 독해만으로 글의 순서나 문장의 위치를 추론하려 한다는 것이다.

예시 지문

주어진 글 다음에 이어질 글의 순서로 가장 적절한 것을 고르시오. [3점] 2024. 수능 37번

> Norms emerge in groups as a result of people conforming to the behavior of others. Thus, the start of a norm occurs when one person acts in a particular manner in a particular situation because she thinks she ought to.

(A) Thus, she may prescribe the behavior to them by uttering the norm statement in a prescriptive manner. Alternately, she may communicate that conformity is desired in other ways, such as by gesturing. In addition, she may threaten to sanction them for not behaving as she wishes. This will cause some to conform to her wishes and act as she acts.

(B) But some others will not need to have the behavior prescribed to them. They will observe the regularity of behavior and decide on their own that they ought to conform. They may do so for either rational or moral reasons.

(C) Others may then conform to this behavior for a number of reasons. The person who performed the initial action may think that others ought to behave as she behaves in situations of this sort.

① (A) – (C) – (B)   ② (B) – (A) – (C)

③ (B) – (C) – (A)   ④ (C) – (A) – (B)   정답률 35.3%

⑤ (C) – (B) – (A)   오답률 28.3%

    글의 요지, 즉 "남의 지시에 따라 규범에 순응할 수도 있지만, 스스로 판단해서 순응하는 경우도 있다."는 내용은, 어떤 순서로 읽든 달라지지 않는다. 결국 WRITING(글쓰기) 능력이라는 것은, 정해진 요지의 문장들을 어떤 순서로, 어느 위치에 배열하는 것이 논리적인가를 판단하는 능력인 것이다. 예를들어 ⑤번 선택지대로 (B) 다음에 (A)의 순서로 글을 쓴다면, ('The person'을 받는) 대명사 'she'가 가리키는 단수명사를 (B)에서 찾을 수가 없게 된다. 따라서 대명사와 같은 간단한 논리적 장치들을 본 교재를 통해 익힌다면, 순서/삽입도 쉽게 공략할 수 있게 된다.

☑ 결론

    지난 20년 동안 수도 없이 목격해 왔습니다.
빈칸 유형만 수백 문제를 풀어도 정답률은 제자리인 학생들,
순서/삽입은 읽으면 읽을수록 헷갈린다는 학생들,
EBS 문제집이랑 모의고사를 아무리 풀어도 뭔가 불안한 학생들,
감으로 답을 맞추긴 했는데 근거는 정확히 모르는 학생들!

학교에서 방과 후 수업 수능영어 교재가 필요한 선생님들에게,
마땅한 영어독해 교재가 없어 기출문제만 풀어 주는 학원 강사님들에게,
개인과외 용 영어독해 교재가 필요한 대학생들에게,
수능에서 영어 무조건 1등급 받아야 하는 수험생들에게

이 교재를 자신있게 추천합니다.

· CONTENTS ·

주제		페이지
	킁킁 독해 특징	p. *2*
	Code 01 강조구문	p. *10*
	Code 02 양보구문 (1)	p. *22*
	양보구문 (2)	p. *34*
	양보구문 (3)	p. *47*
	Code 03 비교구문	p. *60*
	Code 04 상관구문	p. *72*
CHAPTER 1 **필수**	Code 05 가정법 구문	p. *84*
	Code 06 의문문	p. *96*
	Code 07 특정 명사	p. *108*
	Code 08 단서 조동사 + 명령문	p. *120*
	Code 09 단서 형용사	p. *132*
	Code 10 인과/결론 + 비유	p. *144*
	부록 01 글의 순서	p. *158*
	부록 02 문장 삽입	p. *170*
	킁킁 01 예시 + 실험	p. *182*
CHAPTER 2 **Special**	킁킁 02 암시 + 병렬	p. *195*
	킁킁 03 동의어구	p. *208*
	킁킁 04 연결사의 생략	p. *220*
	정답 및 해설	p. *234*

CHAPTER 1

필수

Code 01 강조구문

지문 속의 강조구문은 글쓴이가 강조하려고 쓴 구문이므로, 기본적으로 그 자체가 요지문이다. 따라서 강조구문의 종류와 형태를 알아두면, 지문독해 중에 요지문을 바로 찾을 수 있다.

❦ 강조 구문

① It is ~ that 강조구문

- 예 It's how you use the brain that matters. ➡ 주어 강조
- 예 It is their health that most people pay little attention to. ➡ 목적어 강조
- 예 It is through social networking that people become prominent. ➡ 부사구 강조

② 조동사 Do + V

- 예 A little preventive maintenance does eliminate the need for major repairs later.
- 예 Commonly managed resources would be inevitably degraded over time. Many people do organize effectively the natural environment.

❦ 도치 구문

① 부정어구(only 포함) 도치: 부정어구 + 조동사 + S + V

- 예 Only through the pain can we clearly see the hope.

② 보어(-ed/-ing 포함) 도치: 형용사 C + Vi + S

- 예 Helpful to the calm atmospheres [is/are] the presence of comforting music.

③ (장소)부사(구) 도치: (장소)부사(구) + Vi + S

- 예 Beneath our normal self-fears lies our true strength.

❦ 이중부정 구문 ➡ 강한 긍정

- 예 You can never hurt another without hurting yourself.
- 예 Nobody can pass the entrance exam unless she studies regularly.
- 예 It is impossible to overestimate the importance of choosing books to read.

예시 문항

다음 빈칸에 들어갈 말로 가장 적절한 것을 고르시오. [3점] 2022.09. 평가원 기출

In trying to explain how different disciplines attempt to understand autobiographical memory the literary critic Daniel Albright said, "Psychology is a garden, literature is a wilderness." He meant, I believe, that psychology seeks to make patterns, find regularity, and ultimately impose order on human experience and behavior. Writers, by contrast, dive into the unruly, untamed depths of human experiences. What he said about understanding memory can be extended to our questions about young children's minds. If we psychologists are too bent on identifying the orderly pattern, the regularities of children's minds, we may miss an essential and pervasive characteristic of our topic: the child's more unruly and imaginative ways of talking and thinking. It is not only the developed writer or literary scholar who seems drawn toward a somewhat wild and idiosyncratic way of thinking; young children are as well. The psychologist interested in young children may have to _____ in order to get a good picture of how children think.

* unruly 제멋대로 구는 ** pervasive 널리 퍼져 있는 *** idiosyncratic 색다른

① venture a little more often into the wilderness
② help them recall their most precious memories
③ better understand the challenges of parental duty
④ disregard the key characteristics of children's fiction
⑤ standardize the paths of their psychological development

Code 분석 ···

🔍 It is not only the developed writer or literary scholar who seems **drawn toward a somewhat wild and idiosyncratic way of thinking; young children** are as well. 〈강조구문〉 ➔ 요지
다소 거칠고 색다른 사고방식에 끌리는 것처럼 보이는 것은 (비단 성숙한 작가나 문학 연구가뿐만이 아니라), 어린아이도 역시 그렇다.

🔍 **The psychologist interested in young children may have to venture a little more often into the wilderness** (in order to get a good picture of how children think). 〈빈칸문장〉 ➔ 요지
어린아이에게 관심이 있는 심리학자는 (아이가 어떻게 생각하는지에 관한 상황을 잘 파악하기 위해) 위험을 무릅쓰고 조금 더 자주 **황무지(거칠고 색다른 영역)에 발을 들여놓아야 할지도 모른다.**

1 다음 글의 주제로 가장 적절한 것을 고르시오. 2012.09. 평가원 기출

We sometimes encounter students who come to our offices and ask how they could have worked so hard but still failed our tests. They usually tell us that they read and reread the textbook and their class notes, and that they thought they understood everything well by the time of the exam. And they probably did internalize some bits and pieces of the material, but the illusion of knowledge led them to confuse the familiarity they had gained from repeated exposure to the concepts in the course with an actual understanding of them. As a rule, reading text over and over again yields diminishing returns in actual knowledge, but it increases familiarity and fosters a false sense of understanding. Only by testing ourselves can we actually determine whether or not we really understand. That is one reason why teachers give tests, and why the best tests probe knowledge at a deep level.

① positive impact of student counseling on study skills
② importance of familiarity in gaining actual understanding
③ relationship between reading and gaining high test scores
④ tests as a means to distinguish real understanding from familiarity
⑤ necessity of internalizing reading materials to improve test scores

Although prices in most retail outlets are set by the retailer, this does not mean that these prices _____. On any particular day we find that all products have a specific price ticket on them. However, this price may be different from day to day or week to week. The price that the farmer gets from the wholesaler is much more flexible from day to day than the price that the retailer charges consumers. If, for example, bad weather leads to a poor potato crop, then the price that supermarkets have to pay to their wholesalers for potatoes will go up and this will be reflected in the prices they mark on potatoes in their stores. Thus, these prices do reflect the interaction of demand and supply in the wider marketplace for potatoes. Although they do not change in the supermarket from hour to hour to reflect local variations in demand and supply, they do change over time to reflect the underlying conditions of the overall production of and demand for the goods in question.

① reflect the principle of demand and supply

② may not change from hour to hour

③ go up due to bad weather

④ do not adjust to market forces over time

⑤ can be changed by the farmer's active role

3 다음 글의 제목으로 가장 적절한 것은? 2018.06. 평가원 기출

According to the individualist form of rhetoric about science, still much used for certain purposes, discoveries are made in laboratories. They are the product of inspired patience, of skilled hands and an inquiring but unbiased mind. Moreover, they speak for themselves, or at least they speak too powerfully and too insistently for prejudiced humans to silence them. It would be wrong to suppose that such beliefs are not sincerely held, yet almost nobody thinks they can provide a basis for action in public contexts. Any scientist who announces a so-called discovery at a press conference without first permitting expert reviewers to examine his or her claims is automatically castigated as a publicity seeker. The norms of scientific communication presuppose that nature does not speak unambiguously, and that knowledge isn't knowledge unless it has been authorized by disciplinary specialists. A scientific truth has little standing until it becomes a collective product. What happens in somebody's laboratory is only one stage in its construction

* rhetoric 수사(학) ** castigate 혹평하다

① Path to Scientific Truth: Scientific Community's Approval
② The Prime Rule of Science: First Means Best
③ The Lonely Genius Drives Scientific Discoveries
④ Scientific Discoveries Speak for Themselves!
⑤ Social Prejudice Presents Obstacles to Scientific Research

 어휘 & 숙어

 구문 해석

다음 빈칸에 들어갈 말로 가장 적절한 것을 고르시오. 2024.06. 평가원 기출

When trying to establish what is meant by digital preservation, the first question that must be addressed is: what are you actually trying to preserve? This is clear in the analog environment where the information content is inextricably fixed to the physical medium. In the digital environment, the medium is not part of the _____. A bit stream looks the same to a computer regardless of the media it is read from. A physical carrier is necessary, but as long as the source media can be read, bit-perfect copies can be made cheaply and easily on other devices, making the preservation of the original carrier of diminishing importance. As the physical media that carry digital information are quite delicate relative to most analog media, it is expected that digital information will necessarily need to be migrated from one physical carrier to another as part of the ongoing preservation process. It is not the media itself but the information on the media that needs to be preserved.

* inextricably 풀 수 없게

① platform　　　　　　　② storage
③ message　　　　　　　④ challenge
⑤ transformation

✏️ **어휘 & 숙어**

✏️ **구문 해석**

5 다음 글의 요지로 가장 적절한 것은? 2021.09. 평가원 기출

Historically, the professions and society have engaged in a negotiating process intended to define the terms of their relationship. At the heart of this process is the tension between the professions' pursuit of autonomy and the public's demand for accountability. Society's granting of power and privilege to the professions is premised on their willingness and ability to contribute to social well-being and to conduct their affairs in a manner consistent with broader social values. It has long been recognized that the expertise and privileged position of professionals confer authority and power that could readily be used to advance their own interests at the expense of those they serve. As Edmund Burke observed two centuries ago, "Men are qualified for civil liberty in exact proportion to their disposition to put moral chains upon their own appetites." Autonomy has never been a one-way street and is never granted absolutely and irreversibly.

* autonomy 자율성 ** privilege 특권 *** premise 전제로 말하다

① 전문직에 부여되는 자율성은 그에 상응하는 사회적 책임을 수반한다.
② 전문직의 권위는 해당 집단의 이익을 추구하는 데 이용되어 왔다.
③ 전문직의 사회적 책임을 규정할 수 있는 제도 정비가 필요하다.
④ 전문직이 되기 위한 자격 요건은 사회 경제적 요구에 따라 변화해 왔다.
⑤ 전문직의 업무 성과는 일정 수준의 자율성과 특권이 부여될 때 높아진다.

✏️ **어휘 & 숙어**

✏️ **구문 해석**

It is important to recognise the interdependence between individual, culturally formed actions and the state of cultural integration. People work within the forms provided by the cultural patterns that they have internalised, however contradictory these may be. Ideas are worked out as logical implications or consequences of other accepted ideas, and it is in this way that cultural innovations and discoveries are possible. New ideas are discovered through logical reasoning, but such discoveries are inherent in and integral to the conceptual system and are made possible only because of the acceptance of its premises. For example, the discoveries of new prime numbers are 'real' consequences of the particular number system employed. Thus, cultural ideas show 'advances' and 'developments' because they _____. The cumulative work of many individuals produces a corpus of knowledge within which certain 'discoveries' become possible or more likely. Such discoveries are 'ripe' and could not have occurred earlier and are also likely to be made simultaneously by numbers of individuals.

* corpus 집적(集積) ** simultaneously 동시에

① are outgrowths of previous ideas
② stem from abstract reasoning ability
③ form the basis of cultural universalism
④ emerge between people of the same age
⑤ promote individuals' innovative thinking

CHECK UP

7 *** 다음 빈칸에 들어갈 말로 가장 적절한 것을 고르시오. [3점] 2020.06. 평가원 기출

Even when we do something as apparently simple as picking up a screwdriver, our brain automatically_____. We can literally feel things with the end of the screwdriver. When we extend a hand, holding the screwdriver, we automatically take the length of the latter into account. We can probe difficult-to-reach places with its extended end, and comprehend what we are exploring. Furthermore, we instantly regard the screwdriver we are holding as "our" screwdriver, and get possessive about it. We do the same with the much more complex tools we use, in much more complex situations. The cars we pilot instantaneously and automatically become ourselves. Because of this, when someone bangs his fist on our car's hood after we have irritated him at a crosswalk, we take it personally. This is not always reasonable. Nonetheless, without the extension of self into machine, it would be impossible to drive.

* probe 탐색하다

① recalls past experiences of utilizing the tool
② recognizes what it can do best without the tool
③ judges which part of our body can best be used
④ perceives what limits the tool's functional utility
⑤ adjusts what it considers body to include the tool

18

8 *** 밑줄 친 live in the shadow of the future가 다음 글에서 의미하는 바로 가장 적절한 것은?

2023.03. 교육청 기출

Thanks to the power of reputation, we help others without expecting an immediate return. If, thanks to endless chat and intrigue, the world knows that you are a good, charitable guy, then you boost your chance of being helped by someone else at some future date. The converse is also the case. I am less likely to get my back scratched, in the form of a favor, if it becomes known that I never scratch anybody else's. Indirect reciprocity now means something like "If I scratch your back, my good example will encourage others to do the same and, with luck, someone will scratch mine." By the same token, our behavior is endlessly shaped by the possibility that somebody else might be watching us or might find out what we have done. We are often troubled by the thought of what others may think of our deeds. In this way, our actions have consequences that go far beyond any individual act of charity, or indeed any act of meanspirited malice. We all behave differently when we know we live in the shadow of the future. That shadow is cast by our actions because there is always the possibility that others will find out what we have done.

* malice 악의

① are distracted by inner conflict

② fall short of our own expectations

③ seriously compete regardless of the results

④ are under the influence of uncertainty

⑤ ultimately reap what we have sown

9 다음 글에서 전체 흐름과 관계 없는 문장은? 2023.03. 교육청 기출

According to the principle of social proof, one way individuals determine appropriate behavior for themselves in a situation is to examine the behavior of others there — especially similar others. ① It is through social comparison with these referent others that people validate the correctness of their opinions and decisions. ② Consequently, people tend to behave as their friends and peers have behaved. ③ Because the critical source of information within the principle of social proof is the responses of referent others, compliance tactics that employ this information should be especially effective in collectivistically oriented nations and persons. ④ That is, where the individualized self is both the focus and the standard, one's own behavioral history should be heavily weighted in subsequent behavior. ⑤ Some evidence in this regard comes from a study showing that advertisements that promoted group benefits were more persuasive in Korea (a collectivistic society) than in the United States (an individualistic society).

* tactic 전술

어휘 & 숙어

구문 해석

다음 빈칸에 들어갈 말로 가장 적절한 것을 고르시오. [3점] 2022.04. 교육청 기출

Not only was Eurasia by chance blessed with biological abundance, but the very _____ of the continent greatly promoted the spread of crops between distant regions. When the supercontinent Pangea fragmented, it was torn apart along rifts that just so happened to leave Eurasia as a broad landmass running in an east-west direction — the entire continent stretches more than a third of the way around the world, but mostly within a relatively narrow range of latitudes. As it is the latitude on the Earth that largely determines the climate and length of the growing season, crops domesticated in one part of Eurasia can be transplanted across the continent with only minimal need for adaptation to the new locale. Thus wheat cultivation spread readily from the uplands of Turkey throughout Mesopotamia, to Europe, and all the way round to India, for example. The twin continents of the Americas, by contrast, lie in a north-south direction. Here, the spreading of crops originally domesticated in one region to another led to a much harder process of re-adapting the plant species to different growing conditions.

* fragment 조각나다 ** rift 갈라진 틈

① isolation   ② orientation
③ diversity   ④ conservation
⑤ instability

 어휘 & 숙어

 구문 해석

Code 02 양보구문 (1)

양보구문은 생각이나 의견을 말하는 순서를 일반인에게 양보하는 구문이다. 그 양보 부분 (다른 사람들의 생각)이 끝나면 반드시 요지 부분(글쓴이의 생각)이 나온다. 따라서 양보절이나 양보구의 내용이 양보 부분이고, 이어지는 주절의 내용이 요지가 된다.

🖊 접속사

❶ **though**, **although**, even if[though], **even when** ➜ even N

> 예 Even though the price of gas has decreased, many people still take the bus.

❷ while 양보절

> 예 While he appreciated the honor, he could not accept the position.

❸ 복합의문사; **wh-ever = no matter wh-**

> 예 No matter what his job is, I don't want to meet him.

❹ as 양보절

> 예 Coward as he was, he could not bear such an insult.

❺ **whether A or B**

> 예 Whether you like it or not, you must accept the truth.

🖊 명령문

❶ Be + 주어 + (ever so) + 형용사

> 예 Be it ever so humble, there is no place like home.

❷ Be + 주어 + A or B

> 예 Your beliefs create your self-conception, be they true or false.

🖊 전치사; despite, **in spite of**, **regardless of**, irrespective of

> 예 The old man lives an active life with his friends despite his age.

🖊 부사구; either way

> 예 Either way, the political party is responsible for man-made calamity.

다음 빈칸에 들어갈 말로 가장 적절한 것을 고르시오. 2019.09. 평가원 기출 ★★★

When you begin to tell a story again that you have retold many times, what you retrieve from memory is the index to the story itself. That index can be embellished in a variety of ways. Over time, even the embellishments become standardized. An old man's story that he has told hundreds of times shows little variation, and any variation that does exist becomes part of the story itself, regardless of its origin. People add details to their stories that may or may not have occurred. They are recalling indexes and reconstructing details. If at some point they add a nice detail, not really certain of its validity, telling the story with that same detail a few more times will ensure its permanent place in the story index. In other words, the stories we tell time and again are _____ to the memory we have of the events that the story relates.

* retrieve 회수하다 ** embellish 윤색하다

① identical   ② beneficial   ③ alien   ④ prior   ⑤ neutral

Code 분석 ••

🔍 Over time, even the embellishments become standardized. 〈양보구문〉 ➡ 요지
시간이 흐르면서, 그 윤색된 것들조차도 표준화된다.

🔍 any variation that does exist becomes part of the story itself, regardless of its origin.
〈양보구문〉 ➡ 요지
실제로 존재하는 것이면 어떤 변형이든 그것의 기원에 관계없이 이야기 자체의 일부가 된다.

🔍 the stories we tell time and again are identical to the memory we have of the events that the story relates. 〈빈칸문장〉 ➡ 요지
우리가 되풀이해서 말하는 이야기는 그 이야기가 전달하는 사건들에 대해 우리가 가지고 있는 기억과 동일하다.

CHECK UP

다음 빈칸에 들어갈 말로 가장 적절한 것을 고르시오. [3점]   2017.06. 평가원 기출

Politics cannot be suppressed, whichever policy process is employed and however sensitive and respectful of differences it might be. In other words, there is no end to politics. It is wrong to think that proper institutions, knowledge, methods of consultation, or participatory mechanisms can make disagreement go away. Theories of all sorts promote the view that there are ways by which disagreement can be processed or managed so as to make it disappear. The assumption behind those theories is that disagreement is wrong and consensus is the desirable state of things. In fact, consensus rarely comes without some forms of subtle coercion and the absence of fear in expressing a disagreement is a source of genuine freedom. Debates cause disagreements to evolve, often for the better, but a positively evolving debate does not have to equal a reduction in disagreement. The suppression of disagreement should never be made into a goal in political deliberation. A defense is required against any suggestion that _____ _____.

* consensus 합의 ** coercion 강압

① political development results from the freedom of speech
② political disagreement is not the normal state of things
③ politics should not restrict any form of difference
④ freedom could be achieved only through tolerance
⑤ suppression could never be a desirable tool in politics

다음 글에서 전체 흐름과 관계 없는 문장은?　2018.09. 평가원 기출

While the transportation infrastructure may shape where we travel today, in the early eras of travel, it determined whether people could travel at all. ① The development and improvement of transportation was one of the most important factors in allowing modern tourism to develop on a large scale and become a regular part of the lives of billions of people around the world. ② Another important factor was the industrialization that led to more efficient transportation of factory products to consumers than ever before. ③ Technological advances provided the basis for the explosive expansion of local, regional, and global transportation networks and made travel faster, easier, and cheaper. ④ This not only created new tourist-generating and tourist-receiving regions but also prompted a host of other changes in the tourism infrastructure, such as accommodations. ⑤ As a result, the availability of transportation infrastructure and services has been considered a fundamental precondition for tourism.

*infrastructure 산업 기반 시설

어휘 & 숙어

구문 해석

3 다음 빈칸에 들어갈 말로 가장 적절한 것을 고르시오. [3점] 2013.03. 교육청 기출

For a hunter-gatherer ancestor, it would have been useful to make plans and be able to follow through with them. It might be very advantageous to carefully and deliberately develop skills in tool-making, a development whose pay-off might be years away, rather than just try to use whatever can be grabbed when a tool is needed. However, much of hunter-gatherer life is unplannable because of events. It would really not be a good response, observing a passing herd of wildebeest, to say, "Actually, Wednesday is my honey-gathering day." Life for a hunter-gatherer would be a series of urgent improvisations on the stimuli occurring right now, be they passing prey, the lack of passing prey, attacks by others, changes in the make-up of the group, or countless other possibilities. People would do well who could _____ and quickly mobilize an energetic, spontaneous, physical response to whatever happened to turn up.

① decide to work independently

② choose wise leaders to guide them

③ abandon plans at the moment's notice

④ follow the footsteps of their ancestors

⑤ make a lot of friends in their line of work

Any attempt to model musical behavior or perception in a general way is filled with difficulties. With regard to models of perception, the question arises of whose perception we are trying to model — even if we confine ourselves to a particular culture and historical environment. Surely the perception of music varies greatly between listeners of different levels of training; indeed, a large part of music education is devoted to developing and enriching (and therefore likely changing) these listening processes. While this may be true, I am concerned here with fairly basic aspects of perception — particularly meter and key — which I believe are relatively consistent across listeners. Anecdotal evidence suggests, for example, that most people are able to "find the beat" in a typical folk song or classical piece. This is not to say that there is complete uniformity in this regard — there may be occasional disagreements, even among experts, as to how we hear the tonality or meter of a piece. But I believe _____.

* anecdotal 일화의

① our devotion to narrowing these differences will emerge

② fundamental musical behaviors evolve within communities

③ these varied perceptions enrich shared musical experiences

④ the commonalities between us far outweigh the differences

⑤ diversity rather than uniformity in musical processes counts

어휘 & 숙어

구문 해석

5

[1~2] 다음 글을 읽고 물음에 답하시오. 2024.06. 평가원 기출

If we understand critical thinking as: 'the identification and evaluation of evidence to guide decision-making', then ethical thinking is about identifying ethical issues and evaluating these issues from different perspectives to guide how to respond. This form of ethics is distinct from higher levels of conceptual ethics or theory. The nature of an ethical issue or problem from this perspective is that there is no clear right or wrong response. It is therefore (a) essential that students learn to think through ethical issues rather than follow a prescribed set of ethical codes or rules. There is a need to (b) encourage recognition that, although being ethical is defined as acting 'in accordance with the principles of conduct that are considered correct', these principles vary both between and within individuals. What a person (c) values relates to their social, religious, or civic beliefs influenced by their formal and informal learning experiences. Individual perspectives may also be context (d) dependent, meaning that under different circumstances, at a different time, when they are feeling a different way, the same individual may make different choices. Therefore, in order to analyse ethical issues and think ethically it is necessary to understand the personal factors that influence your own 'code of behaviour' and how these may (e) coincide, alongside recognizing and accepting that the factors that drive other people's codes and decision making may be different.

1. 윗글의 제목으로 가장 적절한 것은?
① Critical Reasoning: A Road to Ethical Decision-making
② Far-reaching Impacts of Ethics on Behavioural Codes
③ Ethical Thinking: A Walk Through Individual Minds
④ Exploring Ethical Theory in the Eyes of the Others
⑤ Do Ethical Choices Always Take Priority?

2. 밑줄 친 (a)~(e) 중에서 문맥상 낱말의 쓰임이 적절하지 않은 것은? [3점]
① (a)   ② (b)   ③ (c)   ④ (d)   ⑤ (e)

 어휘 & 숙어   구문 해석

6 *** 다음 빈칸에 들어갈 말로 가장 적절한 것을 고르시오. [3점] 2023.09. 평가원 기출

Prior to photography, _____. While painters have always lifted particular places out of their 'dwelling' and transported them elsewhere, paintings were time-consuming to produce, relatively difficult to transport and one-of-a-kind. The multiplication of photographs especially took place with the introduction of the half-tone plate in the 1880s that made possible the mechanical reproduction of photographs in newspapers, periodicals, books and advertisements. Photography became coupled to consumer capitalism and the globe was now offered 'in limitless quantities, figures, landscapes, events which had not previously been utilised either at all, or only as pictures for one customer'. With capitalism's arrangement of the world as a 'department store', 'the proliferation and circulation of representations … achieved a spectacular and virtually inescapable global magnitude'. Gradually photographs became cheap massproduced objects that made the world visible, aesthetic and desirable. Experiences were 'democratised' by translating them into cheap images. Light, small and mass-produced photographs became dynamic vehicles for the spatiotemporal circulation of places.

* proliferation 확산 ** magnitude (큰) 규모 *** aesthetic 미적인

① paintings alone connected with nature
② painting was the major form of art
③ art held up a mirror to the world
④ desire for travel was not strong
⑤ places did not travel well

 어휘 & 숙어

 구문 해석

7 다음 빈칸 (A), (B)에 들어갈 말로 가장 적절한 것은? [3점] 2017. 수능 기출

For the physicist, the duration of a "second" is precise and unambiguous: it is equal to 9,192,631,770 cycles of the frequency associated with the transition between two energy levels of the isotope cesium-133. In the realm of psychological experience, however, quantifying units of time is a considerably clumsier operation. When people are removed from the cues of "real" time — be it the sun, bodily fatigue, or timepieces themselves — it doesn't take long before their time sense breaks down. And it is this usually   (A)   psychological clock, as opposed to the time on one' watch, that creates the perception of duration that people experience. Imagine that baseballs are pitched to two different batters. The balls are thrown every 5 seconds for 50 seconds, so a total of 10 balls are thrown. We now ask both batters how much time has passed. Psychologically, batter number one (who loves hitting) feels the duration to be 40 seconds. Batter number two (bored by baseball) believes it to be 60 seconds. The perceived tempo, in other words, is   (B)   for batter number one.

* isotope 동위원소 ** clumsy 서투른

	(A)	(B)
①	delayed	faster
②	internal	slower
③	accurate	slower
④	imprecise	faster
⑤	mysterious	slower

 어휘 & 숙어

 구문 해석

8 다음 빈칸에 들어갈 말로 가장 적절한 것을 고르시오. [3점] 2021.06. 평가원 기출

Emma Brindley has investigated the responses of European robins to the songs of neighbors and strangers. Despite the large and complex song repertoire of European robins, they were able to discriminate between the songs of neighbors and strangers. When they heard a tape recording of a stranger, they began to sing sooner, sang more songs, and overlapped their songs with the playback more often than they did on hearing a neighbor's song. As Brindley suggests, the overlapping of song may be an aggressive response. However, this difference in responding to neighbor versus stranger occurred only when the neighbor's song was played by a loudspeaker placed at the boundary between that neighbor's territory and the territory of the bird being tested. If the same neighbor's song was played at another boundary, one separating the territory of the test subject from another neighbor, it was treated as the call of a stranger. Not only does this result demonstrate that ____ _____, but it also shows that the choice of songs used in playback experiments is highly important.

* robin 울새 ** territory 영역

① variety and complexity characterize the robins' songs
② song volume affects the robins' aggressive behavior
③ the robins' poor territorial sense is a key to survival
④ the robins associate locality with familiar songs
⑤ the robins are less responsive to recorded songs

9 글의 흐름으로 보아, 주어진 문장이 들어가기에 가장 적절한 곳을 고르시오. 2021.03. 교육청 기출

> In order to make some sense of this, an average wind direction over an hour is sometimes calculated, or sometimes the direction that the wind blew from the most during the hour is recorded.

Wind direction is usually measured through the use of a simple vane. (①) This is simply a paddle of some sort mounted on a spindle; when it catches the wind, it turns so that the wind passes by without obstruction. (②) The direction is recorded, but if you ever have a chance to watch a wind vane on a breezy day, you will notice that there is a lot of variation in the direction of wind flow — *a lot!* (③) Sometimes the wind can blow from virtually every direction within a minute or two. (④) Either way, it is a generalization, and it's important to remember that there can be a lot of variation in the data. (⑤) It's also important to remember that the data recorded at a weather station give an indication of conditions prevailing in an area but will not be exactly the same as the conditions at a landscape some distance from the weather station.

* vane 풍향계 ** spindle 회전축

The ideal sound quality varies a lot in step with technological and cultural changes. Consider, for instance, the development of new digital audio formats such as MP3 and AAC. Various media feed us daily with data-compressed audio, and some people rarely experience CD-quality (that is, technical quality) audio. This tendency could lead to a new generation of listeners with other sound quality preferences. Research by Stanford University professor Jonathan Berger adds fuel to this thesis. Berger tested first-year university students' preferences for MP3s annually for ten years. He reports that each year more and more students come to prefer MP3s to CD-quality audio. These findings indicate that listeners gradually become accustomed to data-compressed formats and change their listening preferences accordingly. The point is that while technical improvements strive toward increased sound quality in a technical sense (e.g., higher resolution and greater bit rate), listeners' expectations do not necessarily follow the same path. As a result, "improved" technical digital sound quality may in some cases lead to a(n) _____.

* compress 압축하다

① decrease in the perceptual worth of the sound
② failure to understand the original function of music
③ realization of more sophisticated musical inspiration
④ agreement on ideal sound quality across generations
⑤ revival of listeners' preference for CD-quality audio

어휘 & 숙어

구문 해석

Code 02 양보구문 (2)

✐ 양보절 응용

조동사 may/ will/ can이 쓰인 문장 뒤에 정반대 내용의 문장이 이어지면, 앞 문장은 양보이고 뒷 문장은 요지가 된다. 이 때 사이의 접속사나 연결사는 생략될 수도 있다.

~ may[might] ~ . ~ will [would] ~ . ~ can[could] ~ . (양보)	**But** **However** / Yet/ still/ **Nevertheless/ Nonetheless/** Even so Ø	**S + V** , (요지)

🔲 Even though you are tired, you must finish the work.

➔ You may be tired. But you must finish the work.

✐ 일반인 응용

일반인들의 생각(양보)은 글쓴이의 생각(요지)과 항상 반대이므로, 일반인들의 생각을 나타내는 표현들을 알아두면, 그 반대내용 즉, 요지를 쉽게 알아낼 수 있다.

❶ 일반인 주어

Most/ Many/ Some (People) ~. **(But/ However/ Yet)** 요지

🔲 Many people think he is a spy. But it is far from the truth.

❷ (일반인과 호응하는) 빈도부사

~ usually/ commonly/ **generally**/ often/ sometimes/ **widely** ~. **(But/ However/ Yet)** 요지

🔲 The potential buyer is commonly described as just an outsider. But ~

❸ ('by+일반인'이 생략된) 수동태 구문

It is said/ believed/ thought/ **claimed that** ~. **(But/ However/ Yet)** 요지

🔲 It is believed that the disease is transmitted because of poor sanitary conditions. But ~

❹ ('for+일반인'이 생략된) 부정사 구문

~ **seem/ tend/ like to V** ~. **(But/ However/ Yet)** 요지

It is easy/ tempting/ **inclined to** ~. **(But/ However/ Yet)** 요지

🔲 Advanced learning tends to improve human condition. But ~

(A), (B), (C)의 각 네모 안에서 문맥에 맞는 낱말로 가장 적절한 것은? [3점]   2015.03. 교육청 기출

It is often believed that an active person can make friends more easily than a shy person, and that a conscientious person may meet more deadlines than a person who is not conscientious. Walter Mischel found, however, that the typical correlation between personality traits and behavior was quite (A) apparent/ modest. This news was really shocking, because it essentially said that the traits personality psychologists were measuring were just slightly better at predicting behavior than astrological signs. Mischel did not simply point out the problem; he diagnosed the reasons for it. He argued that personality psychologists had (B) overestimated/ underestimated the extent to which the social situation shapes people's behavior, independently of their personality. To predict whether a person will meet a deadline, for example, knowing something about the situation may be more useful than knowing the person's score on a measure of conscientiousness. Situational influences can be very powerful, sometimes (C) emphasizing/ overwhelming individual differences in personality.

(A)	(B)	(C)
① apparent	overestimated	emphasizing
② apparent	underestimated	emphasizing
③ modest	overestimated	emphasizing
④ modest	overestimated	overwhelming
⑤ modest	underestimated	overwhelming

Code 분석 ••

🔍 It is often believed that an active person can make friends more easily than a shy person, and that a conscientious person may meet more deadlines than a person who is not conscientious. 〈양보구문〉 ➡ 양보(요지의 반대)

🔍 Walter Mischel found, however, that the typical correlation between personality traits and behavior was quite modest. ➡ 요지

🔍 personality psychologists had underestimated the extent to which the social situation shapes people's behavior, independently of their personality.
〈기존 심리학자들(personality psychologists)〉 ➡ 양보

🔍 Situational influences can be very powerful, sometimes overwhelming individual differences in personality. 〈요지의 예시〉 ➡ 요지와 같은 내용

1 *** 다음 글의 밑줄 친 부분 중, 문맥상 낱말의 쓰임이 적절하지 <u>않은</u> 것은? 2019.06. 평가원 기출

Sometimes the awareness that one is distrusted can provide the necessary incentive for self-reflection. An employee who ① <u>realizes</u> she isn't being trusted by her co-workers with shared responsibilities at work might, upon reflection, identify areas where she has consistently let others down or failed to follow through on previous commitments. Others' distrust of her might then ② <u>forbid</u> her to perform her share of the duties in a way that makes her more worthy of their trust. But distrust of one who is ③ <u>sincere</u> in her efforts to be a trustworthy and dependable person can be disorienting and might cause her to doubt her own perceptions and to distrust herself. Consider, for instance, a teenager whose parents are ④ <u>suspicious</u> and distrustful when she goes out at night; even if she has been forthright about her plans and is not ⑤ <u>breaking</u> any agreed-upon rules, her identity as a respectable moral subject is undermined by a pervasive parental attitude that expects deceit and betrayal.

* forthright 솔직한, 거리낌 없는 ** pervasive 널리 스며있는

We will naturally think in terms of cause and effect. And this helps organize our experience of the world. We can think of ourselves as seeing some things cause other things to happen, but in terms of our raw sense experience, we just see certain things happen before other things, and remember having seen such before-and-after sequences at earlier times. For example, a rock hits a window, and then the window breaks. We don't see a third thing called causation. But we believe it has happened. The rock hitting the window caused it to break. But this is not experienced like the flight of the rock or the shattering of the glass. Experience does not seem to force the concept of causation on us. We just use it to interpret what we experience. Cause and effect are categories that could never be read out of our experience and must therefore be _____ to attribute such a connection.

① learned from the accumulated knowledge of humankind
② made use of as compensation for our lack of imagination
③ clearly distinguished from each other as separate entities
④ brought to that experience by our prior mental disposition
⑤ considered as independent sensory experiences themselves

CHECK UP

3 다음 글의 주제로 가장 적절한 것은? 2024. 수능 기출

    Managers of natural resources typically face market incentives that provide financial rewards for exploitation. For example, owners of forest lands have a market incentive to cut down trees rather than manage the forest for carbon capture, wildlife habitat, flood protection, and other ecosystem services. These services provide the owner with no financial benefits, and thus are unlikely to influence management decisions. But the economic benefits provided by these services, based on their non-market values, may exceed the economic value of the timber. For example, a United Nations initiative has estimated that the economic benefits of ecosystem services provided by tropical forests, including climate regulation, water purification, and erosion prevention, are over three times greater per hectare than the market benefits. Thus cutting down the trees is economically inefficient, and markets are not sending the correct "signal" to favor ecosystem services over extractive uses.

* exploitation 이용 ** timber 목재

① necessity of calculating the market values of ecosystem services
② significance of weighing forest resources' non-market values
③ impact of using forest resources to maximize financial benefits
④ merits of balancing forests' market and non-market values
⑤ ways of increasing the efficiency of managing natural resources

An invention or discovery that is too far ahead of its time is worthless; no one can follow. Ideally, an innovation opens up only the next step from what is known and invites the culture to move forward one hop. An overly futuristic, unconventional, or visionary invention can fail initially (it may lack essential not-yet-invented materials or a critical market or proper understanding) yet succeed later, when the ecology of supporting ideas catches up. Gregor Mendel's 1865 theories of genetic heredity were correct but ignored for 35 years. His sharp insights were not accepted because they did not explain the problems biologists had at the time, nor did his explanation operate by known mechanisms, so his discoveries were out of reach even for the early adopters. Decades later science faced the urgent questions that Mendel's discoveries could answer. Now his insights _____ _____. Within a few years of one another, three different scientists each independently rediscovered Mendel's forgotten work, which of course had been there all along.

* ecology 생태 환경 ** heredity 유전

① caught up to modern problems

② raised even more questions

③ addressed past and current topics alike

④ were only one step away

⑤ regained acceptance of the public

어휘 & 숙어

구문 해석

5 [1~2] 다음 글을 읽고, 물음에 답하시오. 2022.06. 평가원 기출

Once an event is noticed, an onlooker must decide if it is truly an emergency. Emergencies are not always clearly (a) **labeled** as such; "smoke" pouring into a waiting room may be caused by fire, or it may merely indicate a leak in a steam pipe. Screams in the street may signal an attack or a family quarrel. A man lying in a doorway may be having a coronary — or he may simply be sleeping off a drunk.

A person trying to interpret a situation often looks at those around him to see how he should react. If everyone else is calm and indifferent, he will tend to remain so; if everyone else is reacting strongly, he is likely to become alert. This tendency is not merely blind conformity; ordinarily we derive much valuable information about new situations from how others around us behave. It's a (b) **rare** traveler who, in picking a roadside restaurant, chooses to stop at one where no other cars appear in the parking lot.

But occasionally the reactions of others provide (c) **accurate** information. The studied nonchalance of patients in a dentist's waiting room is a poor indication of their inner anxiety. It is considered embarrassing to "lose your cool" in public. In a potentially acute situation, then, everyone present will appear more (d) **unconcerned** than he is in fact. A crowd can thus force (e) **inaction** on its members by implying, through its passivity, that an event is not an emergency. Any individual in such a crowd fears that he may appear a fool if he behaves as though it were.

* coronary 관상동맥증 ** nonchalance 무관심, 냉담

1. 윗글의 제목으로 가장 적절한 것은?

① Do We Judge Independently? The Effect of Crowds
② Winning Strategy: How Not to Be Fooled by Others
③ Do Emergencies Affect the Way of Our Thinking?
④ Stepping Towards Harmony with Your Neighbors
⑤ Ways of Helping Others in Emergent Situations

2. 밑줄 친 (a) ~ (e) 중에서 문맥상 낱말의 쓰임이 적절하지 <u>않은</u> 것은?

① (a)　　　　　② (b)　　　　　③ (c)

④ (d)　　　　　⑤ (e)

✎ 어휘 & 숙어

✎ 구문 해석

6 다음 글의 밑줄 친 부분 중, 문맥상 낱말의 쓰임이 적절하지 않은 것은? [3점]

2021.09. 평가원 기출

In economic systems what takes place in one sector has impacts on another; demand for a good or service in one sector is derived from another. For instance, a consumer buying a good in a store will likely trigger the replacement of this product, which will generate ① demands for activities such as manufacturing, resource extraction and, of course, transport. What is different about transport is that it cannot exist alone and a movement cannot be ② stored. An unsold product can remain on the shelf of a store until bought (often with discount incentives), but an unsold seat on a flight or unused cargo capacity in the same flight remains unsold and cannot be brought back as additional capacity ③ later. In this case an opportunity has been ④ seized, since the amount of transport being offered has exceeded the demand for it. The derived demand of transportation is often very difficult to reconcile with an equivalent supply, and actually transport companies would prefer to have some additional capacity to accommodate ⑤ unforeseen demand (often at much higher prices).

Enabling animals to _____ is an almost universal function of learning. Most animals innately avoid objects they have not previously encountered. Unfamiliar objects may be dangerous; treating them with caution has survival value. If persisted in, however, such careful behavior could interfere with feeding and other necessary activities to the extent that the benefit of caution would be lost. A turtle that withdraws into its shell at every puff of wind or whenever a cloud casts a shadow would never win races, not even with a lazy rabbit. To overcome this problem, almost all animals habituate to safe stimuli that occur frequently. Confronted by a strange object, an inexperienced animal may freeze or attempt to hide, but if nothing unpleasant happens, sooner or later it will continue its activity. The possibility also exists that an unfamiliar object may be useful, so if it poses no immediate threat, a closer inspection may be worthwhile.

* innately 선천적으로

① weigh the benefits of treating familiar things with care
② plan escape routes after predicting possible attacks
③ overcome repeated feeding failures for survival
④ operate in the presence of harmless stimuli
⑤ monitor the surrounding area regularly

8 다음 글의 내용을 한 문장으로 요약하고자 한다. 빈칸 (A), (B)에 들어갈 말로 가장 적절한 것은? 2021.09. 평가원 기출

The computer has, to a considerable extent, solved the problem of acquiring, preserving, and retrieving information. Data can be stored in effectively unlimited quantities and in manageable form. The computer makes available a range of data unattainable in the age of books. It packages it effectively; style is no longer needed to make it accessible, nor is memorization. In dealing with a single decision separated from its context, the computer supplies tools unimaginable even a decade ago. But it also diminishes perspective. Because information is so accessible and communication instantaneous, there is a diminution of focus on its significance, or even on the definition of what is significant. This dynamic may encourage policymakers to wait for an issue to arise rather than anticipate it, and to regard moments of decision as a series of isolated events rather than part of a historical continuum. When this happens, manipulation of information replaces reflection as the principal policy tool.

* retrieve (정보를) 추출하다 ** diminution 감소

Although the computer is clearly ___(A)___ at handling information in a decontextualized way, it interferes with our making ___(B)___ judgments related to the broader context, as can be seen in policymaking processes.

(A)	(B)
① competent	comprehensive
② dominant	biased
③ imperfect	informed
④ impressive	legal
⑤ inefficient	timely

 어휘 & 숙어   구문 해석

Concepts of nature are always cultural statements. This may not strike Europeans as much of an insight, for Europe's landscape is so much of a blend. But in the new worlds — 'new' at least to Europeans — the distinction appeared much clearer not only to European settlers and visitors but also to their descendants. For that reason, they had the fond conceit of primeval nature uncontrolled by human associations which could later find expression in an admiration for wilderness. Ecological relationships certainly have their own logic and in this sense 'nature' can be seen to have a self-regulating but not necessarily stable dynamic independent of human intervention. But the context for ecological interactions _____ _____. We may not determine how or what a lion eats but we certainly can regulate where the lion feeds.

* conceit 생각 ** primeval 원시(시대)의 *** ecological 생태학의

① has supported new environment-friendly policies
② has increasingly been set by humanity
③ inspires creative cultural practices
④ changes too frequently to be regulated
⑤ has been affected by various natural conditions

어휘 & 숙어

구문 해석

10 글의 흐름으로 보아, 주어진 문장이 들어가기에 가장 적절한 곳을 고르시오. 2021.10. 교육청 기출

> Getting mercury out of our production processes will be hard work and it will cost money, for sure.

Government warnings and stark statistics about mercury-contaminated fish have become so routine that we barely take note. (①) I have to ask: why have these warnings been aimed at getting people to cease eating fish, rather than at getting the industries to stop putting mercury into our environment? (②) Finally in February 2009, near-global consensus was reached: more than 140 countries convened by the United Nations Environment Programme (UNEP) unanimously agreed to create an international mercury treaty. (③) They also urged immediate action through a voluntary Global Mercury Partnership while the treaty is being finalized. (④) But investments in eliminating mercury are investments well spent. (⑤) UNEP estimates that every kilogram of mercury taken out of the environment can lead to up to $12,500 worth of social, environmental, and human health benefits.

* stark 확실한 ** convene 소집하다

Code 02 양보구문 (3)

🖊 고난도 양보구문

"예, 물론, 틀림없이, 맞습니다" 등 상대방을 인정해 주는 표현 뒤에 정반대 내용이 이어지면, 앞 문장은 양보이고 뒷 문장은 요지가 된다.

❶ 가주어 구문

It is true/certain that S + V.   (But/ However/ Yet) 요지

It is possible that S + V. ⟵ S + can/could + V.   (But/ However/ Yet) 요지

It is common that S + V. ⟵ S + commonly + V.   (But/ However/ Yet) 요지

> 📝 It is true that the average life expectancy of Americans is around seventy-three. Yet ~

❷ 문장부사

Certainly/Undoubtedly/To be sure/Obviously/Clearly, S + V. (But/ However/ Yet) 요지

Yes/Of course, S + V.   (But/ However/ Yet) 요지

Maybe/Perhaps , S + V. ⟵ S + may/might + V.   (But/ However/ Yet) 요지

> 📝 Of course, a good story can often be translated into a good screenplay. However ~

🖊 반전

요지처럼 강조했다가 반전으로 뒤에 정반대 내용이 이어지면, 앞 문장은 양보가 된다.

강조/도치/이중부정 **구문 ~.**   **But/ However/ Yet,** 요지

> 📝 Praise does encourage children to do a certain activity. However in the future ~

🖊 변화

변화 이전은 양보, 변화 이후는 요지가 된다.

❶ 관점/시각 변화

On the surface/ At a[the] first glance/ Seemingly ~. (But/ However/ Yet) 요지

At one level/ In one sense/ In theory ~.   (But/ However/ Yet) 요지

> 📝 On the surface he appeared brave and patriotic, but his troops knew better.

❷ 시상/시제 변화

For ~ During ~ Until ~ Since ~	S	have pp ~.	But However, Yet, ∅	today now recently ∅	S	V(s) ~.
Traditionally, In the past, In the old days,	S	Ved ~.				

041 Until World War II, only the wealthy enjoyed worldwide leisure travel. Now, ~

다음 빈칸에 들어갈 말로 가장 적절한 것은? 2012. 수능 기출

Since the beginning of time, the mysterious nature of dreaming has led people to believe that dreams were messages from the other world. Dreams have been regarded as prophetic communications which, when properly decoded, would enable us to foretell the future. There is, however, absolutely no scientific evidence for this theory. It is certainly true that individuals who are concerned about a traumatic event, such as the threat of the loss of a loved one who is sick, will dream about that loved one more than would otherwise be the case. If the dreamer then calls and finds that the loved one has died, it is understandable for him or her to assume that the dream was a premonition of that death. But this is a mistake. It is simply a(n) _____ correspondence between a situation about which one has intense concern and the occurrence of the event that one fears.

① close ② coincidental
③ inevitable ④ logical
⑤ scientific

Code 분석 ··

🔍 Since the beginning of time, the mysterious nature of dreaming has led people to believe that dreams were messages from the other world. 〈양보구문〉 ➡ 양보
Dreams have been regarded as prophetic communications which, when properly decoded, would enable us to foretell the future. 〈양보구문〉 ➡ 양보

🔍 There is, however, absolutely no scientific evidence for this theory. 〈연결사 + 반대내용〉 ➡ 요지
그러나 이 이론에 대한 과학적인 증거는 전혀 없다.

🔍 It is simply a coincidental correspondence between a situation about which one has intense concern and the occurrence of the event that one fears. 〈빈칸문장〉 ➡ 요지
그것은 단순히 어떤 사람이 강하게 걱정하고 있는 상황과 그 사람이 두려워하는 사건의 발생 사이의 우연의 일치이다.

1 *** 주어진 글 다음에 이어질 글의 순서로 가장 적절한 것을 고르시오. [3점]   2018. 수능 기출

> Clearly, schematic knowledge helps you — guiding your understanding and enabling you to reconstruct things you cannot remember.

(A) Likewise, if there are things you can't recall, your schemata will fill in the gaps with knowledge about what's typical in that situation. As a result, a reliance on schemata will inevitably make the world seem more "normal" than it really is and will make the past seem more "regular" than it actually was.

(B) Any reliance on schematic knowledge, therefore, will be shaped by this information about what's "normal." Thus, if there are things you don't notice while viewing a situation or event, your schemata will lead you to fill in these "gaps" with knowledge about what's normally in place in that setting.

(C) But schematic knowledge can also hurt you, promoting errors in perception and memory. Moreover, the types of errors produced by schemata are quite predictable: Bear in mind that schemata summarize the broad pattern of your experience, and so they tell you, in essence, what's typical or ordinary in a given situation.

① (A) − (C) − (B)   ② (B) − (A) − (C)

③ (B) − (C) − (A)   ④ (C) − (A) − (B)

⑤ (C) − (B) − (A)

 어휘 & 숙어

구문 해석

다음 빈칸에 들어갈 말로 가장 적절한 것을 고르시오. 2013.09. 평가원 기출

Wood is a material that at a first glance is environmentally friendly. It has been welcome as an alternative material for a long time in building houses instead of cement or bricks. However, it is not always easy to _____ of one particular material such as wood over another. Many species of tree are now endangered, including mahogany and teak, and deforestation, particularly in tropical rainforests, has had a severe impact both on local communities and on native plants and wildlife. Where wood is harvested and then transported halfway across the globe, the associated energy costs are high, causing a negative impact on the environment. What is more, where wood is treated with chemicals to improve fire- and pest-resistance, its healthful properties are compromised.

* mahogany 마호가니(적갈색 열대산 목재)

① increase the inherent resistance

② favor the chemical properties

③ dominate the natural habitats

④ evaluate the relative merits

⑤ deny the cost advantage

어휘 & 숙어

구문 해석

3 *** 다음 빈칸에 들어갈 말로 가장 적절한 것을 고르시오. [3점] 2013.06. 평가원 기출

As the structures of our world and the conditions of certainty have yielded to an avalanche of change, the extent of our longing for stable, definitive leadership _____ _____. The fault lies not with leadership but rather with ourselves and our expectations. In the old days, leaders were supposed to make sense of chaos, to make certainty out of doubt, and to create positive action plans for the resolution of paradoxes. Good leaders straightened things out. Should chaos rear its ugly head, the leader was expected to restore normality immediately. But chaos is now considered normal, paradoxes cannot be resolved, and certainty is possible only to the level of high probability. Leadership that attempts to deliver in terms of fixing any of these can only fail. And that is exactly what is happening.

* an avalanche of 많은, 쇄도하는

① can only be measured by our will to establish it

② has made traditional leadership more irreplaceable

③ can create viable action plans for restoring normality

④ has vastly reduced the probability of resolving paradoxes

⑤ has been exceeded only by the impossibility of finding it

Long before Walt Whitman wrote Leaves of Grass, poets had addressed themselves to fame. Horace, Petrarch, Shakespeare, Milton, and Keats all hoped that poetic greatness would grant them a kind of earthly immortality. Whitman held a similar faith that for centuries the world would value his poems. But to this ancient desire to live forever on the page, he added a new sense of fame. Readers would not simply attend to the poet's work; they would be attracted to the greatness of his personality. They would see in his poems a vibrant cultural performance, an individual springing from the book with tremendous charisma and appeal. Out of the political rallies and electoral parades that marked Jacksonian America, Whitman defined poetic fame in relation to the crowd. Other poets might look for their inspiration from the goddess of poetry. Whitman's poet sought _____. In the instability of American democracy, fame would be dependent on celebrity, on the degree to which the people rejoiced in the poet and his work.

* rally 집회

① a refuge from public attention
② poetic purity out of political chaos
③ immortality in literature itself
④ the approval of his contemporaries
⑤ fame with political celebrities

5 *** 다음 빈칸에 들어갈 말로 가장 적절한 것을 고르시오. [3점] 2023.06. 평가원 기출

One of the common themes of the Western philosophical tradition is the distinction between sensual perceptions and rational knowledge. Since Plato, the supremacy of rational reason is based on the assertion that it is able to extract true knowledge from experience. As the discussion in the *Republic* helps to explain, perceptions are inherently unreliable and misleading because the senses are subject to errors and illusions. Only the rational discourse has the tools to overcome illusions and to point towards true knowledge. For instance, perception suggests that a figure in the distance is smaller than it really is. Yet, the application of logical reasoning will reveal that the figure only appears small because it obeys the laws of geometrical perspective. Nevertheless, even after the perspectival correction is applied and reason concludes that perception is misleading, the figure still *appears* small, and the truth of the matter is revealed _____.

* discourse 담화 ** geometrical 기하학의

① as the outcome of blindly following sensual experience

② by moving away from the idea of perfect representation

③ beyond the limit of where rational knowledge can approach

④ through a variety of experiences rather than logical reasoning

⑤ not in the perception of the figure but in its rational representation

 어휘 & 숙어

 구문 해석

6 다음 글의 밑줄 친 부분 중, 문맥상 낱말의 쓰임이 적절하지 <u>않은</u> 것은? 2022. 수능 기출

It has been suggested that "organic" methods, defined as those in which only natural products can be used as inputs, would be less damaging to the biosphere. Large-scale adoption of "organic" farming methods, however, would ① <u>reduce</u> yields and increase production costs for many major crops. Inorganic nitrogen supplies are ② <u>essential</u> for maintaining moderate to high levels of productivity for many of the non-leguminous crop species, because organic supplies of nitrogenous materials often are either limited or more expensive than inorganic nitrogen fertilizers. In addition, there are ③ <u>benefits</u> to the extensive use of either manure or legumes as "green manure" crops. In many cases, weed control can be very difficult or require much hand labor if chemicals cannot be used, and ④ <u>fewer</u> people are willing to do this work as societies become wealthier. Some methods used in "organic" farming, however, such as the sensible use of crop rotations and specific combinations of cropping and livestock enterprises, can make important ⑤ <u>contributions</u> to the sustainability of rural ecosystems.

* nitrogen fertilizer 질소 비료 ** manure 거름 *** legume 콩과(科) 식물

55

7 ***   다음 빈칸에 들어갈 말로 가장 적절한 것은? [3점]   2020.09. 평가원 기출

Protopia is a state of becoming, rather than a destination. It is a process. In the protopian mode, things are better today than they were yesterday, although only a little better. It is incremental improvement or mild progress. The "pro" in protopian stems from the notions of process and progress. This subtle progress is not dramatic, not exciting. It is easy to miss because a protopia generates almost as many new problems as new benefits. The problems of today were caused by yesterday's technological successes, and the technological solutions to today's problems will cause the problems of tomorrow. This circular expansion of both problems and solutions _____. Ever since the Enlightenment and the invention of science, we've managed to create a tiny bit more than we've destroyed each year. But that few percent positive difference is compounded over decades into what we might call civilization. Its benefits never star in movies.

* incremental 증가의   ** compound 조합하다

① conceals the limits of innovations at the present time

② makes it difficult to predict the future with confidence

③ motivates us to quickly achieve a protopian civilization

④ hides a steady accumulation of small net benefits over time

⑤ produces a considerable change in technological successes

 어휘 & 숙어

 구문 해석

다음 빈칸에 들어갈 말로 가장 적절한 것을 고르시오. [3점] 2019.03. 교육청 기출

Students of ethics have been perplexed whether to classify their subject as a science, an art, or otherwise. The objection to including ethics among the sciences is that, whereas science deals with what is, ethics, it is said, is concerned with what ought to be. This, at the first glimpse, appears to be a valid and useful distinction; but mature reflection reveals that it is superficial and not wholly true. Much of the confusion and disorientation in contemporary ethics may be traced to just this refusal to recognize that ethics, no less than physics, is concerned with actually existent situations and with energies that cause clearly demonstrable effects. In the first place, our opinion of what ought to be lacks authority if it _____. Any one of our most fanciful dreams might with equal force command our present efforts, unless we insist that our notions of what ought to be are somehow related to present realities. Even from this point of view, ethics must be more than the consideration of imaginary states that might satisfy our highest moral aspirations.

① ignores what already exists

② treats others' opinions unfairly

③ isn't put into immediate action

④ doesn't create imaginary worlds

⑤ overestimates what science can do

어휘 & 숙어

구문 해석

9

다음 글을 읽고, 물음에 답하시오. 2020. 수능 기출

For quite some time, science educators believed that "hands-on" activities were the answer to children's understanding through their participation in science-related activities. Many teachers believed that students merely engaging in activities and (a) manipulating objects would organize the information to be gained and the knowledge to be understood into concept comprehension. Educators began to notice that the pendulum had swung too far to the "hands-on" component of inquiry as they realized that the knowledge was not (b) inherent in the materials themselves, but in the thought and metacognition about what students had done in the activity. (중략) The (c) missing ingredient is the "minds-on" part of the instructional experience. (d) Uncertainty about the knowledge intended in any activity comes from each student's re-creation of concepts — and discussing, thinking, arguing, listening, and evaluating one's own preconceptions after the activities, under the leadership of a thoughtful teacher, can bring this about. (중략) While it is (e) important for students to use and interact with materials in science class, the learning comes from the sense-making of students' "hands-on" experiences.

* pendulum 추(錘) ** metacognition 초(超)인지 *** aerodynamics 공기 역학

1. 윗글의 제목으로 가장 적절한 것은?
① "Hands-on" Activities as a Source of Creativity
② Activity-oriented Learning Enters Science Education!
③ Figure Out What Students Like Most in Science Class
④ Joy and Learning: More Effective When Separated
⑤ Turn "Minds-on" Learning On in Science Class

2. 밑줄 친 (a) ~ (e) 중에서 문맥상 낱말의 쓰임이 적절하지 않은 것은? [3점]
① (a) 　　　② (b) 　　　③ (c) 　　　④ (d) 　　　⑤ (e)

 어휘 & 숙어   구문 해석

Not all Golden Rules are alike; two kinds emerged over time. The negative version instructs restraint; the positive encourages intervention. One sets a baseline of at least not causing harm; the other points toward aspirational or idealized beneficent behavior. While examples of these rules abound, too many to list exhaustively, let these versions suffice for our purpose here: "What is hateful to you do not do to another" and "Love another as yourself." Both versions insist on caring for others, whether through acts of omission, such as not injuring, or through acts of commission, by actively intervening. Yet while these Golden Rules encourage an agent to care for an other, they _____ _____. The purposeful displacement of concern away from the ego nonetheless remains partly self-referential. Both the negative and the positive versions invoke the ego as the fundamental measure against which behaviors are to be evaluated.

* an other 타자(他者)

① do not lead the self to act on concerns for others
② reveal inner contradiction between the two versions
③ fail to serve as a guide when faced with a moral dilemma
④ do not require abandoning self-concern altogether
⑤ hardly consider the benefits of social interactions

Code 03 비교구문

비교구문은 글쓴이가 두 대상 중에서 '더 중요하거나 가치있다고 생각하는 대상'이 있을 때 사용하는 구문이다. 따라서 글쓴이가 지문에 사용한 **비교구문은 그 자체가 요지문**이고, '더 중요하거나 가치있다고 생각하는 대상'은 주제가 된다.

☞ 원급 비교 ; A is as + 원급 + as B ⇨ (A > B)

> He is as wise as Confucius (is).
> 공자가 현명한 것은 당연한 것이고 '그는 현명한 정도가 공자 수준이다'라는 뜻이다. 따라서 요지는 '그와 공자는 둘 다 현명하다'가 아니라, '그 사람은 매우 현명하다'이다.

☞ 비교급 비교 ; A is 비교급 + than B ⇨ (A > B)

> Age is more a state of mind than of body.
> People feel more relaxed when they feel heard and listened to.

☞ (혼동하기 쉬운) 숙어

❶ not so much A as B ⇨ B, rather than A ⇨ less A than B : A라기보다는 B이다

> What really matters is **not so much** quick information as accurate knowledge.
> → What really matters is accurate knowledge, **rather than** quick information.
> → What really matters is **less** quick information than accurate knowledg.

❷ A is no more B than C is D. ⇨ (A ≠ B > C ≠ D)

> I am no more mad than you (are).
> 요지는 '당신과 나 둘 다 미치지 않았다'가 아니라, '나는 절대로 미치지 않았다'이다.

❸ A is no less B than C is D. ⇨ (A = B > C = D)

> He is no less clever than his elder brother.
> 요지는 '그와 형 둘 다 영리하다'가 아니라, '그는 (형만큼이나) 영리하다'이다.

❹ the 비교급 ~, the 비교급 ~

> **The higher** the temperature, **the more intense** the flavor.
> 요지는 '온도가 더 높을수록, 그만큼 더 맛이 강해진다.'로, 문장 자체가 요지문이 된다.

다음 빈칸에 들어갈 말로 가장 적절한 것을 고르시오. 2019. 수능 기출

Finkenauer and Rimé investigated the memory of the unexpected death of Belgium's King Baudouin in 1993 in a large sample of Belgian citizens. The data revealed that the news of the king's death had been widely socially shared. By talking about the event, people gradually constructed a social narrative and a collective memory of the emotional event. At the same time, they consolidated their own memory of the personal circumstances in which the event took place, an effect known as "flashbulb memory." The more an event is socially shared, the more it will be fixed in people's minds. Social sharing may in this way help to counteract some natural tendency people may have. Naturally, people should be driven to "forget" undesirable events. Thus, someone who just heard a piece of bad news often tends initially to deny what happened. The _____ social sharing of the bad news contributes to realism.

* consolidate 공고히 하다

① biased   ② illegal
③ repetitive   ④ temporary
⑤ rational

Code 분석 ···

🔍 The more an event is socially shared, the more it will be fixed in people's minds.

〈비교구문〉➤ 요지

한 사건이 사회적으로 더 많이 공유되면 될수록, 그것은 사람들의 마음에 더 많이 고정될 것이다.

🔍 The repetitive social sharing of the bad news contributes to realism. 〈빈칸문장〉➤ 요지

나쁜 소식의 반복되는 사회적 공유는 현실성에 기여한다.

1 *** 다음 빈칸에 들어갈 말로 가장 적절한 것을 고르시오. [3점] 2021.03. 교육청 기출

The meritocratic emphasis on effort and hard work seeks to vindicate the idea that, under the right conditions, we are responsible for our success and thus capable of freedom. It also seeks to vindicate the faith that, if the competition is truly fair, success will align with virtue; those who work hard and play by the rules will earn the rewards they deserve. We want to believe that success, in sports and in life, is something we earn, not something we inherit. Natural gifts and the advantages they bring embarrass the meritocratic faith. They cast doubt on the conviction that praise and rewards flow from effort alone. In the face of this embarrassment, we _____. This can be seen, for example, in television coverage of the Olympics, which focuses less on the feats the athletes perform than on heartbreaking stories of the hardships and obstacles they have overcome, and the struggles they have gone through to triumph over injury, or a difficult childhood, or political turmoil in their native land.

* meritocratic 능력주의의 ** vindicate (정당성을) 입증하다

① suspect perfectly fair competition is not possible

② inflate the moral significance of effort and striving

③ put more emphasis on the results than on the process

④ believe that overcoming hardships is not that important

⑤ often appreciate the rewards earned through natural gifts

   Recent evidence suggests that the common ancestor of Neanderthals and modern people, living about 400,000 years ago, may have already been using pretty sophisticated language. If language is based on genes and is the key to cultural evolution, and Neanderthals had language, then why did the Neanderthal toolkit show so little cultural change? Moreover, genes would undoubtedly have changed during the human revolution after 200,000 years ago, but more in response to new habits than as causes of them. At an earlier date, cooking selected mutations for smaller guts and mouths, rather than vice versa. At a later date, milk drinking selected for mutations for retaining lactose digestion into adulthood in people of western European and East African descent. _____ _____. The appeal to a genetic change driving evolution gets gene-culture co-evolution backwards: it is a top-down explanation for a bottom-up process.

① Genetic evolution is the mother of new habits

② Every gene is the architect of its own mutation

③ The cultural horse comes before the genetic cart

④ The linguistic shovel paves the way for a cultural road

⑤ When the cultural cat is away, the genetic mice will play

3 다음 글의 밑줄 친 부분 중, 문맥상 낱말의 쓰임이 적절하지 않은 것은? 2013.03. 교육청 기출

Sometimes athletes need to be allowed to practice their skills on their own before they receive feedback. That way they can determine what is working and what isn't and can become more ① <u>mindful</u> of their strengths and weaknesses. If you attempt to provide assistance when athletes would prefer to practice on their own, you may be ② <u>wasting</u> a lot of time and breath. When athletes realize that their best efforts are producing ③ <u>satisfactory</u> outcomes, they are usually more motivated to hear what you have to say. In other words, athletes are responsive to assistance when they fail to achieve the outcome they were hoping for. A coach's challenge, then, is to remain patient until these and other types of ④ <u>teachable</u> moments arise. The reward for such ⑤ <u>patience</u> is athletes who are motivated to hear what you have to say and eager to incorporate your suggestions.

다음 글의 제목으로 가장 적절한 것은? 2021. 수능 기출

People don't usually think of touch as a temporal phenomenon, but it is every bit as time-based as it is spatial. You can carry out an experiment to see for yourself. Ask a friend to cup his hand, palm face up, and close his eyes. Place a small ordinary object in his palm — a ring, an eraser, anything will do — and ask him to identify it without moving any part of his hand. He won't have a clue other than weight and maybe overall size. Then tell him to keep his eyes closed and move his fingers over the object. He'll most likely identify it at once. By allowing the fingers to move, you've added time to the sensory perception of touch. There's a direct analogy between the fovea at the center of your retina and your fingertips, both of which have high acuity. Your ability to make complex use of touch, such as buttoning your shirt or unlocking your front door in the dark, depends on continuous time-varying patterns of touch sensation.

* analogy 유사 ** fovea (망막의) 중심와(窩) *** retina 망막

① Touch and Movement: Two Major Elements of Humanity
② Time Does Matter: A Hidden Essence of Touch
③ How to Use the Five Senses in a Timely Manner
④ The Role of Touch in Forming the Concept of Time
⑤ The Surprising Function of Touch as a Booster of Knowledge

어휘 & 숙어

구문 해석

5 다음 글의 밑줄 친 부분 중, 문맥상 낱말의 쓰임이 적절하지 않은 것은? [3점]　2024.06. 평가원 기출

　　Internalization depends on supports for autonomy. Contexts that use controlling strategies such as salient rewards and punishments or evaluative, selfesteem-hooking pressures are ① least likely to lead people to value activities as their own. This is not to say that controls don't ② work to produce behavior — decades of operant psychology prove that they can. It is rather that the more salient the external control over a person's behavior, the more the person is likely to be merely externally regulated or introjected in his or her actions. Consequently, the person does not ③ develop a value or investment in the behaviors, but instead remains dependent on external controls. Thus, parents who reward, force, or cajole their child to do homework are more likely to have a child who does so only when rewarded, cajoled, or forced. The salience of external controls ④ drives the acquisition of self-responsibility. Alternatively, parents who supply reasons, show an emotional understanding of difficulties overcoming problems, and use a ⑤ minimum of external incentives are more likely to cultivate a sense of willingness and value for work in their child.

* autonomy 자율성　** salient 두드러진　*** introject 투입하다

다음 빈칸에 들어갈 말로 가장 적절한 것을 고르시오. 2023.06. 평가원 기출

People have always needed to eat, and they always will. Rising emphasis on self-expression values does not put an end to material desires. But prevailing economic orientations are gradually being reshaped. People who work in the knowledge sector continue to seek high salaries, but they place equal or greater emphasis on doing stimulating work and being able to follow their own time schedules. Consumption is becoming progressively less determined by the need for sustenance and the practical use of the goods consumed. People still eat, but a growing component of food's value is determined by its _____ aspects. People pay a premium to eat exotic cuisines that provide an interesting experience or that symbolize a distinctive life-style. The publics of postindustrial societies place growing emphasis on "political consumerism," such as boycotting goods whose production violates ecological or ethical standards. Consumption is less and less a matter of sustenance and more and more a question of life-style — and choice.

* prevail 우세하다 ** cuisine 요리

① quantitative   ② nonmaterial
③ nutritional   ④ invariable
⑤ economic

 어휘 & 숙어

 구문 해석

7 다음 글의 밑줄 친 부분 중, 문맥상 낱말의 쓰임이 적절하지 <u>않은</u> 것은? 2022.06. 평가원 기출

    In recent years urban transport professionals globally have largely acquiesced to the view that automobile demand in cities needs to be managed rather than accommodated. Rising incomes inevitably lead to increases in motorization. Even without the imperative of climate change, the physical constraints of densely inhabited cities and the corresponding demands of accessibility, mobility, safety, air pollution, and urban livability all ① **limit** the option of expanding road networks purely to accommodate this rising demand. As a result, as cities develop and their residents become more prosperous, ② **persuading** people to choose not to use cars becomes an increasingly key focus of city managers and planners. Improving the quality of ③ **alternative** options, such as walking, cycling, and public transport, is a central element of this strategy. However, the most direct approach to ④ **accommodating** automobile demand is making motorized travel more expensive or restricting it with administrative rules. The contribution of motorized travel to climate change ⑤ **reinforces** this imperative.

* acquiesce 따르다 ** imperative 불가피한 것 *** constraint 압박

The critic who wants to write about literature from a formalist perspective must first be a close and careful reader who examines all the elements of a text individually and questions how they come together to create a work of art. Such a reader, who respects the autonomy of a work, achieves an understanding of it by _____. Instead of examining historical periods, author biographies, or literary styles, for example, he or she will approach a text with the assumption that it is a self-contained entity and that he or she is looking for the governing principles that allow the text to reveal itself. For example, the correspondences between the characters in James Joyce's short story "Araby" and the people he knew personally may be interesting, but for the formalist they are less relevant to understanding how the story creates meaning than are other kinds of information that the story contains within itself.

* entity 실체

① putting himself or herself both inside and outside it

② finding a middle ground between it and the world

③ searching for historical realities revealed within it

④ looking inside it, not outside it or beyond it

⑤ exploring its characters' cultural relevance

어휘 & 숙어

구문 해석

9 *** 밑줄 친 Flicking the collaboration light switch가 다음 글에서 의미하는 바로 가장 적절한 것은? [3점]   2021.09. 평가원 기출

Flicking the collaboration light switch is something that leaders are uniquely positioned to do, because several obstacles stand in the way of people voluntarily working alone. For one thing, the fear of being left out of the loop can keep them glued to their enterprise social media. Individuals don't want to be — or appear to be — isolated. For another, knowing what their teammates are doing provides a sense of comfort and security, because people can adjust their own behavior to be in harmony with the group. It's risky to go off on their own to try something new that will probably not be successful right from the start. But even though it feels reassuring for individuals to be hyperconnected, it's better for the organization if they periodically go off and think for themselves and generate diverse — if not quite mature — ideas. Thus, it becomes the leader's job to create conditions that are good for the whole by enforcing intermittent interaction even when people wouldn't choose it for themselves, without making it seem like a punishment.

* intermittent 간헐적인

① breaking physical barriers and group norms that prohibit cooperation
② having people stop working together and start working individually
③ encouraging people to devote more time to online collaboration
④ shaping environments where higher productivity is required
⑤ requiring workers to focus their attention on group projects

어휘 & 숙어

구문 해석

The borderless-world thesis has been vigorously criticized by many geographers on the grounds that it presents a simplistic and idealized vision of globalization. It appears that the more territorial borders fall apart, the more various groups around the world cling to place, nation, and religion as markers of their identity. In other words, the reduction in capacity of territorial borders to separate and defend against others often elicits adverse reactions in numerous populations. Difference between people and places may be socially constructed through the erection of boundaries, but this does not mean that it is not deeply internalized by the members of a society. So far, the consumption-dominated rhetoric of globalization has done little to uncouple the feeling of difference that borders create from the formation of people's territorial identities.

① Recognizing Differences: The Beginning of Mutual Respect
② Do Fading Borders Lead to Less Division Among People?
③ A Borderless World: The Key to Global Well-Being
④ Ethnic Identities: Just the Remains of the Past
⑤ How Territories Form and What Defines Them

Code 04 상관구문

지문에서 부정문이 다른 생각이나 정책에 대한 비판을 나타내는 경우는 반드시 그 뒤에 정 반대의 내용, 즉 '대안'이 제시되는데, 이 때의 '대안'이 바로 글쓴이의 생각, 즉 요지가 된다. 따라서 독해 중 부정문을 보면, 그 뒤에 이어지는 반대 내용의 문장에 주목해야 한다.

✅ not only A, but (also) B ≠ both A and B

'A뿐만 아니라, B도 또한'이란 말은, 'A만 알고 B는 모른다'는 뜻으로, B가 요지가 된다. 출 제 빈도가 높아 같은 뜻의 다른 표현들도 기억해야 한다. 모두 B가 요지이다.

→ **not just/ simply/ merely A, but (also) B**

→ **not only A. B (as well)**　　　　(문장 사이에 but을 생략한 형태)

→ **B as well as A**

예 Information is important not only in school but in the real world.

예 We must live in peace, not just with other humans, but with all the animals on earth.

✅ not A, but B

'A가 아니라, (반대로) B'이란 말은, A가 비판이고 B가 대안(요지)이 된다. 출제 빈도가 매우 높아 같은 뜻의 다른 표현들도 반드시 기억해야 한다. 모두 B가 요지이다.

→ **not A. However/ In contrast/ To the contrary/ On the other hand, B**

→ **not A. Rather/ Instead, B**　　　　→ **not A. Rath**

→ **not A. B**　　　　→ **not A; B**

→ **B, not A**

예 The weather, not the traffic, is responsible for the delay.

예 If I find your fault, it is not that I am angry: it is that I want you to improve.

✅ not so much A, as B ○ <비교구문> 참조

'A라기 보다는 오히려 B'라는 말은, 둘을 비교할 때 B가 더 중요하다는 뜻으로 B가 요지가 된다.

→ **not A so much as B**

→ **less A than B**

→ **B, rather than A**

예 What matters is not so much what you have as what you are.

다음 글을 읽고, 물음에 답하시오. 2021.03. 교육청 응용

Creativity can happen when you (a) deliberately try to create something or it can happen in your sleep. In any case, Arne Dietrich, a neuroscientist, believes that the creative brain might work much like software. Neuroscientists suspect that creativity is essentially about (b) discovery rather than anything mystical — driven by a mechanical process in the brain that generates possible solutions and then eliminates them systematically. He believes our tendency to dismiss computational creativity as (c) inferior to our own comes from an ingrained dualism in human culture. 'We are overvaluing ourselves and underestimating them,' he says. The idea that the human brain has a unique claim to creative talents seems a (d) proper perspective. If we can (e) embrace computer creativity for what it is and stop trying to make it look human, not only will computers teach us new things about our own creative talents, but they might become creative in ways that we cannot begin to imagine.

1. 윗글의 제목으로 가장 적절한 것은?
① Machines That Create Redefine Creativity
② The New Way Machines Learn and Think
③ How Brain Works During Unconsciousness
④ Potential Limits of Artificial Intelligence
⑤ High Technology Weakens Creativity

2. 밑줄 친 (a) ~ (e) 중에서 문맥상 낱말의 쓰임이 적절하지 않은 것은?
① (a)   ② (b)   ③ (c)   ④ (d)   ⑤ (e)

Code 분석

🔍 ~ our tendency to dismiss computational creativity as inferior to our own ~
~ 컴퓨터의 창의력을 우리 자신의 창의력보다 열등하다고 일축하는 우리의 경향 ~ 〈양보구문 (2)〉 ➡ 양보(요지의 반대)

🔍 The idea that the human brain has a unique claim to creative talents seems a improper perspective.
인간의 두뇌만이 유일하게 창의적인 재능을 지니고 있다는 생각은 그릇된 관점으로 보인다.

🔍 ~ not only will computers teach us new things about our own creative talents, but they might become creative in ways that we cannot begin to imagine. 〈상관구문/강조구문(도치)〉 ➡ 요지
컴퓨터는 우리에게 우리 자신의 창의적 재능에 대한 새로운 것들을 가르쳐 줄 뿐만 아니라, 또한 우리가 상상을 시작할 수 없는 방식으로 창의적이 될 수도 있다.

1 *** 다음 빈칸에 들어갈 말로 가장 적절한 것을 고르시오. 2020.09. 평가원 기출

Genetic engineering followed by cloning to distribute many identical animals or plants is sometimes seen as a threat to the diversity of nature. However, humans have been replacing diverse natural habitats with artificial monoculture for millennia. Most natural habitats in the advanced nations have already been replaced with some form of artificial environment based on mass production or repetition. The real threat to biodiversity is surely the need to convert ever more of our planet into production zones to feed the ever-increasing human population. The cloning and transgenic alteration of domestic animals makes little difference to the overall situation. Conversely, the renewed interest in genetics has led to a growing awareness that there are many wild plants and animals with interesting or useful genetic properties that could be used for a variety of as-yet-unknown purposes. This has led in turn to a realization that _____ because they may harbor tomorrow's drugs against cancer, malaria, or obesity.

* monoculture 단일 경작

① ecological systems are genetically programmed

② we should avoid destroying natural ecosystems

③ we need to stop creating genetically modified organisms

④ artificial organisms can survive in natural environments

⑤ living things adapt themselves to their physical environments

어휘 & 숙어

구문 해석

2

다음 빈칸에 들어갈 말로 가장 적절한 것을 고르시오. 2018.09. 평가원 기출

    Food unites as well as distinguishes eaters because what and how one eats forms much of one's emotional tie to a group identity, be it a nation or an ethnicity. The famous twentieth-century Chinese poet and scholar Lin Yutang remarks, "Our love for fatherland is largely a matter of recollection of the keen sensual pleasure of our childhood. The loyalty to Uncle Sam is the loyalty to American doughnuts, and the loyalty to the Vaterland is the loyalty to Pfannkuchen and Stollen." Such keen connection between food and national or ethnic identification clearly indicates the truth that cuisine and table narrative occupy a significant place in the training grounds of a community and its civilization, and thus, eating, cooking, and talking about one's cuisine are vital to _____. In other words, the destiny of a community depends on how well it nourishes its members.

* nourish 기르다

① an individual's dietary choices
② one's diverse cultural experiences
③ one's unique personality and taste
④ a community's wholeness and continuation
⑤ a community's dominance over other cultures

3 다음 빈칸에 들어갈 말로 가장 적절한 것을 고르시오. [3점] 2012. 수능 기출

   Often in social scientific practice, even where evidence is used, it is not used in the correct way for adequate scientific testing. In much of social science, evidence is used only to affirm a particular theory — to search for the positive instances that uphold it. But these are easy to find and lead to the familiar dilemma in the social sciences where we have two conflicting theories, each of which can claim positive empirical evidence in its support but which come to opposite conclusions. How should we decide between them? Here the scientific use of evidence may help. For what is distinctive about science is the search for negative instances — the search for ways to falsify a theory, rather than to confirm it. The real power of scientific testability is negative, not positive. Testing allows us not merely to confirm our theories but to _____.

① ignore the evidence against them
② falsify them by using positive empirical evidence
③ intensify the argument between conflicting theories
④ weed out those that do not fit the evidence
⑤ reject those that lack negative instances

4 *** 다음 빈칸에 들어갈 말로 가장 적절한 것을 고르시오. [3점] 2024. 수능 기출

Everyone who drives, walks, or swipes a transit card in a city views herself as a transportation expert from the moment she walks out the front door. And how she views the street _____. That's why we find so many well-intentioned and civic-minded citizens arguing past one another. At neighborhood meetings in school auditoriums, and in back rooms at libraries and churches, local residents across the nation gather for often-contentious discussions about transportation proposals that would change a city's streets. And like all politics, all transportation is local and intensely personal. A transit project that could speed travel for tens of thousands of people can be stopped by objections to the loss of a few parking spaces or by the simple fear that the project won't work. It's not a challenge of the data or the traffic engineering or the planning. Public debates about streets are typically rooted in emotional assumptions about how a change will affect a person's commute, ability to park, belief about what is safe and what isn't, or the bottom line of a local business.

* swipe 판독기에 통과시키다 ** contentious 논쟁적인 *** commute 통근

① relies heavily on how others see her city's streets
② updates itself with each new public transit policy
③ arises independently of the streets she travels on
④ tracks pretty closely with how she gets around
⑤ ties firmly in with how her city operates

어휘 & 숙어

구문 해석

5 *** 밑줄 친 Burnout hasn't had the last word.가 다음 글에서 의미하는 바로 가장 적절한 것은?

[3점] 2024.06. 평가원 기출

To balance the need for breadth (everyone feels a bit burned out) and depth (some are so burned out, they can no longer do their jobs), we ought to think of burnout not as a *state* but as a *spectrum*. In most public discussion of burnout, we talk about workers who "are burned out," as if that status were black and white. A black-and-white view cannot account for the variety of burnout experience, though. If there is a clear line between burned out and not, as there is with a lightbulb, then we have no good way to categorize people who say they are burned out but still manage to do their work competently. Thinking about burnout as a spectrum solves this problem; those who claim burnout but are not debilitated by it are simply dealing with a partial or less-severe form of it. They are experiencing burnout without *being* burned out. Burnout hasn't had the last word.

* debilitate 쇠약하게 하다

① Public discussion of burnout has not reached an end.
② There still exists room for a greater degree of exhaustion.
③ All-or-nothing criteria are applicable to burnout symptoms.
④ Exhaustion is overcome in different ways based on its severity.
⑤ Degrees of exhaustion are shaped by individuals' perceptions.

다음 빈칸에 들어갈 말로 가장 적절한 것을 고르시오. [3점]　2022. 수능 기출

　　Precision and determinacy are a necessary requirement for all meaningful scientific debate, and progress in the sciences is, to a large extent, the ongoing process of achieving ever greater precision. But historical representation puts a premium on a proliferation of representations, hence not on the refinement of one representation but on the production of an ever more varied set of representations. Historical insight is not a matter of a continuous "narrowing down" of previous options, not of an approximation of the truth, but, on the contrary, is an "explosion" of possible points of view. It therefore aims at the unmasking of previous illusions of determinacy and precision by the production of new and alternative representations, rather than at achieving truth by a careful analysis of what was right and wrong in those previous representations. And from this perspective, the development of historical insight may indeed be regarded by the outsider as a process of creating ever more confusion, a continuous questioning of _____ _____, rather than, as in the sciences, an ever greater approximation to the truth.

* proliferation 증식

① criteria for evaluating historical representations
② certainty and precision seemingly achieved already
③ possibilities of alternative interpretations of an event
④ coexistence of multiple viewpoints in historical writing
⑤ correctness and reliability of historical evidence collected

7 다음 빈칸에 들어갈 말로 가장 적절한 것을 고르시오. 2024.09. 평가원 기출

City quality is so crucial for optional activities that the extent of staying activities can often be used as a measuring stick for the quality of the city as well as of its space. Many pedestrians in a city are not necessarily an indication of good city quality — many people walking around can often be a sign of insufficient transit options or long distances between the various functions in the city. Conversely, it can be claimed that a city in which many people are not walking often indicates good city quality. In a city like Rome, it is the large number of people standing or sitting in squares rather than walking that is conspicuous. And it's not due to necessity but rather that _____. It is hard to keep moving in city space with so many temptations to stay. In contrast are many new quarters and complexes that many people walk through but rarely stop or stay in.

* pedestrian 보행자 ** conspicuous 눈에 띄는

① the city quality is so inviting

② public spaces are already occupied

③ public transportation is not available

④ major tourist spots are within walking distance

⑤ the city's administrative buildings are concentrated

 어휘 & 숙어

 구문 해석

8 다음 글의 주제로 가장 적절한 것은? [3점] 2021. 수능 기출

Difficulties arise when we do not think of people and machines as collaborative systems, but assign whatever tasks can be automated to the machines and leave the rest to people. This ends up requiring people to behave in machine-like fashion, in ways that differ from human capabilities. We expect people to monitor machines, which means keeping alert for long periods, something we are bad at. We require people to do repeated operations with the extreme precision and accuracy required by machines, again something we are not good at. When we divide up the machine and human components of a task in this way, we fail to take advantage of human strengths and capabilities but instead rely upon areas where we are genetically, biologically unsuited. Yet, when people fail, they are blamed.

① difficulties of overcoming human weaknesses to avoid failure

② benefits of allowing machines and humans to work together

③ issues of allocating unfit tasks to humans in automated systems

④ reasons why humans continue to pursue machine automation

⑤ influences of human actions on a machine's performance

9 다음 글에서 전체 흐름과 관계 없는 문장은?　2019.06. 평가원 기출

When a dog is trained to detect drugs, explosives, contraband, or other items, the trainer doesn't actually teach the dog how to smell; the dog already knows how to discriminate one scent from another. Rather, the dog is trained to become emotionally aroused by one smell versus another. ① In the step-by-step training process, the trainer attaches an "emotional charge" to a particular scent so that the dog is drawn to it above all others. ② And then the dog is trained to search out the desired item on cue, so that the trainer can control or release the behavior. ③ This emotional arousal is also why playing tug with a dog is a more powerful emotional reward in a training regime than just giving a dog a food treat, since the trainer invests more emotion into a game of tug. ④ As long as the trainer gives the dog a food reward regularly, the dog can understand its "good" behavior results in rewards. ⑤ From a dog's point of view, the tug toy is compelling because the trainer is "upset" by the toy.

* contraband 밀수품　** tug 잡아당김

10 *** 다음 빈칸에 들어갈 말로 가장 적절한 것을 고르시오. [3점]

Centralized, formal rules can _____.
The rules of baseball don't just regulate the behavior of the players; they determine the behavior that constitutes playing the game. Rules do not prevent people from playing baseball; they create the very practice that allows people to play baseball. A score of music imposes rules, but it also creates a pattern of conduct that enables people to produce music. Legal rules that enable the formation of corporations, that enable the use of wills and trusts, that create negotiable instruments, and that establish the practice of contracting all make practices that create new opportunities for individuals. And we have legal rules that establish roles individuals play within the legal system, such as judges, trustees, partners, and guardians. True, the legal rules that establish these roles constrain the behavior of individuals who occupy them, but rules also create the roles themselves. Without them an individual would not have the opportunity to occupy the role.

* constrain 속박하다

① categorize one's patterns of conduct in legal and productive ways
② lead people to reevaluate their roles and practices in a society
③ encourage new ways of thinking which promote creative ideas
④ reinforce one's behavior within legal and established contexts
⑤ facilitate productive activity by establishing roles and practices

Code 05 가정법 구문

가정법은 현실에서 이루지 못한 희망을 if 절에 담아 표현하는 것으로, if 절의 동사구에 담긴 속뜻이 곧 요지가 된다.

✔ 가정법 구문 ⇨ (if 절 속뜻)이 요지

❶ 가정법 과거완료: 과거 사실의 반대를 가정하거나 희망

If + S_1 + had + p.p. ~, S_2 + 조동사의 과거형 + have + p.p. ~.

예 If you had followed my advice, you wouldn't be in trouble now.

❷ 가정법 과거: 현재 사실의 반대를 가정하거나 희망

If + S_1 + Ved ~, S_2 + 조동사의 과거형 + V ~.

예 If you got more exercise, you might feel better.

✔ 조건절 구문 ⇨ (조건절 속뜻)이 요지

if나 unless 등의 조건절이 '가정'의 뜻으로 쓰인다면, 마찬가지로 조건절의 동사구에 담긴 속뜻이 곧 요지가 된다.

❶ if 절 ⇒ when 절 ⇒ once 절 ⇒ as long as 절

예 If you focus on what you have, you will gain what you lack.

= Focus on what you have, and you will gain what you lack.

❷ unless 절 ⇒ if ~ not 절

예 Unless you study regularly, you will fail in the exam.

= Study regularly, or you will fail in the exam.

✔ 관용적 표현

It's (high) time (that) S + 가정법과거 V ~.

➔ It's (high) time (that) S + should V ~.

➔ It's (high) time for O to V ~.

if 절처럼 현실에서 이루지 못한 희망을 담은 표현이므로, that 절의 동사구가 요지가 된다.

예 **It's high time** you got a job and settled down.

= **It's high time** you should get a job and settle down.

= **It's high time** for you to get a job and settle down.

밑줄 친 a nonstick frying pan이 다음 글에서 의미하는 바로 가장 적절한 것은? [3점] 2024. 수능 기출

How you focus your attention plays a critical role in how you deal with stress. Scattered attention harms your ability to let go of stress, because even though your attention is scattered, it is narrowly focused, for you are able to fixate only on the stressful parts of your experience. When your attentional spotlight is widened, you can more easily let go of stress. You can put in perspective many more aspects of any situation and not get locked into one part that ties you down to superficial and anxiety-provoking levels of attention. A narrow focus heightens the stress level of each experience, but a widened focus turns down the stress level because you're better able to put each situation into a broader perspective. One anxiety-provoking detail is less important than the bigger picture. It's like transforming yourself into **a nonstick frying pan.** You can still fry an egg, but the egg won't stick to the pan.

* provoke 유발시키다

① never being confronted with any stressful experiences in daily life

② broadening one's perspective to identify the cause of stress

③ rarely confining one's attention to positive aspects of an experience

④ having a larger view of an experience beyond its stressful aspects

⑤ taking stress into account as the source of developing a wide view

Code 분석 ••

When (=If) your attentional spotlight is widened, you can more easily let go of stress.

〈조건절/ 비교구문〉 ➡ 요지

여러분의 주의의 초점이 넓어지면, 여러분은 스트레스를 더 쉽게 해소할 수 있다.

It's like transforming yourself into **a nonstick frying pan.** 〈밑줄문장〉 ➡ 요지

그것은 여러분 자신을 **들러붙지 않는 프라이팬**으로 변형시키는 것과 같다.

1 *** 다음 빈칸에 들어갈 말로 가장 적절한 것을 고르시오. [3점]   2021. 수능 기출

Successful integration of an educational technology is marked by that technology being regarded by users as an unobtrusive facilitator of learning, instruction, or performance. When the focus shifts from the technology being used to the educational purpose that technology serves, then that technology is becoming a comfortable and trusted element, and can be regarded as being successfully integrated. Few people give a second thought to the use of a ball-point pen although the mechanisms involved vary — some use a twist mechanism and some use a push button on top, and there are other variations as well. Personal computers have reached a similar level of familiarity for a great many users, but certainly not for all. New and emerging technologies often introduce both fascination and frustration with users. As long as _____ in promoting learning, instruction, or performance, then one ought not to conclude that the technology has been successfully integrated — at least for that user.

* unobtrusive 눈에 띄지 않는

① the user successfully achieves familiarity with the technology

② the user's focus is on the technology itself rather than its use

③ the user continues to employ outdated educational techniques

④ the user involuntarily gets used to the misuse of the technology

⑤ the user's preference for interaction with other users persists

다음 빈칸에 들어갈 말로 가장 적절한 것은? [3점]   2020.07. 교육청 기출

Sometimes it seems that contemporary art isn't doing its job unless it provokes the question, 'But is it art?' I'm not sure the question is worth asking. It seems to me that the line between art and not-art is never going to be a sharp one. Worse, as the various art forms — poetry, drama, sculpture, painting, fiction, dance, *etc.* — are so different, I'm not sure why we should expect to be able to come up with _____. Art seems to be a paradigmatic example of a Wittgensteinian 'family resemblance' concept. Try to specify the necessary and sufficient condition for something qualifying as art and you'll always find an exception to your criteria. If philosophy were to admit defeat in its search for some immutable essence of art, it is hardly through lack of trying. Arguably, we have very good reasons for thinking that this has been one of the biggest wild goose chases in the history of ideas.

* paradigmatic 전형적인 ** immutable 변치 않는

① a detailed guide to tracing the origin of art
② a novel way of perceiving reality through art
③ a single definition that can capture their variety
④ a genre that blends together diverse artistic styles
⑤ a radical idea that challenges the existing art forms

어휘 & 숙어

구문 해석

3 다음 글의 빈칸에 들어갈 말로 가장 적절한 것을 고르시오? 2011.04. 교육청 기출

Some plants taste good and are easy to digest, while others are slightly so. Many others are distasteful or even poisonous. Why? Plants are products of millions of years of _____. Through all this time and even today, they are subject to many influences including changes in climate, soil, and water; competition from other plants; and the scores of plant-eating animals. Unless a plant is able to adjust to these external influences, the result can be serious depletion or even extinction of its species. But, unlike animals, plants cannot pick up their roots and race for safety. Nor have many plants taken the offensive and become predators. So to defend themselves or ensure survival of their species, most plants have developed elaborate mechanical, chemical, and reproductive characteristics including their distinctive tastes.

① isolation   ② adaptation
③ combination   ④ contraction
⑤ simplification

4 밑줄 친 the role of the 'lion's historians'가 다음 글에서 의미하는 바로 가장 적절한 것은?

2021. 수능 기출

There is an African proverb that says, 'Till the lions have their historians, tales of hunting will always glorify the hunter'. The proverb is about power, control and law making. Environmental journalists have to play the role of the 'lion's historians'. They have to put across the point of view of the environment to people who make the laws. They have to be the voice of wild India. The present rate of human consumption is completely unsustainable. Forest, wetlands, wastelands, coastal zones, eco-sensitive zones, they are all seen as disposable for the accelerating demands of human population. But to ask for any change in human behaviour — whether it be to cut down on consumption, alter lifestyles or decrease population growth — is seen as a violation of human rights. But at some point human rights become 'wrongs'. It's time we changed our thinking so that there is no difference between the rights of humans and the rights of the rest of the environment.

① uncovering the history of a species' biological evolution

② urging a shift to sustainable human behaviour for nature

③ fighting against widespread violations of human rights

④ rewriting history for more underrepresented people

⑤ restricting the power of environmental lawmakers

어휘 & 숙어

구문 해석

5 다음 빈칸에 들어갈 말로 가장 적절한 것을 고르시오. 2011.09. 평가원 기출

_____. If I assign fifty students a five-page essay on the subject of why the Roman Empire fell, most of them are likely to say it was a combination of economic and social causes ultimately leading to a weakening of the frontiers. This would be a fine answer, but after reading forty-five papers all saying the same thing, I'm ready for a change. If you can take a different angle from the rest of the class in a paper, you're more likely to impress your professors. But here's the tricky part — being different is risky, and it only works if you back up your argument very well. If you choose to argue that Rome fell solely because Christianity weakened the fighting spirit of the Romans, you will need persuasive reasoning and arguments against any potential objections.

① Variety is the spice of life

② The essence of writing is in its brevity

③ Don't fix what is not broken

④ The pen is mightier than the sword

⑤ Rome was not built in a day

 어휘 & 숙어

 구문 해석

6 ***

다음 글의 빈칸 (A), (B)에 들어갈 말로 가장 적절한 것을 고르시오. [3점]   2013.09. 평가원 기출

After making a choice, the decision ultimately changes our estimated pleasure, enhancing the expected pleasure from the selected option and decreasing the expected pleasure from the rejected option. If we were not inclined to __(A)__ the value of our options rapidly so that they concur with our choices, we would likely second-guess ourselves to the point of insanity. We would ask ourselves again and again whether we should have chosen Greece over Thailand, the toaster over the coffee maker, and Jenny over Michele. Consistently second-guessing ourselves would interfere with our daily functioning and promote a negative effect. We would feel anxious and confused, regretful and sad. Have we done the right thing? Should we change our mind? These thoughts would result in a permanent halt. We would find ourselves — literally — stuck, overcome by __(B)__ and unable to move forward. On the other hand, reevaluating our alternatives after making a decision increases our commitment to the action taken and keeps us moving forward.

(A)	(B)
① disregard	indecision
② disregard	decision
③ disclose	decision
④ update	prejudice
⑤ update	indecision

CHECK UP

7 *** 다음 빈칸에 들어갈 말로 가장 적절한 것을 고르시오. 2022.10. 교육청 기출

Ecological health depends on keeping the surface of the earth rich in humus and minerals so that it can provide a foundation for healthy plant and animal life. The situation is disrupted if the soil loses these raw materials or if _____ _____. When man goes beneath the surface of the earth and drags out minerals or other compounds that did not evolve as part of this system, then problems follow. The mining of lead and cadmium are examples of this. Petroleum is also a substance that has been dug out of the bowels of the earth and introduced into the surface ecology by man. Though it is formed from plant matter, the highly reduced carbon compounds that result are often toxic to living protoplasm. In some cases this is true of even very tiny amounts, as in the case of "polychlorinated biphenyls," a petroleum product which can cause cancer.

* humus 부식토, 부엽토 ** protoplasm 원형질

① the number of plants on it increases too rapidly

② it stops providing enough nourishment for humans

③ climate change transforms its chemical components

④ alien species prevail and deplete resources around it

⑤ great quantities of contaminants are introduced into it

The outcomes of *want-should* conflicts are affected not only by what we think our future self will choose but also by how close we feel to our future self. *Want-should* conflicts fundamentally involve tradeoffs between options that satisfy the present self's desires (*wants*) and options that benefit the future self (*shoulds*). As a result, when we do not feel psychologically connected to our future self, we should be ① less interested in taking actions to benefit this self and thus shy away from *should* options. Indeed, an emerging stream of research suggests that people are more ② impatient the more disconnected they feel from their future self. For example, people prefer smaller-sooner rewards over larger-later rewards at a higher rate when they anticipate experiencing life-changing events (rather than events that are unlikely to change their identity and beliefs), since life-changing events induce a greater ③ disassociation between their image of their present self and their image of their future self. More generally, when people are told that their identity will change considerably over time, they are more likely to ④ abandon immediate benefits (*wants*) and forsake larger deferred benefits (*shoulds*). On the other hand, ⑤ farsighted decision making can be facilitated by making people feel closer to their future self.

* defer 미루다

9 다음 글을 읽고, 물음에 답하시오. 2024.03. 교육청 기출(응용)

You are the narrator of your own life. The tone and perspective with which you describe each experience generates feelings associated with that narration. For example, if you find yourself constantly assuming, "This is hard," "I wonder whether I'm going to survive," or "It looks like this is going to turn out badly," you'll generate (a) <u>anxious</u> feelings. It's time to restructure the way you think. Underlying this narration are the beliefs that (b) <u>frame</u> your experience and give it meaning. You (c) <u>produce</u> a wide variety of automatic thoughts, some consciously and some unconsciously. For example, automatic thoughts that (d) <u>relieve</u> anxiety go something like this: You walk into a room, see a few new people, and say to yourself, "Oh no, I don't like this. This is not good." Automatic thoughts are bad habits that (e) <u>cloud</u> fresh and positive experiences. If you tell yourself that you are always stressed or full of anxiety before doing something new, that new experience will be tainted by that anxiety.

* taint 오염시키다, 더럽히다

1. 윗 글의 제목으로 가장 적절한 것은?
① The Role of Automatic Thoughts in Language Learning
② Selftalk: The Best Way to Improve Your Speech
③ Reshaping Thoughts: Manage Your Selftalk
④ Heightened Anxiety Leads to Productivity
⑤ Ways to Read Others' Inner Thoughts

2. 밑줄 친 (a)~(e) 중에서 문맥상 낱말의 쓰임이 적절하지 않은 것은? [3점]
① (a)　　　② (b)　　　③ (c)　　　④ (d)　　　⑤ (e)

 어휘 & 숙어

 구문 해석

When confronted by a seemingly simple pointing task, where their desires are put in conflict with outcomes, chimpanzees find it impossible to exhibit subtle self-serving cognitive strategies in the immediate presence of a desired reward. However, such tasks are mastered _____.
In one study, chimps were confronted by a simple choice; two plates holding tasty food items were presented, each with a different number of treats. If the chimp pointed to the plate having more treats, it would immediately be given to a fellow chimp in an adjacent cage, and the frustrated subject would receive the smaller amount. After hundreds and hundreds of trials, these chimps could not learn to withhold pointing to the larger reward. However, these same chimps had already been taught the symbolic concept of simple numbers. When those numbers were placed on the plates as a substitute for the actual rewards, the chimps promptly learned to point to the smaller numbers first, thereby obtaining the larger rewards for themselves.

① as immediate rewards replace delayed ones

② when an alternative symbol system is employed

③ if their desires for the larger rewards are satisfied

④ when material rewards alternate with symbolic ones

⑤ if the value of the number is proportional to the amount of the reward

어휘 & 숙어

구문 해석

Code 06 의문문

지문에 쓰인 의문문은 글쓴이가 질문을 한 것이고, 글쓴이가 그 질문에 대해 의견(답)을 가지고 있다는 뜻이다. 이때, 질문(의문문)은 글의 내용을 예고하는 글의 '제목'이 되고, 당연히 이후 제시되는 답은 글의 '요지'가 된다.

☞ (일반) 의문문 ⇨ 의문문에 대한 대답**이 요지**

❶ Yes/ No Question

> 예 Does the medicine have harmful side effects? 〈제목〉

❷ WH-Question

> 예 Why are so many people taking up knitting as a hobby? 〈제목〉

☞ 수사의문문 ⇨ 숨겨진 대답**이 요지**

> 예 Who can call the animal communication systems 'language'? 〈요지〉

> 예 Who is there but commits errors?
>
> > ➡ (속뜻) There is nobody but commits errors. 〈요지〉

☞ 간접의문문 ⇨ **그 자체가** 제목 또는 주제

❶ WH-의문문 : 의문사 + S + V

> 예 I wonder how many people give up just when success is almost within reach.

❷ Yes/No 의문문 : whether/if + S + V

> 예 He asked whether we should use insecticide.

☆☆ If의 용법

① 가정법: If + S + Ved, S + would/ should/ could/ might + V.

② 조건절: If + S + V(s), S + will/ can + V.

③ 양보절: If + S + V, S + V.   * If = Even if

④ 간접의문문: S + V + If + S + V.   * if = whether

다음 빈칸에 들어갈 말로 가장 적절한 것을 고르시오. 2024.10. 교육청 기출

After we make some amount of scientific and technological progress, does further progress get easier or harder? Intuitively, it seems like it could go either way because there are two competing effects. On the one hand, we "stand on the shoulders of giants": previous discoveries can make future progress easier. **On the other hand**, we "pick the low-hanging fruit": we make the easy discoveries first, so those that remain are more difficult. You can only invent the wheel once, and once you have, it's harder to find a similarly important invention. Though both of these effects are important, when we look at the data it's **the latter effect** that _____. Overall, past progress makes future progress harder. It's easy to see this qualitatively by looking at the history of innovation. Consider physics. In 1905, his "miracle year," Albert Einstein revolutionized physics, describing the photoelectric effect, Brownian motion, the theory of special relativity, and his famous equation, $E = mc^2$. He was twenty-six at the time and did all this while working as a patent clerk. Compared to Einstein's day, progress in physics is now much harder to achieve.

① predominates　　　② scatters　　　③ varies
④ vanishes　　　　　⑤ fades

Code 분석 ••

🔍 After we make some amount of scientific and technological progress, does further progress get easier or harder? 〈의문문(질문)〉 ➡ 제목

🔍 Though both of these effects are important, when we look at the data it's **the latter effect that** predominates. 〈의문문(대답), 강조, 빈칸〉 ➡ 요지

🔍 Overall, past progress makes future progress harder. 〈의문문(대답)〉 ➡ 요지

CHECK UP

1 *** 밑줄 친 not surgeons가 다음 글에서 의미하는 바로 가장 적절한 것은? [3점] 2019.03. 교육청 기출

Even though the first successful appendectomy was said to have been performed by a British army surgeon in 1735, it wasn't until the 1880s that the procedure was described in medical journals and taught in medical schools. It was a welcome solution to an age-old disease and, by the turn of the century, was becoming so popular that many surgeons in Europe and America made a reasonable amount of money. Shortly before he died in 1902, the German physician-turned-politician Rudolf Virchow was asked, "Is it true that a human being can survive without an appendix?" Even though he had not practiced medicine for many years, Virchow stayed in touch with developments in the field. Aware of the increasing popularity of the procedure, he wittily remarked: Human beings, yes, but not surgeons.

* appendectomy 충수[맹장] 절제술 ** appendix 충수, 맹장

① Not all surgeons can perform appendectomy.
② Appendectomy remains much to be improved.
③ The role of the appendix has been a mystery.
④ Surgeons rely on appendectomy for their living.
⑤ Surgeons are not willing to have their appendix removed.

다음 글에서 밑줄 친 None이 의미하는 바로 가장 적절한 것은? [3점] 2018.06. 평가원 기출

   Here's an interesting thought. If glaciers started re-forming, they have a great deal more water now to draw on — Hudson Bay, the Great Lakes, the hundreds of thousands of lakes of Canada, none of which existed to fuel the last ice sheet — so they would grow very much quicker. And if they did start to advance again, what exactly would we do? Blast them with TNT or maybe nuclear missiles? Well, doubtless we would, but consider this. In 1964, the largest earthquake ever recorded in North America rocked Alaska with 200,000 megatons of concentrated might, the equivalent of 2,000 nuclear bombs. Almost 3,000 miles away in Texas, water sloshed out of swimming pools. A street in Anchorage fell twenty feet. The quake devastated 24,000 square miles of wilderness, much of it glaciated. And what effect did all this might have on Alaska's glaciers? None.

* slosh 철벅철벅 튀다 ** devastate 황폐시키다

① It would be of no use to try to destroy glaciers.

② The melting glaciers would drive the rise of the sea level.

③ The Alaskan wilderness would not be harmed by glaciers.

④ Re-forming glaciers would not spread over North America.

⑤ The causes of glacier re-formation would not include quakes.

3 *** 다음 빈칸에 들어갈 말로 가장 적절한 것을 고르시오. 2020.06. 평가원 기출

One of the great risks of writing is that even the simplest of choices regarding wording or punctuation can sometimes _____ in ways that may seem unfair. For example, look again at the old grammar rule forbidding the splitting of infinitives. After decades of telling students to never split an infinitive (something just done in this sentence), most composition experts now acknowledge that a split infinitive is *not* a grammar crime. Suppose you have written a position paper trying to convince your city council of the need to hire security personnel for the library, and half of the council members — the people you wish to convince — remember their eighth-grade grammar teacher's warning about splitting infinitives. How will they respond when you tell them, in your introduction, that librarians are compelled "to always accompany" visitors to the rare book room because of the threat of damage? How much of their attention have you suddenly lost because of their automatic recollection of what is now a nonrule? It is possible, in other words, to write correctly and still offend your readers' notions of your language competence.

* punctuation 구두점 ** infinitive 부정사(不定詞)

① reveal your hidden intention

② distort the meaning of the sentence

③ prejudice your audience against you

④ test your audience's reading comprehension

⑤ create fierce debates about your writing topic

어휘 & 숙어

구문 해석

다음 글의 제목으로 가장 적절한 것은? [3점] 2013.07. 교육청 기출

In Western culture, playing the masculine role has traditionally required traits such as independence, assertiveness, and dominance. Females are expected to be more nurturing and sensitive to other people. Are these masculine and feminine roles universal? Could biological differences between the sexes lead inevitably to gender differences in behavior? In 1935, anthropologist Margaret Mead compared the gender roles adopted by people in three tribal societies on the island of New Guinea, and her observations are certainly thought-provoking. In the Arapesh tribe, both men and women were taught to play what we would regard as a feminine role: They were cooperative, non-aggressive, and sensitive to the needs of others. Both men and women of the Mundugumor tribe were brought up to be aggressive and emotionally unresponsive to other people—a masculine pattern of behavior by Western standards. Finally, the Tchambuli tribe displayed a pattern of gender-role development that was the direct opposite of the Western pattern: Males were passive, emotionally dependent, and socially sensitive, whereas females were dominant, independent, and assertive.

① Every Tribe Has Its Own Gender Roles
② Changes in Gender Roles Throughout Time
③ Why Do We Have Gender Roles in Human Society?
④ Gender Differences in Temperament: Nature or Culture?
⑤ A Controversial Topic in Anthropology: Gender Discrimination

5 주어진 글 다음에 이어질 글의 순서로 가장 적절한 것은? 2020. 수능 기출

> Movies may be said to support the dominant culture and to serve as a means for its reproduction over time.

(A) The bad guys are usually punished; the romantic couple almost always find each other despite the obstacles and difficulties they encounter on the path to true love; and the way we wish the world to be is how, in the movies, it more often than not winds up being. No doubt it is this utopian aspect of movies that accounts for why we enjoy them so much.

(B) The simple answer to this question is that movies do more than present two-hour civics lessons or editorials on responsible behavior. They also tell stories that, in the end, we find satisfying.

(C) But one may ask why audiences would find such movies enjoyable if all they do is give cultural directives and prescriptions for proper living. Most of us would likely grow tired of such didactic movies and would probably come to see them as propaganda, similar to the cultural artwork that was common in the Soviet Union and other autocratic societies.

* didactic 교훈적인 ** autocratic 독재적인

① (A) − (C) − (B)　　　② (B) − (A) − (C)

③ (B) − (C) − (A)　　　④ (C) − (A) − (B)

⑤ (C) − (B) − (A)

어휘 & 숙어

구문 해석

6 다음 글의 빈칸에 들어갈 말로 가장 적절한 것을 고르시오. 2010.06. 평가원 기출

Why don't we think differently more often? The reason is that we do not need to be creative for most of what we do. We probably have what our mental conditioning has formed, which we haven't changed for a long time. For example, we do not need to be creative when we are driving on the freeway, riding in an elevator, waiting in line at a grocery store, getting up in the morning, driving to work, doing our daily details and chores, eating food at the restaurants we frequent, hanging out with friends, or watching shows on TV. _____ when it comes to the business of living. For most of our activities, these routines are indispensable. Without them, our lives would be in chaos, and we would not get much accomplished. If you got up this morning and started contemplating the shape of your toothbrush or questioning the meaning of toast, you probably would not make it to work.

① We are creatures of habit
② Social restrictions do not apply
③ We pay more attention to safety
④ Personal accomplishments do matter
⑤ Creative thinking is highly recommended

어휘 & 숙어

구문 해석

7 글의 제목으로 가장 적절한 것을 고르시오. 2013. 수능 기출

I once heard a woman say, "Of course, he's successful. It's in his genes." I knew she wasn't talking about me, because I was wearing shorts. I also knew she was wrong. Success is not in our genes. Not all children of successful people become successful themselves. Many kids have everything going for them and end up total disasters. They do none of the things that helped their parents succeed. The number of unsuccessful people who come from successful parents is proof that genes have nothing to do with success. You can't change your genes, but you can change the people you imitate. The choice is up to you, so why not imitate the best? There are hundreds of great people to imitate and copy. They have terrific advice about what helped them succeed. Jot down notes and carry them around in your pants pocket, and then success will be in your jeans, even if it's not in your genes.

① Like Father, Like Son

② Want Success? Take a Recess!

③ The Myth of the Self-Made Man Is No More

④ Stick to Your Genes and Excel!

⑤ Follow the Best and Succeed!

어휘 & 숙어

구문 해석

다음 글의 밑줄 친 부분 중, 문맥상 낱말의 쓰임이 적절하지 않은 것은? [3점] 2023.09. 평가원 기출

Why is the value of *place* so important? From a historical perspective, until the 1700s textile production was a hand process using the fibers available within a ① <u>particular</u> geographic region, for example, cotton, wool, silk, and flax. Trade among regions ② <u>increased</u> the availability of these fibers and associated textiles made from the fibers. The First Industrial Revolution and subsequent technological advancements in manufactured fibers ③ <u>added</u> to the fact that fibers and textiles were no longer "place-bound." Fashion companies created and consumers could acquire textiles and products made from textiles with little or no connection to where, how, or by whom the products were made. This ④ <u>countered</u> a disconnect between consumers and the products they use on a daily basis, a loss of understanding and appreciation in the skills and resources necessary to create these products, and an associated disregard for the human and natural resources necessary for the products' creation. Therefore, renewing a value on *place* ⑤ <u>reconnects</u> the company and the consumer with the people, geography, and culture of a particular location.

* textile 직물

9 다음 빈칸에 들어갈 말로 가장 적절한 것을 고르시오. [3점]　2022.10. 교육청 기출

    Much of what we call political risk is in fact _____. This applies to all types of political risks, from civil strife to expropriations to regulatory changes. Political risk, unlike credit or market or operational risk, can be unsystematic and therefore more difficult to address in classic statistical terms. What is the probability that terrorists will attack the United States again? Unlike earthquakes or hurricanes, political actors constantly adapt to overcome the barriers created by risk managers. When corporations structure foreign investments to mitigate risks of expropriations, through international guarantees or legal contracts, host governments seek out new forms of obstruction, such as creeping expropriation or regulatory discrimination, that are very hard and legally costly to prove. Observation of a risk changes the risk itself. There are ways to mitigate high-impact, low-probability events. But analysis of these risks can be as much art as science.

* expropriation 몰수 ** mitigate 줄이다

① injustice   ② uncertainty

③ circularity   ④ contradiction

⑤ miscommunication

✏️ 어휘 & 숙어

✏️ 구문 해석

글의 흐름으로 보아, 주어진 문장이 들어가기에 가장 적절한 곳을 고르시오. 2021.07. 교육청 기출

> Actually, it does, but there is more room for the moisture to be absorbed in these less densely packed areas before it shows.

Why does the skin on the extremities wrinkle after a bath? And why only the extremities? Despite its appearance, your skin isn't shrinking after your bath. Actually, it is expanding. (①) The skin on the fingers, palms, toes, and soles wrinkles only after it is soaked with water. (②) The stratum corneum — the thick, dead, rough layer of the skin that protects us from the environment and that makes the skin on our hands and feet tougher and thicker than that on our stomachs or faces — expands when it soaks up water. (③) This expansion causes the wrinkling effect. (④) So why doesn't the skin on other parts of the body also wrinkle when soaked? (⑤) One doctor we contacted said that soldiers whose feet are submerged in wet boots for a long period will exhibit wrinkling all over the covered area.

* **extremities** 손발 ** **submerge** (물에) 잠그다

Code 07 특정 명사

'특정한 내용이나 개념은 어떤 명사로 규정하는가?'는 글쓴이의 주관의 영역이므로, 지문에 사용된 주요 명사들의 쓰임을 정리하면 요지(글쓴이의 주관)를 쉽게 파악할 수 있다.

☞ 단서명사 ⇨ 요지 → 해당 내용이 요지

❶ (first) step[measure] = (best) way[method] = key = point = (top) **priority**

　🔳 Our top priority is to ensure residents are cared for in a healthy environment.

❷ **responsibility** = must = necessity = **alternative**

　🔳 It's our responsibility to listen and respond – not to cast blame.

❸ **paradox**

　🔳 The curious paradox is that when I accept myself just as I am, then I can change.

☞ 위장 단서명사 ⇨ 양보 → 반대 내용이 요지

❶ **myth** = **mistake** = misconception = misunderstanding

　🔳 One of the myths about cancer is that the disease is contagious.

❷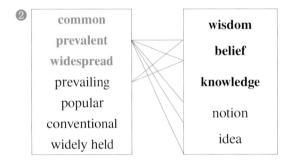

wisdom, belief 등의 명사들은 그 자체로는 양보/요지 여부를 판단할 수 없고, 반드시 common, prevalent 등의 형용사와 함께 쓰여야만 '위장 단서명사'가 되어, 해당문장을 양보(요지의 반대)로 만들게 된다.

　🔳 It is common knowledge that smoking makes you thin.

❸ **stereotype** = **prejudice** = superstition = **illusion** = fallacy = error

　🔳 It is a negative stereotype that women are bad at math.

　🔳 It's an illusion that anything 'natural' is beneficial to human, 'chemicals' harmful.

다음 빈칸에 들어갈 말로 가장 적절한 것을 고르시오. [3점]   2020.06. 평가원 기출

Research with human runners **challenged** conventional wisdom and found that the ground-reaction forces at the foot and the shock transmitted up the leg and through the body after impact with the ground _____ as runners moved from extremely compliant to extremely hard running surfaces. As a result, researchers gradually began to believe that runners are subconsciously able to adjust leg stiffness prior to foot strike based on their perceptions of the hardness or stiffness of the surface on which they are running. This view suggests that runners create soft legs that soak up impact forces when they are running on very hard surfaces and stiff legs when they are moving along on yielding terrain. As a result, impact forces passing through the legs are strikingly similar over a wide range of running surface types. **Contrary to** popular belief, running on concrete is not more damaging to the legs than running on soft sand.

* compliant 말랑말랑한   ** terrain 지형

① varied little   ② decreased a lot
③ suddenly peaked   ④ gradually appeared
⑤ were hardly generated

Code 분석 ••

🔍 Research with human runners **challenged** conventional wisdom and found that the ground-reaction forces at the foot and the shock transmitted up the leg and through the body after impact with the ground varied little as runners moved from extremely compliant to extremely hard running surfaces.

〈위장 단서명사(conventional wisdom; 양보)에 이의제기(challenged)〉, 〈빈칸문장〉 ➤ 요지
달리는 사람에 관한 연구는 사회적 통념 에 이의를 제기하고 발에 작용하는 지면 반발력과 발이 지면에 부딪히고 난 후에 다리 위로 몸을 통해 전달되는 충격은 달리는 사람이 매우 말랑말랑한 지표면에서 매우 단단한 지표면으로 옮겨갔을 때 거의 달라지지 않았다는 것을 알아냈다.

🔍 **Contrary to** popular belief, running on concrete is not more damaging to the legs than running on soft sand. 〈위장 단서명사(popular belief; 양보)와는 반대로(Contrary to)〉 ➤ 요지
통념과는 반대로, 콘크리트 위를 달리는 것은 푹신한 모래 위를 달리는 것보다 다리에 더 해롭지는 않다.

1

다음 글의 밑줄 친 부분 중, 문맥상 낱말의 쓰임이 적절하지 <u>않은</u> 것은? [3점] 2011.10. 교육청 기출

Common wisdom says that Internet social networking allows us to expand our circle of friends. However, a recent study says we're as ① limited in our social contacts as we ever were. About twenty years ago, the British anthropologist, Robin Dunbar, observed a ② correlation between the sizes of primate brains and the number of social contacts. He concluded that humans can ③ handle regular contact with a number of friends somewhere between 100 and 200, and 150 became the standard Dunbar number for our species. Dunbar went on to say that this number has been ④ changeable throughout human history. For example, prehistoric hunter-gatherer groups would split when they ⑤ surpassed 150 individuals in size, as well as other groupings such as academic subspecialties or working groups within corporations.

* primate 영장류

One of the little understood paradoxes in communication is that the more difficult the word, the shorter the explanation. The more meaning you can pack into a single word, the fewer words are needed to get the idea across. Big words are resented by persons who don't understand them and, of course, very often they are used to confuse and impress rather than clarify. But this is not the fault of language; it is the arrogance of the individual who misuses the tools of communication. The best reason for acquiring a large vocabulary is that _____. A genuinely educated person can express himself tersely and trimly. For example, if you don't know, or use, the word 'imbricate,' you have to say to someone, 'having the edges overlapping in a regular arrangement like tiles on a roof, scales on a fish, or sepals on a plant.' More than 20 words to say what can be said in one.

① it keeps you from being long-winded
② you can avoid critical misunderstandings
③ it enables you to hide your true intentions
④ it makes you express yourself more impressively
⑤ you can use an easy word instead of a difficult one

어휘 & 숙어

구문 해석

3 다음 빈칸에 들어갈 말로 가장 적절한 것을 고르시오. [3점]　2012.09. 평가원 기출

It is a common misconception among many musicians and non-musicians alike that _____. This is not surprising as it is natural to associate music with the sounds that create the melody, rather than with the quiet spaces between the notes. Because rests are silent, people often misinterpret these empty spaces as unimportant. But, imagine what would happen if a song was made up of only notes, and no rests. Aside from the fact that the "rests would be history" (pun intended), there would be a wall of sound with no reference point or discernible backbone to the music. This is because the spaces between the sounds provide a baseline and contrast for the piece, and give music structure and texture. In fact, it is a common saying among experienced musicians that a full measure of rest can hold more music than a full measure of blistering notes.

① notes are more important than rests
② rests provide a direct reference point to music
③ silence is no less meaningful than sound in music
④ melody is nothing more than a collection of sounds
⑤ structure and texture are the most crucial aspects of music

 어휘 & 숙어

 구문 해석

There is something deeply paradoxical about the professional status of sports journalism, especially in the medium of print. In discharging their usual responsibilities of description and commentary, reporters' accounts of sports events are eagerly consulted by sports fans, while in their broader journalistic role of covering sport in its many forms, sports journalists are among the most visible of all contemporary writers. The ruminations of the elite class of 'celebrity' sports journalists are much sought after by the major newspapers, their lucrative contracts being the envy of colleagues in other 'disciplines' of journalism. Yet sports journalists do not have a standing in their profession that corresponds to the size of their readerships or of their pay packets, with the old saying (now reaching the status of cliché) that sport is the 'toy department of the news media' still readily to hand as a dismissal of the worth of what sports journalists do. This reluctance to take sports journalism seriously produces the paradoxical outcome that sports newspaper writers are much read but little _____.

* **discharge** 이행하다 ** **rumination** 생각 *** **lucrative** 돈을 많이 버는

① paid   ② admired

③ censored   ④ challenged

⑤ discussed

5 *** 다음 글의 빈칸에 들어갈 말로 가장 적절한 것을 고르시오. 2010.09. 평가원 기출

Errors and failures typically corrupt all human designs. Indeed, the failure of a single component of your car's engine could force you to call for a tow truck. Similarly, a tiny wiring error in your computer's circuits can mean throwing the whole computer out. The assumption that the same is true for natural systems is a common wisdom. Throughout Earth's history, an estimated 3 million to 100 million species have disappeared, which means that this year somewhere between three and a hundred species will vanish. However, such natural extinctions appear to cause little harm. Over millions of years the ecosystem has developed an amazing _____ to errors and failures, surviving even such drastic events as the impact of the Yucatan meteorite, which killed tens of thousands of species.

* meteorite 운석

① connection   ② intolerance
③ insensitivity   ④ accessibility
⑤ subjectivity

어휘 & 숙어

구문 해석

6 다음 글에서 전체 흐름과 관계 없는 문장은? 2020.06. 평가원 기출

One of the most widespread, and sadly mistaken, environmental myths is that living "close to nature" out in the country or in a leafy suburb is the best "green" lifestyle. Cities, on the other hand, are often blamed as a major cause of ecological destruction — artificial, crowded places that suck up precious resources. Yet, when you look at the facts, nothing could be farther from the truth. ① The pattern of life in the country and most suburbs involves long hours in the automobile each week, burning fuel and pumping out exhaust to get to work, buy groceries, and take kids to school and activities. ② City dwellers, on the other hand, have the option of walking or taking transit to work, shops, and school. ③ The larger yards and houses found outside cities also create an environmental cost in terms of energy use, water use, and land use. ④ This illustrates the tendency that most city dwellers get tired of urban lives and decide to settle in the countryside. ⑤ It's clear that the future of the Earth depends on more people gathering together in compact communities.

* compact 밀집한

7 다음 빈칸에 들어갈 말로 가장 적절한 것을 고르시오. 2011.06. 평가원 기출

Some people tend to be late as a general rule, whether they are busy or not. To stop being late, all one has to do is change the motivation by deciding that in all circumstances being on time is going to have first priority over any other consideration. Presto! You will never have to run for a plane or miss an appointment again. As a lifelong latecomer, that is how I cured myself. Having made the decision that _____ was now of major importance, I found that answers came automatically to such questions as "Can I squeeze in one more errand before the dentist?" or "Do I have to leave for the airport now?" The answers are always no, and yes. Choosing to be on time will make your life enormously easier, and that of your family, friends, and colleagues as well.

① harmony   ② precision
③ promptness   ④ consistency
⑤ thriftiness

다음 글의 주제로 가장 적절한 것은? [3점] 2020.09. 평가원 기출

Conventional wisdom in the West, influenced by philosophers from Plato to Descartes, credits individuals and especially geniuses with creativity and originality. Social and cultural influences and causes are minimized, ignored, or eliminated from consideration at all. Thoughts, original and conventional, are identified with individuals, and the special things that individuals are and do are traced to their genes and their brains. The "trick" here is to recognize that individual humans are social constructions themselves, embodying and reflecting the variety of social and cultural influences they have been exposed to during their lives. Our individuality is not denied, but it is viewed as a product of specific social and cultural experiences. The brain itself is a social thing, influenced structurally and at the level of its connectivities by social environments. The "individual" is a legal, religious, and political fiction just as the "I" is a grammatical illusion.

① recognition of the social nature inherent in individuality
② ways of filling the gap between individuality and collectivity
③ issues with separating original thoughts from conventional ones
④ acknowledgment of the true individuality embodied in human genes
⑤ necessity of shifting from individualism to interdependence

9   밑줄 친 "Garbage in, garbage out"이 다음 글에서 의미하는 바로 가장 적절한 것은?

2019.06. 평가원 기출

Many companies confuse activities and results. As a consequence, they make the mistake of designing a process that sets out milestones in the form of activities that must be carried out during the sales cycle. Salespeople have a genius for doing what's compensated rather than what's effective. If your process has an activity such as "submit proposal" or "make cold call," then that's just what your people will do. No matter that the calls were to the wrong customer or went nowhere. No matter that the proposal wasn't submitted at the right point in the buying decision or contained inappropriate information. The process asked for activity, and activity was what it got. Salespeople have done what was asked for. "Garbage in, garbage out" they will delight in telling you. "It's not our problem, it's this dumb process."

① In seeking results, compensation is the key to quality.

② Salespeople should join in a decision-making process.

③ Shared understanding does not always result in success.

④ Activities drawn from false information produce failure.

⑤ Processes focused on activities end up being ineffective.

어휘 & 숙어

구문 해석

10 다음 글의 밑줄 친 부분 중, 문맥상 낱말의 쓰임이 적절하지 <u>않은</u> 것은?   2019.09. 평가원 기출

One misconception that often appears in the writings of physical scientists who are looking at biology from the outside is that the environment appears to them to be a static entity, which cannot contribute new bits of information as evolution progresses. This, however, is by no means the case. Far from being static, the environment is constantly changing and offering new ① <u>challenges</u> to evolving populations. For higher organisms, the most significant changes in the environment are those produced by the contemporaneous evolution of other organisms. The evolution of a horse's hoof from a five-toed foot has ② <u>enabled</u> the horse to gallop rapidly over open plains. But such galloping is of no ③ <u>advantage</u> to a horse unless it is being chased by a predator. The horse's efficient mechanism for running would never have evolved except for the fact that meat-eating predators were at the same time evolving more efficient methods of ④ <u>attack</u>. Consequently, laws based upon ecological relationships among different kinds of organisms are ⑤ <u>optional</u> for understanding evolution and the diversity of life to which it has given rise.

* hoof 발굽 ** gallop 질주하다 *** predator 포식자

Code 08 단서 조동사 + 명령문

☑ **단서 조동사 ⇨ 해당 문장이 요지**

"조동사 + V"의 형태에서 조동사는 V의 말투를 결정하는 역할을 하는데, 이 때 그 말투가 '~해야 한다', '~할 필요가 있다', '~하는 게 낫다' 등의 경우처럼 글쓴이의 의견을 나타낸다면, 해당문장은 요지가 된다.

❶ **must = have to**

> 예 We must hurry if we're to arrive on time.

> 예 Studying has to be done not in silence but in resilience.

❷ **should = ought to = need to**

> 예 You should love your neighbor.

> 예 Such things ought not to be allowed.

> 예 All that we need to do was to hide until the danger was past.

❸ **had better = may[might] as well**

> 예 You had better work out several times every week.

☑ **명령문 : V ~. ⇨ 접속사 s + v, V ~.**

명령문은 주어없이 동사원형으로 시작되는 문장으로서, 글쓴이가 독자에게 명령하는 것이므로 해당 문장의 내용은 글쓴이의 주장이나 요지가 된다.

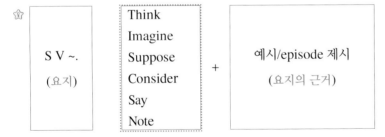

| S V ~.
(요지) | Think
Imagine
Suppose
Consider
Say
Note | + | 예시/episode 제시
(요지의 근거) |

예시나 episode가 명령문으로 시작되는 경우는, (매우 중요한 예시나 episode이기 때문에) 주목하라는 의도이므로, 앞 문장이 요지가 된다.

> 예 A scientific finding can be distorted by the media. Think that no one's been ~.

다음 빈칸에 들어갈 말로 가장 적절한 것을 고르시오. [3점] 2022. 수능 기출

　Elinor Ostrom found that there are several factors critical to bringing about stable institutional solutions to the problem of the commons. She pointed out, for instance, that the actors affected by the rules for the use and care of resources must have the right to ＿＿＿＿＿＿＿＿＿＿＿＿＿＿ ＿＿＿＿＿＿＿＿＿＿＿＿＿. For that reason, the people who monitor and control the behavior of users should also be users and/or have been given a mandate by all users. This is a significant insight, as it shows that prospects are poor for a centrally directed solution to the problem of the commons coming from a state power in comparison with a local solution for which users assume personal responsibility. Ostrom also emphasizes the importance of democratic decision processes and that all users must be given access to local forums for solving problems and conflicts among themselves. Political institutions at central, regional, and local levels must allow users to devise their own regulations and independently ensure observance.

* commons 공유지　** mandate 위임

① participate in decisions to change the rules
② claim individual ownership of the resources
③ use those resources to maximize their profits
④ demand free access to the communal resources
⑤ request proper distribution based on their merits

Code 분석

🔍 the actors affected by the rules for the use and care of resources must have the right to participate in decisions to change the rules 〈빈칸문장〉 ➤ 요지
자원의 이용 및 관리 규칙의 영향을 받는 행위자에게 규칙을 변경하는 결정에 참여할 권리가 있어야 한다.

🔍 all users must be given access to local forums for solving problems and conflicts among themselves 〈단서조동사 구문〉 ➤ 요지
모든 이용자에게 그들 사이의 문제와 갈등을 해결하기 위한 지역 포럼에 참여할 권한이 주어져야 한다.

🔍 Political institutions at central, regional, and local levels must allow users to devise their own regulations and independently ensure observance. 〈단서조동사 구문〉 ➤ 요지
중앙, 지방 및 지역 차원의 정치 기관들은 이용자가 자체 규정을 고안하고 독립적으로 준수할 수 있도록 해야 한다.

CHECK UP

1

다음 빈칸에 들어갈 말로 가장 적절한 것을 고르시오. 2012.09. 평가원 기출

Cost estimates follow from time estimates simply by multiplying the hours required by the required labor rates. Beware of _____. For example, one major company has a policy that requires the following personnel in order to remove an electric motor: a tinsmith to remove the cover, an electrician to disconnect the electrical supply, a millwright to unbolt the mounts, and one or more laborers to remove the motor from its mount. That situation is fraught with inefficiency and high labor costs, since all four trades must be scheduled together, with at least three people watching while the fourth is at work. The cost will be at least four times what it could be and is often greater if one of the trades does not show up on time.

* fraught ~으로 가득 찬

① inefficiency caused by poor working conditions
② difficulty in financing high labor costs in business
③ differences in labor skills when working in groups
④ coordination problems where multiple crafts are involved
⑤ mismatch between personnel and equipment in production

어휘 & 숙어

구문 해석

To make plans for the future, the brain must have an ability to take certain elements of prior experiences and reconfigure them in a way that does not copy any actual past experience or present reality exactly. To accomplish that, the organism must go beyond the mere ability to form internal representations, the models of the world outside. It must acquire the ability to _____ _____. We can argue that tool-making, one of the fundamental distinguishing features of primate cognition, depends on this ability, since a tool does not exist in a ready-made form in the natural environment and has to be imagined in order to be made. The neural machinery for creating and holding 'images of the future' was a necessary prerequisite for tool-making, and thus for launching human civilization.

① mirror accurate images of the world outside

② manipulate and transform these models

③ visualize the present reality as it is

④ bring the models back from memory

⑤ identify and reproduce past experiences faithfully

🖉 어휘 & 숙어

🖉 구문 해석

CHECK UP

3   다음 빈칸에 들어갈 말로 가장 적절한 것을 고르시오.   2017.09. 평가원 기출

One unspoken truth about creativity — it isn't about wild talent so much as it is about _____. To find a few ideas that work, you need to try a lot that don't. It's a pure numbers game. Geniuses don't necessarily have a higher success rate than other creators; they simply do more — and they do a range of different things. They have more successes and more failures. That goes for teams and companies too. It's impossible to generate a lot of good ideas without also generating a lot of bad ideas. The thing about creativity is that at the outset, you can't tell which ideas will succeed and which will fail. So the only thing you can do is try to fail faster so that you can move onto the next idea.

* at the outset 처음에

① sensitivity
② superiority
③ imagination
④ productivity
⑤ achievement

4

다음 빈칸에 들어갈 말로 가장 적절한 것을 고르시오. 2021.10. 교육청 기출

Writing lyrics means shaping the meaning of something which, if left as instrumental music, would remain undefined; there is a change of the level of expression. That's one reason why for many songwriters 'lyric' seems to be the hardest word. Picture this scene: a songwriter at the piano, or with a guitar, plays with chords and creates an emotion and atmosphere that is creatively inspiring. Our songwriter invents a melody to go with this mood. Then comes the moment where words are required, and that means getting specific. This sad- or happy-sounding chord progression must now direct its general sadness or happiness to a particular human situation. A lyric is the place where the emotional suggestions of pure music are defined as _____ human concerns and events. It's like a piece of translation, from one medium into another. The general musical mood is focused by a lyric into a context, a voice, a human drama.

① concrete
② obscure
③ ethical
④ unforeseen
⑤ exaggerated

125

5 다음 글의 제목으로 가장 적절한 것은? 2020.10. 교육청 기출

The view of AI breakthroughs that the public gets from the media — stunning victories over humans, robots becoming citizens of Saudi Arabia, and so on — bears very little relation to what really happens in the world's research labs. Inside the lab, research involves a lot of thinking and talking and writing mathematical formulas on whiteboards. Ideas are constantly being generated, abandoned, and rediscovered. A good idea — a real breakthrough — will often go unnoticed at the time and may only later be understood as having provided the basis for a substantial advance in AI, perhaps when someone reinvents it at a more convenient time. Ideas are tried out, initially on simple problems to show that the basic intuitions are correct and then on harder problems to see how well they scale up. Often, an idea will fail by itself to provide a substantial improvement in capabilities, and it has to wait for another idea to come along so that the combination of the two can demonstrate value.

① AI Breakthroughs: Not an Instant Success
② Rediscovering the Human-Machine Relationship
③ AI Breakthroughs Born Outside Research Labs
④ The Self-Evolving Nature of Smart Technology
⑤ AI: A Pioneer of Breakthroughs in Human History

어휘 & 숙어

구문 해석

6

다음 빈칸에 들어갈 말로 가장 적절한 것을 고르시오. [3점]   2011.03. 교육청 기출

    In a study, hundreds of participants were asked to watch a short film and then discuss it with another participant. Half the participants were given an "impression management goal" to appear outgoing, smart, or happy. After the discussions, participants rated themselves and the person they had chatted with across several personality traits. Those with an impression management goal rated their conversation partner significantly lower on the trait they were trying to show in themselves, but not on other personality traits. Keep in mind that this can happen because when we focus on exaggerating a particular trait in ourselves, we unconsciously increase the standard for that trait in others — and they usually fall short. So just because someone you're trying to impress doesn't seem as active, friendly or positive as you are, don't assume that they truly aren't. It could just be that _____ has changed the game.

① how many partners you have to rate

② what kind of movie you'd like to see

③ what personality traits your partner possesses

④ how different your opinions about the movie are

⑤ what impression you are trying to give to others

CHECK UP

7 다음 글의 주제로 가장 적절한 것을 고르시오. 2011.06. 평가원 기출

After a stressful day, how do you wind down and clear your mind? Relaxing in a comfortable chair, putting on some soothing sounds, and reading something light and entertaining are all good methods to get ready for some restful sleep. But as you ease your exhausted senses, do not forget your sense of smell. Certain aromas can fill you with feelings of tranquility, and research has found that lavender, vanilla, and green apple are among the best smells to help lower anxiety and induce sleep. You can use essential oils of these scents by applying them to the back of your neck or the inside of your wrist. Even better, indulge in a warm bath with these oils dissolved in the water. Before bed, you might enjoy a glass of hot soy milk with natural vanilla flavoring for a calming effect inside and out.

① usefulness of aroma for restful sleep
② factors inhibiting good sleep
③ origins of aromatic stress-relievers
④ reasons for stress and fatigue
⑤ ways of extracting various essential oils

128

다음 빈칸에 들어갈 말로 가장 적절한 것은? [3점] 2016.04. 교육청 응용

The overabundance of available storage capacity makes it easy for us to shift our behavioral default regarding external memory from forgetting to remembering. Consider digital cameras: When you connect your camera to your computer to upload the images you took onto your hard disk, you are usually given a choice. You can either select which images to upload, or have your computer copy automatically all images from your camera. Reassured perhaps by the soothing idea that one can always go through them later and delete the images one does not like, invariably most people choose the latter option. Economically speaking, this makes sense. Assuming it takes only three seconds for a person to look at an image and decide whether to preserve it or not, and that she values her own time at a current average wage, the "cost" of the time alone that it takes to decide _____ the cost of storage. Forgetting — the three seconds it takes to choose — has become too expensive for people to use.

① follows   ② creates

③ balances   ④ exceeds

⑤ eliminates

어휘 & 숙어

구문 해석

9 다음 빈칸에 들어갈 말로 가장 적절한 것은?   2024.05. 교육청 기출

    John Douglas Pettigrew, a professor of psychology at the University of Queensland, found that the brain manages the external world by dividing it into separate regions, the *peripersonal* and the *extrapersonal* — basically, near and far. Peripersonal space includes whatever is in arm's reach; things you can control right now by using your hands. This is the world of what's real, right now. Extrapersonal space refers to everything else — whatever you can't touch unless you move beyond your arm's reach, whether it's three feet or three million miles away. This is the realm of possibility. With those definitions in place, another fact follows, obvious but useful: any interaction in the extrapersonal space must occur in the future. Or, to put it another way, _____ For instance, if you're in the mood for a peach, but the closest one is sitting in a bin at the corner market, you can't enjoy it now. You can only enjoy it in the future, after you go get it.

① distance is linked to time
② the past is out of your reach
③ what is going to happen happens
④ time doesn't flow in one direction
⑤ our brain is attracted to near objects

어휘 & 숙어

구문 해석

Imagine there are two habitats, a rich one containing a lot of resources and a poor one containing few, and that there is no territoriality or fighting, so each individual is free to exploit the habitat in which it can achieve the higher payoff, measured as rate of consumption of resource. With no competitors, an individual would simply go to the better of the two habitats and this is what we assume the first arrivals will do. But what about the later arrivals? As more competitors occupy the rich habitat, the resource will be depleted, and so less profitable for further newcomers. Eventually a point will be reached where the next arrivals will do better by occupying the poorer quality habitat where, although the resource is in shorter supply, there will be less competition. Thereafter, the two habitats should be filled so that the profitability for an individual is the same in each one. In other words, competitors should adjust their distribution in relation to habitat quality so that each individual _____.

① fails to find adequate resources in time
② invades the other habitat to get more resources
③ enjoys the same rate of acquisition of resources
④ needs to gather resources faster than newcomers
⑤ is more attracted to the rich habitat than the poor one

131

Code 09 단서 형용사

형용사는 '사물의 성질이나 상태'뿐만 아니라, '소재(topic)에 대한 글쓴이의 생각이나 판단'도 나타낸다. 예를들어, 그것이 '꼭 필요한가?, 중요한가?, 합리적인가?' 등은 주관적인 글쓴이의 생각일 수밖에 없다. 따라서 '필수적이다', '중요하다', '합리적이다' 등의 뜻을 가지는 형용사나 동사가 사용된 문장은 요지문이 된다.

✅ 필수적이다 ⇨ 해당 문장이 요지

necessary = **essential** = imperative = integral = indispensable

- Exercise is necessary to health.
- Computer literacy is essential in today's business world

✅ 중요하다 ⇨ 해당 문장이 요지

important = **significant** = **remarkable** = crucial = critical = vital

- Mutual cooperation is very important for the plan.
- Every relationship is potentially crucial to success.

of importance = of significance

- It is of the very greatest importance whether you do your best.

make a[the] difference

- The advice that makes a difference is to ask yourself, "Does this really matter?"

count = matter

- What one has matters little, compared with what one is.

✅ 합리적이다 ⇨ 해당 문장이 요지

smart = **wise** = **right** ⇔ wrong

- It's right of you to make every choice on your own.

make sense

- It makes sense not to rely too much on objective performance measures.

다음 빈칸에 들어갈 말로 가장 적절한 것을 고르시오. 2012.06. 평가원 기출 ★★★

  Lifeline infrastructures are vital systems that support a nation's economy and quality of life. Modern economies rely on the ability to move goods, people, and information safely and reliably. Adding to their importance is that many of the lifeline systems serve vital roles in disaster recovery. Consequently, it is of the utmost importance to government, business, and the public at large that the flow of services provided by a nation's infrastructure continues unimpeded in the face of a broad range of natural and technological hazards. The linkage between systems and services is critical to any discussion of infrastructure. Although it is the performance of the hardware (i.e., the highways, pipes, and transmission lines) that is of immediate concern following an earthquake, it is actually the loss of services that these systems provide that is the real loss to the public. Therefore, a high priority in protecting these systems from hazards is ensuring _____.

① an early alarm system for economic crises

② the durability and stability of transmission lines

③ the continuity, or at least the rapid restoration, of service

④ a prompt mobilization of experts for disaster control

⑤ the maintenance and expansion of lifeline systems

Code 분석 ∙∙

🔍 it is of the utmost importance to government, business, and the public at large that the flow of services provided by a nation's infrastructure continues unimpeded in the face of a broad range of natural and technological hazards 〈단서형용사 구문〉 ➡ 요지
자연과 과학기술의 광범위한 위험에 직면해서 한 국가의 기반시설에 의해 제공되는 서비스의 흐름이 방해받지 않고 계속되는 것은 정부와 사업(체) 그리고 일반 대중에 게 최고로 중요하다.

🔍 a high priority in protecting these systems from hazards is ensuring the continuity, or at least the rapid restoration, of service 〈단서명사 구문, 빈칸문장〉 ➡ 요지
위험으로 부터 이러한 시스템들을 보호함에 주된 우선권은 서비스의 지속성을, 또는 적어도 (서비스의) 빠른 복구를 확보하는 것이다.

1 *** 다음 빈칸에 들어갈 말로 가장 적절한 것을 고르시오. [3점]   2016.06. 평가원.기출

One remarkable aspect of aboriginal culture is the concept of "totemism," where the tribal member at birth assumes the soul and identity of a part of nature. This view of the earth and its riches as an intrinsic part of oneself clearly rules out mistreatment of the environment because this would only constitute a destruction of self. Totems are more than objects. They include spiritual rituals, oral histories, and the organization of ceremonial lodges where records of the past travel routes of the soul can be exchanged with others and converted to mythology. The primary motivation is the preservation of tribal myths and a consolidation and sharing of every individual's origins in nature. The aborigines see _____ _____, through a hierarchy of totems that connect to their ancestral origins, a cosmology that places them at one with the earth, and behavior patterns that respect ecological balance.

* aboriginal 원주민의 ** consolidation 병합, 강화

① themselves as incompatible with nature and her riches

② their mythology as a primary motive toward individualism

③ their identity as being self-contained from surrounding nature

④ their relationship to the environment as a single harmonious continuum

⑤ their communal rituals as a gateway to distancing themselves from their origins

2 다음 글의 주제로 가장 적절한 것을 고르시오. 2010.09. 평가원 기출

While predictions about the future are always difficult, one can be made with certainty. People will find themselves in large numbers of interactions where intercultural communication skills will be essential. There are several reasons for such prediction. Some reasons include increasing amounts of contact brought on by overseas assignments in the business world, the movement of college students spending time in other countries, and increasing amounts of international travel among tourists. Others relate to social changes within any one large and complex nation: affirmative action, the movement of immigrants and refugees, bilingual education programs, and movement away from the goal that ethnic minorities become a part of a 'melting pot.' Therefore, it is essential that people research the cultures and communication conventions of those whom they propose to meet in the future.

* **affirmative action** 소수민족 차별 철폐 조치

① predictions of social changes in other countries

② necessity of understanding intercultural communication

③ importance of good educators in a multicultural nation

④ limitations of communication conventions across cultures

⑤ methods of intercultural communication in the business world

 어휘 & 숙어

 구문 해석

3 *** 다음 빈칸에 들어갈 말로 가장 적절한 것을 고르시오. 2021.09. 평가원 기출

When examining the archaeological record of human culture, one has to consider that it is vastly _____. Many aspects of human culture have what archaeologists describe as low archaeological visibility, meaning they are difficult to identify archaeologically. Archaeologists tend to focus on tangible (or material) aspects of culture: things that can be handled and photographed, such as tools, food, and structures. Reconstructing intangible aspects of culture is more difficult, requiring that one draw more inferences from the tangible. It is relatively easy, for example, for archaeologists to identify and draw inferences about technology and diet from stone tools and food remains. Using the same kinds of physical remains to draw inferences about social systems and what people were thinking about is more difficult. Archaeologists do it, but there are necessarily more inferences involved in getting from physical remains recognized as trash to making interpretations about belief systems.

* archaeological 고고학의

① outdated   ② factual
③ incomplete   ④ organized
⑤ detailed

다음 빈칸에 들어갈 말로 가장 적절한 것을 고르시오. [3점] 2024.06. 평가원 기출

Because the environment plays a significant role in aiding meaningful internal processes, subjective experience and the environment act as a 'coupled system.' This coupled system can be seen as a complete cognitive system of its own. In this manner, subjective experience is extended into the external environment and vice versa; the external environment with its disciplinary objects such as institutional laws and equipment becomes mental institutions that _____ _____. A subjectively held belief attains the status of objectivity when the belief is socially shared. That is, even if we are trained as hard-nosed health care rationalists, or no-nonsense bureaucrats, or data-driven scientists, research has shown that our decisions are influenced by various institutional practices. They include bureaucratic structures and procedures, the architectural design of health care institutions, the rules of evidence and the structure of allowable questions in a courtroom trial, the spatial arrangement of kindergartens and supermarkets, and a variety of conventions and practices designed to manipulate our emotions.

* vice versa 역으로 ** bureaucrat 관료

① affect our subjective experience and solutions
② serve as advocates for independent decision-making
③ position social experience within the cognitive system
④ comprise subjective interpretations of the environment
⑤ facilitate the construction of our concept of subjectivity

어휘 & 숙어

구문 해석

CHECK UP

We understand that the segregation of our consciousness into present, past, and future is both a fiction and an oddly self-referential framework; your present was part of your mother's future, and your children's past will be in part your present. Nothing is generally wrong with structuring our consciousness of time in this conventional manner, and it often works well enough. In the case of climate change, however, the sharp division of time into past, present, and future has been desperately misleading and has, most importantly, hidden from view the extent of the responsibility of those of us alive now. The narrowing of our consciousness of time smooths the way to divorcing ourselves from responsibility for developments in the past and the future with which our lives are in fact deeply intertwined. In the climate case, it is not that _____. It is that the realities are obscured from view by the partitioning of time, and so questions of responsibility toward the past and future do not arise naturally.

* segregation 분리 ** intertwine 뒤얽히게 하다 *** obscure 흐릿하게 하다

① all our efforts prove to be effective and are thus encouraged

② sufficient scientific evidence has been provided to us

③ future concerns are more urgent than present needs

④ our ancestors maintained a different frame of time

⑤ we face the facts but then deny our responsibility

138

In the 20th century, average life expectancy in the United States rose by nearly 30 years. The vast majority of that increase is credited to advances in public health, rather than advances in medical care, and _____ played a critical role in these advances. For example, requirements that children be vaccinated before they attend school played a central role in reducing occurrence of vaccine-preventable diseases. Smallpox and polio, which were once feared and deadly diseases, were eliminated from the Western Hemisphere (with smallpox eliminated worldwide), while the number of new measles cases dropped from more than 300,000 in 1950 to fewer than 100 in 2000. Likewise, following the introduction of extensive vehicle and roadway safety laws starting in the mid-1960s, the number of highway deaths decreased from roughly 51,000 in 1966 to 42,000 in 2000, even as the number of miles driven per year increased nearly 300%.

* polio 소아마비 ** measles 홍역

① birth control
② balanced diets
③ early diagnosis
④ scientific research
⑤ legal interventions

7 *** 다음 빈칸에 들어갈 말로 가장 적절한 것을 고르시오. [3점] 2017.10. 교육청 기출

Renewal and reform always depend on a capacity for going backwards to go forward. Key to this process is a search within one's own mind for a model according to which reformed practice can be organized. Architects have long appealed to a primitive hut as just such a model. It is a structure thought to provide access as close to the first principles of architecture as it is possible to get, yet traces of this structure exist nowhere other than in the mind's eye of the architect searching for it. Nonetheless, absence of the primitive hut from physical reality does little to diminish its importance for the renewal of present practices. If a desired (or required) thing resides in paradise, and no current map indicates its location, getting to it will only be possible via dreams and wishes. Reconstructions of it will necessarily be interpretations based on _____.
Even though it is impossible to get there, returning to paradise nonetheless remains a reasonable destination for the memory, still able, by way of example, to fulfill its promise to the here and now.

① regularities within physical reality beyond the origin
② distortions due to the ignorance of evaluation models
③ varieties of geographical locations of modern structures
④ potentials that arise from the daring cutoff from the past practices
⑤ resemblances modeled after a non-existent object forever beyond our reach

어휘 & 숙어

구문 해석

다음 빈칸에 들어갈 말로 가장 적절한 것을 고르시오. 2024.10. 교육청 기출

As an ideal of intellectual inquiry and a strategy for the advancement of knowledge, the scientific method is essentially a monument to the utility of error. Most of us gravitate toward trying to prove our beliefs, to the extent that we bother investigating their validity at all. But scientists gravitate toward falsification; as a community if not as individuals, they seek to disprove their beliefs. Thus, the defining feature of a hypothesis is that it has the potential to be proven wrong (which is why it must be both testable and tested), and the defining feature of a theory is that it hasn't been proven wrong yet. But the important part is that it can be — no matter how much evidence appears to confirm it, no matter how many experts endorse it, no matter how much popular support it enjoys. In fact, not only can any given theory be proven wrong; sooner or later, it probably will be. And when it is, the occasion will mark the success of science, not its failure. This was the crucial insight of the Scientific Revolution: that the advancement of knowledge depends on current theories _____.

* endorse 지지하다

① holding true regardless of temporal and spatial constraints

② collapsing in the face of new insights and discoveries

③ shifting according to scientists' pursuit of reputation

④ being exposed to the public and enjoying popularity

⑤ leaving no chance of error and failure

9 *** 다음 빈칸에 들어갈 말로 가장 적절한 것을 고르시오. [3점] 2023.10. 교육청 기출

One of the criticisms of Stoicism by modern translators and teachers is the amount of repetition. Marcus Aurelius, for example, has been dismissed by academics as not being original because his writing resembles that of other, earlier Stoics. This criticism misses the point. Even before Marcus's time, Seneca was well aware that there was a lot of borrowing and overlap among the philosophers. That's because real philosophers weren't concerned with authorship, but only what worked. More important, they believed that what was said mattered less than what was done. And this is true now as it was then. You're welcome to take all of the words of the great philosophers and use them to your own liking (they're dead; they don't mind). Feel free to make adjustments and improvements as you like. Adapt them to the real conditions of the real world. The way to prove that you truly understand what you speak and write, that you truly are original, is to _____ _____.

* Stoicism 스토아 철학

① put them into practice
② keep your writings to yourself
③ combine oral and written traditions
④ compare philosophical theories
⑤ avoid borrowing them

어휘 & 숙어

구문 해석

Neither Einstein's relativity nor Bach's fugues are such stuff as survival is made on. Yet each is a perfect example of human capacities that were essential to our having prevailed. The link between scientific aptitude and solving real-world challenges may be more apparent, but minds that reason with analogy and metaphor, minds that represent with color and texture, minds that imagine with melody and rhythm are minds that _____. Which is all just to say that the arts may well have been vital for developing the flexibility of thought and fluency of intuition that our relatives needed to fashion the spear, to invent cooking, to harness the wheel, and, later, to write the Mass in B Minor and, later still, to crack our rigid perspective on space and time. Across hundreds of thousands of years, artistic endeavors may have been the playground of human cognition, providing a safe arena for training our imaginative capacities and infusing them with a potent faculty for innovation.

* fugue 서곡 ** the Mass in B Minor B 단조 미사곡

① divert imagination away from innovation
② cultivate a more flourishing cognitive landscape
③ keep humans from developing intellectual capacities
④ exclude morality from scientific decision making
⑤ define a boundary between art and science

Code 10 인과/결론 + 비유

☑ 인과/결론/요약 ⇨ 결과/결론이 요지

지문에 나타나는 이유나 원인은 당연하게도 요지/주장의 근거에 해당한다. 따라서 그 이유나 원인에 대한 결론이 요지/주장이 된다.

❶ 인과/결론 : **Therefore/ Thus/ So/ Consequently/ Hence/ As a result**

  That's why + **이유** / 결과   ☆ That's because + **이유** / **결과**

> **예** Thus it is important to know how to respond in the disaster situations.

> **예** That's why we should try to enjoy the stress.

❷ 요약 : **In short/ In brief/ To be brief/ In summary/ In sum/ In a nutshell**

  The bottom line is that + 결론

> **예** The bottom line is that great men and women cannot be made without trials.

☑ 비유 ⇨ 비유된 내용이 요지

비유는 글쓴이가 자신의 생각을 이해하기 쉽게 효과적으로 전달하기 위해, 비슷한 내용의 다른 사물이나 상황에 빗대어 표현하는 것이다. 따라서 비유한 내용도, 비유된 내용도 모두 요지가 된다.

❶ 연결사, 전치사 : **Likewise/ Similarly/** Analogously/ Equally/

  In the same way/ In like manner/ In this analogy

  (just) like B / **as with** B

> **예** We wither over time, just like that plant you forgot to water until it was too late.

❷ 문장

  ① **The same is true** for A.

  A is **similar/ analogous/ equal/ equivalent/ parallel to** B.

  A is **a (good) analogy/ metaphor/ similarity for[of]** B.

> **예** Decisions are similar to the dominoes in that one decision affects the next decision.

  ② **liken/ compare** A **to** B = **parallel** A **with** B

> **예** Hunters compare their role in the ecosystem to that of natural predators.

  ③ (Just) **As** C is D, **so** A is B.

  A is **to** B what C is **to** D

> **예** Just as food nourishes our body, so books nourish our mind.

글의 흐름으로 보아, 주어진 문장이 들어가기에 가장 적절한 곳을 고르시오. [3점]   2021.04. 교육청 기출

> In this analogy, the microbes of mathematics are the earliest topics: numbers, shapes, and word problems.

The era of unicellular life lasted for about three and half billion years, dominating most of the Earth's history. But around half a billion years ago, during the Cambrian explosion, a diversity of multicellular life including major animal groups emerged in short period. Similarly, calculus was the Cambrian explosion for mathematics. (①) Once it arrived, an amazing diversity of mathematical fields began to evolve. (②) Their lineage is visible in their calculus-based names, in adjectives like differential and integral and analytic, as in differential geometry, integral equations, and analytic number theory. (③) These advanced branches of mathematics are like the many branches and species of multicellular life. (④) Like unicellular organisms, they dominated the mathematical scene for most of its history. (⑤) But after the Cambrian explosion of calculus three hundred and fifty years ago, new mathematical life forms began to flourish, and they altered the landscape around them.

* microbe 미생물 ** calculus 미적법 *** lineage 계보

Code 분석 ••

🔍 These advanced branches of **mathematics** are like the many branches and species of **multicellular life**.
이러한 수학의 진보한 계통들은 다세포 생물의 많은 계통들 및 종들과 같다.

🔍 In this analogy, **the microbes of mathematics** are the earliest topics: numbers, shapes, and word problems.
이 비유에서(마찬가지로), 수학에서의 미생물들은 가장 초기의 주제들인 수, 형태, 문장제이다.

🔍 Like unicellular organisms, **they** dominated the mathematical scene for most of its history.
단세포 생물처럼 그것들은 그 역사의 대부분 동안 수학의 장을 지배했다.

1 *** 글의 흐름으로 보아, 주어진 문장이 들어가기에 가장 적절한 곳을 고르시오. [3점]

2016.06. 평가원 기출

> That is why people experience jet lag when traveling across time zones.

In humans, body clocks are responsible for daily changes in blood pressure, body temperature, hormones, hunger, and thirst, as well as our sleep-wake cycles. (①) These biological rhythms, which we experience as internal time, are probably older than sleep, developed over the course of millions of years of evolution. (②) They facilitate physiological and behavioral changes on a roughly twenty-four-hour cycle no matter what is happening outside, whether a cold front moves in or clouds block the light of the sun. (③) Their internal clocks continue to run in accordance with the place they left behind, not the one to which they have come, and it can take some time to realign the two. (④) The most remarkable thing is that our internal body clocks can be readjusted by environmental cues. (⑤) We may get jet lag for a few days when we ask our body clocks to adapt to a vastly different schedule of day and night cycles on the other side of the Earth, but they can do it.

다음 빈칸에 들어갈 말로 가장 한 것을 고르시오. [3점] 2016.07. 교육청 기출

Computer-based digital archives are more efficient in terms of storage space, and generally quicker in terms of retrieval. But many of us still find something soothing and satisfying about handling physical objects. Think back to your experience with file folders, the physical kind. You might have had an old beat-up one that didn't look like the others and that — quite apart from what was inside it or written on it — evoked your memories of what was in it. Physical objects tend to look different from one another in a way that computer files don't. All bits are created equal. The same 0s and 1s on your computer that render junk mail also render the magnificent beauty of Mahler's fifth symphony or Monet's Water Lilies. In the medium itself, there is nothing that _____. So much so that if you looked at the digital representation of any of these, you would not even know that those zeros and ones were representing images rather than text or music. In a nutshell, information has become separated from meaning.

① represents the digital signals
② carries a clue to the message
③ offers user-friendly environments
④ makes information accessible to all
⑤ suppresses your memory from the past

✎ 어휘 & 숙어

✎ 구문 해석

3 다음 빈칸에 들어갈 말로 가장 적절한 것을 고르시오. [3점] 2017.10. 교육청 기출

People change over time, often for the better. Maturity, wisdom, patience, and many other strengths can result from the gradual accumulation of life experiences. But do these qualities have to develop slowly? Researcher Timothy Carey and colleagues recently examined the idea that _____ _____. They conducted structured interviews with people who had just finished psychotherapy. Reports of aha moments abounded. One interviewee said that he could "visualize the point" at which he changed; another said, "I could actually hear it." Many of them could identify the moment at which they had their realizations, such as in a swimming pool with a spouse or in a particular meeting with a therapist. Some used familiar metaphors to describe their ahas, such as a light being turned on, a button being pressed, a click, or a "'ping' and then it was like I could see things clearly." The bottom line is that personal growth doesn't have to be a glacial process. As physician-author Oliver Wendell Holmes, Sr., wrote, "A moment's insight is sometimes worth a life's experience."

① human attention span is surprisingly short

② one's strengths and weaknesses are not fixed

③ insights can be shortcuts to positive personal change

④ life experiences become more meaningful when shared

⑤ a single standard cannot measure one's physical growth

4 다음 빈칸에 들어갈 말로 가장 적절한 것을 고르시오. [3점] 2011.04. 교육청 기출

Leonardo's famous painting the Mona Lisa in the Louvre museum in Paris demands respect. We are expected to be in awe of the original master and appreciate the art, the value and the historical significance. Put a reproduction above your TV and the image at a glance may appear remarkably similar to that of the original, except that your wallpaper and your living room now surround it. The great work of art is deprived of its presentation and its relationship with the other great works of art it once shared its room with. The expectations for us to look carefully with admiration and appreciation are removed. _____ _____ makes a significant difference to how we respond to the image. When we present an image for discussion we must remember that we have removed it from its original situations or surroundings, which is therefore an important frame of reference that should be recorded in your background work or research.

① The background knowledge about works of art

② The relationship with the original master artist

③ The ability to see beyond a picture's context

④ The emotional bonds to an image's character

⑤ The context in which we see a certain painting

5 다음 빈칸에 들어갈 말로 가장 적절한 것을 고르시오. 2024. 수능 기출

A musical score within any film can add an additional layer to the film text, which goes beyond simply imitating the action viewed. In films that tell of futuristic worlds, composers, much like sound designers, have added freedom to create a world that is unknown and new to the viewer. However, unlike sound designers, composers often shy away from creating unique pieces that reflect these new worlds and often present musical scores that possess familiar structures and cadences. While it is possible that this may interfere with creativity and a sense of space and time, it in fact _____. Through recognizable scores, visions of the future or a galaxy far, far away can be placed within a recognizable context. Such familiarity allows the viewer to be placed in a comfortable space so that the film may then lead the viewer to what is an unfamiliar, but acceptable vision of a world different from their own.

* score 악보 ** cadence (율동적인) 박자

① frees the plot of its familiarity
② aids in viewer access to the film
③ adds to an exotic musical experience
④ orients audiences to the film's theme
⑤ inspires viewers to think more deeply

어휘 & 숙어

구문 해석

다음 빈칸에 들어갈 말로 가장 적절한 것을 고르시오. [3점] 2023. 수능 기출

The entrance to a honeybee colony, often referred to as the dancefloor, is a market place for information about the state of the colony and the environment outside the hive. Studying interactions on the dancefloor provides us with a number of illustrative examples of how individuals changing their own behavior in response to local information _____. For example, upon returning to their hive honeybees that have collected water search out a receiver bee to unload their water to within the hive. If this search time is short then the returning bee is more likely to perform a waggle dance to recruit others to the water source. Conversely, if this search time is long then the bee is more likely to give up collecting water. Since receiver bees will only accept water if they require it, either for themselves or to pass on to other bees and brood, this unloading time is correlated with the colony's overall need of water. Thus the individual water forager's response to unloading time (up or down) regulates water collection in response to the colony's need.

* brood 애벌레 ** forager 조달자

① allow the colony to regulate its workforce
② search for water sources by measuring distance
③ decrease the colony's workload when necessary
④ divide tasks according to their respective talents
⑤ train workers to acquire basic communication patterns

어휘 & 숙어

구문 해석

CHECK UP

7 *** 다음 빈칸에 들어갈 말로 가장 적절한 것을 고르시오. [3점]   2012.09. 평가원 기출

Guys lost on unfamiliar streets often avoid asking for directions from locals. We try to tough it out with map and compass. Admitting being lost feels like admitting stupidity. This is a stereotype, but it has a large grain of truth. It's also a good metaphor for a big overlooked problem in the human sciences. We're trying to find our way around the dark continent of human nature. We scientists are being paid to be the bus-driving tour guides for the rest of humanity. They expect us to know our way around the human mind, but we don't. So we try to fake it, without asking the locals for directions. We try to find our way from first principles of geography ('theory'), and from maps of our own making ('empirical research'). The roadside is crowded with locals, and their brains are crowded with local knowledge, but we are too arrogant and embarrassed to ask the way. So we drive around in circles, _____ about where to find the scenic vistas that would entertain and enlighten the tourists.

① waiting for the local brains to inquire

② accumulating and examining the locals' knowledge

③ going against the findings of our empirical research

④ relying on passengers' knowledge and experience

⑤ inventing and rejecting successive hypotheses

 어휘 & 숙어

 구문 해석

152

8 다음 빈칸에 들어갈 말로 가장 적절한 것을 고르시오. [3점] 2014.04. 교육청 기출

    Some people believe that you can't change human nature, and thus they see the idea of an evolving human consciousness as no more than unwarranted idealism. Yet, what is human nature? The dictionary defines nature as the inherent character or basic constitution of a person or thing — its essence. But does the inherent character and essence of a person ever change? We can gain insight into this key issue by asking an analogous question: Does the inherent character of a seed change when it grows into a tree? Not at all. The potential for becoming a tree was always resident within the seed. When a seed grows into a tree, it represents only a change in the degree to which its potential, always inherent in its original nature, is realized. Similarly, human nature does not change; yet, like the seed with the potential of becoming a tree, human nature is _____. We human beings can grow from a primitive to an enlightened condition without a change in our basic human nature.

① not only an inherent trait but a social product
② not a static thing but a spectrum of potentials
③ fertile soil with the potential to nurture creativity
④ a stepping stone as well as a handicap to the future
⑤ the result of interaction between mankind and nature

9 ***

다음 빈칸에 들어갈 말로 가장 적절한 것은? [3점]   2020.07. 교육청 기출

Rights imply obligations, but obligations need not imply rights. The obligations of parents to our children go way beyond their legal rights. Nor do the duties of rescue need to be matched by rights: we respond to a child drowning in a pond because of her plight, not her rights. A society that succeeds in generating many obligations can be more generous and harmonious than one relying only on rights. Obligations are to rights what taxation is to public spending — the bit that is demanding. Western electorates have mostly learned that discussion of public spending must balance its benefits against how it would be financed. Otherwise, politicians promise higher spending during an election, and the post-election excess of spending over revenue is resolved by inflation. Just as new obligations are similar to extra revenue, so the creation of rights is similar to extra spending. The rights may well be appropriate, but this can only be determined by _____ _____.

* electorate 유권자

① an education about universal voting rights
② an expansion of the scope of private rights
③ a public discussion of the corresponding obligations
④ a consensus as to what constitutes a moral obligation
⑤ a reduction in the burden of complying with obligations

 어휘 & 숙어

 구문 해석

다음 빈칸에 들어갈 말로 가장 적절한 것을 고르시오. [3점]

Even if it is correct to say that we express and represent our thoughts in language, it may be a big mistake to suppose that there are structural similarities between what is doing the representing and what is represented. Robert Stalnaker, in his book Inquiry, suggests an analogy with the representation of numbers: The number 9 can be represented as '12 – 3' but it does not follow that 12, 3, or subtraction are constituents of the number 9. We could compare a thought and its verbal expression with toothpaste and its 'expression' from a tube. That the result of expressing toothpaste is a long, thin, cylinder does not entail that toothpaste itself is long, thin, or cylindrical. Similarly, a thought might get expressed out loud in a statement with a particular linguistic structure. It does not follow that _____ _____. Suppose, for example, that I look at a fruit bowl, and think that there is an apple and an orange in that bowl. The objects in front of my eyes include some pieces of fruit and a bowl, but no object corresponding to the word 'and' exists either in the world or in my visual image.

* subtraction 빼기 ** entail 의미(함의)하다

① the thought itself has such a structure

② linguistic analysis of a thought is unlikely

③ the language in mind lacks a logical structure

④ a thought and its verbal expression are distinct

⑤ the sentence structurally differs from the thought

 어휘 & 숙어

 구문 해석

CHAPTER 2

Special

부록 01 글의 순서

☑ <순서 추론>의 의도 & 함정

❶ 의도

　　① 논리적 Writing 능력에 대한 간접 평가 형태

　　② 특정 순서 외의 나머지 순서는 불가능

❷ 함정

　　① 애초 <요지 파악>은 출제 의도가 아니다.

　　② 해석 중심의 <요지 파악>만으로는 순서 추론 불충분

　　③ "논리적 단서"를 모르고 반복해석하면 읽을수록 순서가 헷갈린다.

☑ <순서 추론>의 대책; "논리적 단서" 4 중 두개 이상 찾아라.

❶ 관사: (a) N(s) ⇨ the N(s)

　　예 **a** firm ➔ **the** company

　　예 **an** acceptable outcome ➔ **the** outcome

❷ 대명사: N(s) ⇨ 대N(s)

　　예 people ➔ **they/ their/ them**

　　예 **someone** ➔ **he or she** 또는 she 또는 they 또는 it

❸ 연결사 (+ 접속사)

　　예 부정문 ➔ Nor/ Neither

　　예 Too often S + V. ➔ **Yet**, S + V.

❹ 동의어

　　예 Whether A or B ➔ **The** choices both

　　예 delay ripening ➔ slow down **the** ripening

주어진 글 다음에 이어질 글의 순서로 가장 적절한 것을 고르시오. [3점] 2024. 수능 기출

Norms emerge in groups as a result of people conforming to the behavior of others. Thus, the start of a norm occurs when one person acts in a particular manner in a particular situation because she thinks she ought to.

(A) Thus, she may prescribe the behavior to **them** by uttering the norm statement in a prescriptive manner. Alternately, she may communicate that conformity is desired in other ways, such as by gesturing. In addition, she may threaten to sanction them for not behaving as she wishes. This will cause some to conform to her wishes and act as she acts.

(B) But some others will not need to have the behavior prescribed to them. They will observe the regularity of behavior and decide on their own that they ought to conform. They may do so for either rational or moral reasons.

(C) Others may then conform to this behavior for a number of reasons. The person who performed the initial action may think that **others** ought to behave as she behaves in situations of this sort.

* sanction 제재를 가하다

① (A) − (C) − (B)　　　② (B) − (A) − (C)

③ (B) − (C) − (A)　　　④ (C) − (A) − (B)

⑤ (C) − (B) − (A)

Code 분석 ••

🔍 Thus, the start of a norm occurs when one person acts in a particular manner in a particular situation because she thinks she ought to.

(C) The person who performed the initial action may think that **others** ought to behave as she behaves in situations of this sort.

관사: one person ➡ The person

(A) Thus, she may prescribe the behavior to **them** by uttering the norm statement in a prescriptive manner.

대명사: others ➡ them

(B) But some others will not need to have the behavior prescribed to them.

연결사: may ➡ But

1 *** 주어진 글 다음에 이어질 글의 순서로 가장 적절한 것을 고르시오. [3점]   2018. 수능 기출

> To modern man disease is a biological phenomenon that concerns him only as an individual and has no moral implications. When he contracts influenza, he never attributes this event to his behavior toward the tax collector or his mother-in-law.

(A) Sometimes they may not strike the guilty person himself, but rather one of his relatives or tribesmen, to whom responsibility is extended. Disease, action that might produce disease, and recovery from disease are, therefore, of vital concern to the whole primitive community.

(B) Disease, as a sanction against social misbehavior, becomes one of the most important pillars of order in such societies. It takes over, in many cases, the role played by policemen, judges, and priests in modern society.

(C) Among primitives, because of their supernaturalistic theories, the prevailing moral point of view gives a deeper meaning to disease. The gods who send disease are usually angered by the moral offences of the individual.

* sanction 제재

① (A) − (C) − (B)   ② (B) − (A) − (C)
③ (B) − (C) − (A)   ④ (C) − (A) − (B)
⑤ (C) − (B) − (A)

Plants show finely tuned adaptive responses when nutrients are limiting. Gardeners may recognize yellow leaves as a sign of poor nutrition and the need for fertilizer.

(A) In contrast, plants with a history of nutrient abundance are risk averse and save energy. At all developmental stages, plants respond to environmental changes or unevenness so as to be able to use their energy for growth, survival, and reproduction, while limiting damage and nonproductive uses of their valuable energy.

(B) Research in this area has shown that plants are constantly aware of their position in the environment, in terms of both space and time. Plants that have experienced variable nutrient availability in the past tend to exhibit risk-taking behaviors, such as spending energy on root lengthening instead of leaf production.

(C) But if a plant does not have a caretaker to provide supplemental minerals, it can proliferate or lengthen its roots and develop root hairs to allow foraging in more distant soil patches. Plants can also use their memory to respond to histories of temporal or spatial variation in nutrient or resource availability.

* nutrient 영양소 ** fertilizer 비료 *** forage 구하러 다니다

① (A) − (C) − (B)   ② (B) − (A) − (C)
③ (B) − (C) − (A)   ④ (C) − (A) − (B)
⑤ (C) − (B) − (A)

어휘 & 숙어

구문 해석

3 주어진 글 다음에 이어질 글의 순서로 가장 적절한 것을 고르시오. [3점]   2022.09. 평가원 기출

> Culture operates in ways we can consciously consider and discuss but also in ways of which we are far less cognizant.

(A) In some cases, however, we are far less aware of why we believe a certain claim to be true, or how we are to explain why certain social realities exist. Ideas about the social world become part of our worldview without our necessarily being aware of the source of the particular idea or that we even hold the idea at all.

(B) When we have to offer an account of our actions, we consciously understand which excuses might prove acceptable, given the particular circumstances we find ourselves in. In such situations, we use cultural ideas as we would use a particular tool.

(C) We select the cultural notion as we would select a screwdriver: certain jobs call for a Phillips head while others require an Allen wrench. Whichever idea we insert into the conversation to justify our actions, the point is that our motives are discursively available to us. They are not hidden.

* cognizant 인식하는 ** discursively 만연하게

① (A) − (C) − (B)   ② (B) − (A) − (C)

③ (B) − (C) − (A)   ④ (C) − (A) − (B)

⑤ (C) − (B) − (A)

어휘 & 숙어

구문 해석

주어진 글 다음에 이어질 글의 순서로 가장 적절한 것을 고르시오.   2022.06. 평가원 기출

The fossil record provides evidence of evolution. The story the fossils tell is one of change. Creatures existed in the past that are no longer with us. Sequential changes are found in many fossils showing the change of certain features over time from a common ancestor, as in the case of the horse.

(A) If multicelled organisms were indeed found to have evolved before single-celled organisms, then the theory of evolution would be rejected. A good scientific theory always allows for the possibility of rejection. The fact that we have not found such a case in countless examinations of the fossil record strengthens the case for evolutionary theory.

(B) The fossil record supports this prediction — multicelled organisms are found in layers of earth millions of years after the first appearance of single-celled organisms. Note that the possibility always remains that the opposite could be found.

(C) Apart from demonstrating that evolution did occur, the fossil record also provides tests of the predictions made from evolutionary theory. For example, the theory predicts that single-celled organisms evolved before multicelled organisms.

① (A) − (C) − (B)   ② (B) − (A) − (C)
③ (B) − (C) − (A)   ④ (C) − (A) − (B)
⑤ (C) − (B) − (A)

어휘 & 숙어

구문 해석

5 *** 주어진 글 다음에 이어질 글의 순서로 가장 적절한 것을 고르시오. 2021.09. 평가원 기출

> Green products involve, in many cases, higher ingredient costs than those of mainstream products.

(A) They'd rather put money and time into known, profitable, high-volume products that serve populous customer segments than into risky, less-profitable, low-volume products that may serve current noncustomers. Given that choice, these companies may choose to leave the green segment of the market to small niche competitors.

(B) Even if the green product succeeds, it may cannibalize the company's higher-profit mainstream offerings. Given such downsides, companies serving mainstream consumers with successful mainstream products face what seems like an obvious investment decision.

(C) Furthermore, the restrictive ingredient lists and design criteria that are typical of such products may make green products inferior to mainstream products on core performance dimensions (e.g., less effective cleansers). In turn, the higher costs and lower performance of some products attract only a small portion of the customer base, leading to lower economies of scale in procurement, manufacturing, and distribution.

* segment 조각 ** cannibalize 잡아먹다 *** procurement 조달

① (A) − (C) − (B)　　　　② (B) − (A) − (C)

③ (B) − (C) − (A)　　　　④ (C) − (A) − (B)

⑤ (C) − (B) − (A)

어휘 & 숙어

구문 해석

주어진 글 다음에 이어질 글의 순서로 가장 적절한 것을 고르시오. [3점]   2021.06. 평가원 기출

A firm is deciding whether to invest in shipbuilding. If it can produce at sufficiently large scale, it knows the venture will be profitable.

(A) There is a "good" outcome, in which both types of investments are made, and both the shipyard and the steelmakers end up profitable and happy. Equilibrium is reached. Then there is a "bad" outcome, in which neither type of investment is made. This second outcome also is an equilibrium because the decisions not to invest reinforce each other.

(B) Assume that shipyards are the only potential customers of steel. Steel producers figure they'll make money if there's a shipyard to buy their steel, but not otherwise. Now we have two possible outcomes — what economists call "multiple equilibria."

(C) But one key input is low-cost steel, and it must be produced nearby. The company's decision boils down to this: if there is a steel factory close by, invest in shipbuilding; otherwise, don't invest. Now consider the thinking of potential steel investors in the region.

* equilibrium 균형

① (A) − (C) − (B)   ② (B) − (A) − (C)

③ (B) − (C) − (A)   ④ (C) − (A) − (B)

⑤ (C) − (B) − (A)

어휘 & 숙어

구문 해석

7 *** 주어진 글 다음에 이어질 글의 순서로 가장 적절한 것을 고르시오. [3점] 2024.03. 교육청 기출

> Today, historic ideas about integrating nature and urban/suburban space find expression in various interpretations of sustainable urban planning.

(A) But Landscape Urbanists find that these designs do not prioritize the natural environment and often involve diverting streams and disrupting natural wetlands. Still others, such as those advocating for "just sustainabilities" or "complete streets," find that both approaches are overly idealistic and neither pays enough attention to the realities of social dynamics and systemic inequality.

(B) However, critics claim that Landscape Urbanists prioritize aesthetic and ecological concerns over human needs. In contrast, New Urbanism is an approach that was popularized in the 1980s and promotes walkable streets, compact design, and mixed-use developments.

(C) However, the role of social justice in these approaches remains highly controversial. For example, Landscape Urbanism is a relatively recent planning approach that advocates for native habitat designs that include diverse species and landscapes that require very low resource use.

* **compact** 고밀도, 촘촘한 ** **divert** 우회시키다, 방향을 바꾸게 하다

① (A) − (C) − (B) 　　② (B) − (A) − (C)
③ (B) − (C) − (A) 　　④ (C) − (A) − (B)
⑤ (C) − (B) − (A)

어휘 & 숙어

구문 해석

주어진 글 다음에 이어질 글의 순서로 가장 적절한 것을 고르시오. [3점]   2024.09. 평가원 기출

> If learning were simply a matter of accumulating lists of facts, then it shouldn't make any difference if we are presented with information that is just a little bit beyond what we already know or totally new information.

(A) If we are trying to understand something totally new, however, we need to make larger adjustments to the units of the patterns we already have, which requires changing the strengths of large numbers of connections in our brain, and this is a difficult, tiring process.

(B) The adjustments are clearly smallest when the new information is only slightly new — when it is compatible with what we already know, so that the old patterns need only a little bit of adjustment to accommodate the new knowledge.

(C) Each fact would simply be stored separately. According to connectionist theory, however, our knowledge is organized into patterns of activity, and each time we learn something new we have to modify the old patterns so as to keep the old material while adding the new information.

* compatible 양립하는

① (A) − (C) − (B)   ② (B) − (A) − (C)

③ (B) − (C) − (A)   ④ (C) − (A) − (B)

⑤ (C) − (B) − (A)

어휘 & 숙어

구문 해석

9 주어진 글 다음에 이어질 글의 순서로 가장 적절한 것을 고르시오. [3점]   2021. 수능 기출

Experts have identified a large number of measures that promote energy efficiency. Unfortunately many of them are not cost effective. This is a fundamental requirement for energy efficiency investment from an economic perspective.

(A) And this has direct repercussions at the individual level: households can reduce the cost of electricity and gas bills, and improve their health and comfort, while companies can increase their competitiveness and their productivity. Finally, the market for energy efficiency could contribute to the economy through job and firms creation.

(B) There are significant externalities to take into account and there are also macroeconomic effects. For instance, at the aggregate level, improving the level of national energy efficiency has positive effects on macroeconomic issues such as energy dependence, climate change, health, national competitiveness and reducing fuel poverty.

(C) However, the calculation of such cost effectiveness is not easy: it is not simply a case of looking at private costs and comparing them to the reductions achieved.

* repercussion 반향, 영향 ** aggregate 집합의

① (A) − (C) − (B)   ② (B) − (A) − (C)
③ (B) − (C) − (A)   ④ (C) − (A) − (B)
⑤ (C) − (B) − (A)

Clearly, schematic knowledge helps you — guiding your understanding and enabling you to reconstruct things you cannot remember.

(A) Likewise, if there are things you can't recall, your schemata will fill in the gaps with knowledge about what's typical in that situation. As a result, a reliance on schemata will inevitably make the world seem more "normal" than it really is and will make the past seem more "regular" than it actually was.

(B) Any reliance on schematic knowledge, therefore, will be shaped by this information about what's "normal." Thus, if there are things you don't notice while viewing a situation or event, your schemata will lead you to fill in these "gaps" with knowledge about what's normally in place in that setting.

(C) But schematic knowledge can also hurt you, promoting errors in perception and memory. Moreover, the types of errors produced by schemata are quite predictable: Bear in mind that schemata summarize the broad pattern of your experience, and so they tell you, in essence, what's typical or ordinary in a given situation.

① (A) − (C) − (B)   ② (B) − (A) − (C)

③ (B) − (C) − (A)   ④ (C) − (A) − (B)

⑤ (C) − (B) − (A)

어휘 & 숙어

구문 해석

부록 02 문장 삽입

☙ <문장 삽입>의 의도 & 함정

❶ 의도

 ① 논리적 Writing 능력에 대한 간접 평가 형태

 ② 특정 위치 외의 나머지 위치는 불가능

❷ 함정

 ① 애초 <요지 파악>은 출제 의도가 아니다.

 ② 해석 중심의 <요지 파악>만으로는 위치 추론 불충분

 ③ "논리적 단서"를 모르고 반복해석하면 읽을수록 위치가 헷갈린다.

☙ <문장 삽입>의 대책; "논리적 단서" 4 중 하나 이상 찾아라.

❶ 관사: (a) N(s) ⇨ the N(s)

 예 **a** firm ➔ **the** company

 예 pieces ➔ **the** pieces

❷ 대명사: N(s) ⇨ 대N(s)

 예 people ➔ they/ their/ them

 예 전자 ~. 후자 ~. ➔ **Both** ~ 또는 **the former/ latter** ~

❸ 연결사 (+ 접속사)

 예 부정문 ➔ **Rather/ Instead**, S + V.

 예 Too often S + V. ➔ **Yet**, S + V.

❹ 동의어

 예 Whether A or B ➔ **The** choices both

 예 why audiences would find such movies enjoyable ➔ **this** question

글의 흐름으로 보아, 주어진 문장이 들어가기에 가장 적절한 곳을 고르시오. [3점]   2024. 수능 기출

At the next step in the argument, however, **the analogy** breaks down.

Misprints in a book or in any written message usually have a negative impact on the content, sometimes (literally) fatally. (①) The displacement of a comma, for instance, may be a matter of life and death. (②) Similarly most mutations have harmful consequences for the organism in which they occur, meaning that they reduce its reproductive fitness. (③) Occasionally, however, a mutation may occur that increases the fitness of the organism, **just as** an accidental failure to reproduce the text of the first edition might provide more accurate or updated information. (④) A favorable mutation is going to be more heavily represented in the next generation, since the organism in which it occurred will have more offspring and mutations are transmitted to the offspring. (⑤) By contrast, there is no mechanism by which a book that accidentally corrects the mistakes of the first edition will tend to sell better.

* analogy 유사 ** mutation 돌연변이

Code 분석 ••

🔍 Occasionally, however, a mutation may occur that increases the fitness of the organism, **just as** an accidental failure to reproduce the text of the first edition might provide more accurate or updated information.
그러나 때때로 유기체의 적합성을 상승시키는 돌연변이가 발생할 수 있는데, 이는 우연히 초판의 텍스트를 복사하지 못한 것이 더 정확하거나 최신의 정보를 제공할 수도 있는 것과 꼭 마찬가지이다.

🔍 At the next step in the argument, however, **the analogy** breaks down.
그러나 논거의 다음 단계에서는 그 유사성은 깨진다.

연결사: Occasionally ➡ however

동의어 : A **just as** B ➡ **the analogy**

171

1 글의 흐름으로 보아, 주어진 문장이 들어가기에 가장 적절한 곳을 고르시오. 2024. 수능 기출

> Yes, some contests are seen as world class, such as identification of the Higgs particle or the development of high temperature superconductors.

Science is sometimes described as a winner-take-all contest, meaning that there are no rewards for being second or third. This is an extreme view of the nature of scientific contests. (①) Even those who describe scientific contests in such a way note that it is a somewhat inaccurate description, given that replication and verification have social value and are common in science. (②) It is also inaccurate to the extent that it suggests that only a handful of contests exist. (③) But many other contests have multiple parts, and the number of such contests may be increasing. (④) By way of example, for many years it was thought that there would be "one" cure for cancer, but it is now realized that cancer takes multiple forms and that multiple approaches are needed to provide a cure. (⑤) There won't be one winner — there will be many.

* replication 반복 ** verification 입증

> Because the manipulation of digitally converted sounds meant the reprogramming of binary information, editing operations could be performed with millisecond precision.

The shift from analog to digital technology significantly influenced how music was produced. First and foremost, the digitization of sounds — that is, their conversion into numbers — enabled music makers to undo what was done. (①) One could, in other words, twist and bend sounds toward something new without sacrificing the original version. (②) This "undo" ability made mistakes considerably less momentous, sparking the creative process and encouraging a generally more experimental mindset. (③) In addition, digitally converted sounds could be manipulated simply by programming digital messages rather than using physical tools, simplifying the editing process significantly. (④) For example, while editing once involved razor blades to physically cut and splice audiotapes, it now involved the cursor and mouse-click of the computer-based sequencer program, which was obviously less time consuming. (⑤) This microlevel access at once made it easier to conceal any traces of manipulations (such as joining tracks in silent spots) and introduced new possibilities for manipulating sounds in audible and experimental ways.

* binary 2진법의 ** splice 합쳐 잇다

3 글의 흐름으로 보아, 주어진 문장이 들어가기에 가장 적절한 곳을 고르시오. [3점]

2023.06. 평가원 기출

> Instead, much like the young child learning how to play 'nicely', the apprentice scientist gains his or her understanding of the moral values inherent in the role by absorption from their colleagues — socialization.

As particular practices are repeated over time and become more widely shared, the values that they embody are reinforced and reproduced and we speak of them as becoming 'institutionalized'. (①) In some cases, this institutionalization has a formal face to it, with rules and protocols written down, and specialized roles created to ensure that procedures are followed correctly. (②) The main institutions of state — parliament, courts, police and so on — along with certain of the professions, exhibit this formal character. (③) Other social institutions, perhaps the majority, are not like this; science is an example. (④) Although scientists are trained in the substantive content of their discipline, they are not formally instructed in 'how to be a good scientist'. (⑤) We think that these values, along with the values that inform many of the professions, are under threat, just as the value of the professions themselves is under threat.

* apprentice 도제, 견습 ** inherent 내재된

As a result, they are fit and grow better, but they aren't particularly long-lived.

When trees grow together, nutrients and water can be optimally divided among them all so that each tree can grow into the best tree it can be. If you "help" individual trees by getting rid of their supposed competition, the remaining trees are bereft. They send messages out to their neighbors unsuccessfully, because nothing remains but stumps. Every tree now grows on its own, giving rise to great differences in productivity. (①) Some individuals photosynthesize like mad until sugar positively bubbles along their trunk. (②) This is because a tree can be only as strong as the forest that surrounds it. (③) And there are now a lot of losers in the forest. (④) Weaker members, who would once have been supported by the stronger ones, suddenly fall behind. (⑤) Whether the reason for their decline is their location and lack of nutrients, a passing sickness, or genetic makeup, they now fall prey to insects and fungi.

* bereft 잃은 ** stump 그루터기 *** photosynthesize 광합성하다

5 *** 글의 흐름으로 보아, 주어진 문장이 들어가기에 가장 적절한 곳을 고르시오. 2022.09. 평가원 기출

> In particular, they define a group as two or more people who interact with, and exert mutual influences on, each other.

In everyday life, we tend to see any collection of people as a group. (①) However, social psychologists use this term more precisely. (②) It is this sense of mutual interaction or inter-dependence for a common purpose which distinguishes the members of a group from a mere aggregation of individuals. (③) For example, as Kenneth Hodge observed, a collection of people who happen to go for a swim after work on the same day each week does not, strictly speaking, constitute a group because these swimmers do not interact with each other in a structured manner. (④) By contrast, a squad of young competitive swimmers who train every morning before going to school is a group because they not only share a common objective (training for competition) but also interact with each other in formal ways (e.g., by warming up together beforehand). (⑤) It is this sense of people coming together to achieve a common objective that defines a "team".

* exert 발휘하다 ** aggregation 집합

On top of the hurdles introduced in accessing his or her money, if a suspected fraud is detected, the account holder has to deal with the phone call asking if he or she made the suspicious transactions.

Each new wave of technology is intended to enhance user convenience, as well as improve security, but sometimes these do not necessarily go hand-in-hand. For example, the transition from magnetic stripe to embedded chip slightly slowed down transactions, sometimes frustrating customers in a hurry. (①) Make a service too burdensome, and the potential customer will go elsewhere. (②) This obstacle applies at several levels. (③) Passwords, double-key identification, and biometrics such as fingerprint-, iris-, and voice recognition are all ways of keeping the account details hidden from potential fraudsters, of keeping your data dark. (④) But they all inevitably add a burden to the use of the account. (⑤)This is all useful at some level — indeed, it can be reassuring knowing that your bank is keeping alert to protect you — but it becomes tiresome if too many such calls are received. jugis

* fraud 사기

7 글의 흐름으로 보아, 주어진 문장이 들어가기에 가장 적절한 곳을 고르시오. 2022. 수능 기출

As long as the irrealism of the silent black and white film predominated, one could not take filmic fantasies for representations of reality.

Cinema is valuable not for its ability to make visible the hidden outlines of our reality, but for its ability to reveal what reality itself veils — the dimension of fantasy. (①) This is why, to a person, the first great theorists of film decried the introduction of sound and other technical innovations (such as color) that pushed film in the direction of realism. (②) Since cinema was an entirely fantasmatic art, these innovations were completely unnecessary. (③) And what's worse, they could do nothing but turn filmmakers and audiences away from the fantasmatic dimension of cinema, potentially transforming film into a mere delivery device for representations of reality. (④) But sound and color threatened to create just such an illusion, thereby destroying the very essence of film art. (⑤) As Rudolf Arnheim puts it, "The creative power of the artist can only come into play where reality and the medium of representation do not coincide."

* decry 공공연히 비난하다 ** fantasmatic 환상의

 어휘 & 숙어

 구문 해석

글의 흐름으로 보아, 주어진 문장이 들어가기에 가장 적절한 곳을 고르시오. 2021.09. 평가원 기출

> It was not until relatively recent times that scientists came to understand the relationships between the structural elements of materials and their properties.

The earliest humans had access to only a very limited number of materials, those that occur naturally: stone, wood, clay, skins, and so on. (①) With time, they discovered techniques for producing materials that had properties superior to those of the natural ones; these new materials included pottery and various metals. (②) Furthermore, it was discovered that the properties of a material could be altered by heat treatments and by the addition of other substances. (③) At this point, materials utilization was totally a selection process that involved deciding from a given, rather limited set of materials, the one best suited for an application based on its characteristics. (④) This knowledge, acquired over approximately the past 100 years, has empowered them to fashion, to a large degree, the characteristics of materials. (⑤) Thus, tens of thousands of different materials have evolved with rather specialized characteristics that meet the needs of our modern and complex society, including metals, plastics, glasses, and fibers.

9 *** 글의 흐름으로 보아, 주어진 문장이 들어가기에 가장 적절한 곳을 고르시오. [3점]

2021.06. 평가원 기출

> This is particularly true since one aspect of sleep is decreased responsiveness to the environment.

The role that sleep plays in evolution is still under study. (①) One possibility is that it is an advantageous adaptive state of decreased metabolism for an animal when there are no more pressing activities. (②) This seems true for deeper states of inactivity such as hibernation during the winter when there are few food supplies, and a high metabolic cost to maintaining adequate temperature. (③) It may be true in daily situations as well, for instance for a prey species to avoid predators after dark. (④) On the other hand, the apparent universality of sleep, and the observation that mammals such as cetaceans have developed such highly complex mechanisms to preserve sleep on at least one side of the brain at a time, suggests that sleep additionally provides some vital service(s) for the organism. (⑤) If sleep is universal even when this potential price must be paid, the implication may be that it has important functions that cannot be obtained just by quiet, wakeful resting.

* metabolism 신진대사 ** mammal 포유동물

글의 흐름으로 보아, 주어진 문장이 들어가기에 가장 적절한 곳을 고르시오. [3점] 2025. 수능 기출

> Without any special legal protection for trade secrets, however, the secretive inventor risks that an employee or contractor will disclose the proprietary information.

Trade secret law aims to promote innovation, although it accomplishes this objective in a very different manner than patent protection. (①) Notwithstanding the advantages of obtaining a patent, many innovators prefer to protect their innovation through secrecy. (②) They may believe that the cost and delay of seeking a patent are too great or that secrecy better protects their investment and increases their profit. (③) They might also believe that the invention can best be utilized over a longer period of time than a patent would allow. (④) Once the idea is released, it will be "free as the air" under the background norms of a free market economy. (⑤) Such a predicament would lead any inventor seeking to rely upon secrecy to spend an inordinate amount of resources building high and impassable fences around their research facilities and greatly limiting the number of people with access to the proprietary information.

* patent 특허 ** predicament 곤경

콩콩 01 예시 + 실험

예시

예시는 글쓴이의 생각을 이해시키려고 구체적인 사례를 들어 설명하는 것이다. 특히 다음과 같이 예시 하나를 길게 자세히 설명하거나, 예시를 여러 개 나열하거나, 예시가 명령문으로 시작하는 등의 경우에는, 예시 부분의 앞 또는 뒤 문장이 요지가 되다.

❶ 하나의 예시가 여러 문장인 경우

for example/ **for instance**/ to illustrate/ to take an example/ e.g.

❷ 예시가 두 개 이상 나열 되는 경우

①	첫 번째 예시	**For example** **For instance**	
②	예시의 반복	**In addition** **Also** And/ Or/ 2ndly	**Similarly** **Likewise** Equally
③	마지막 예시	**Finally** **Lastly**	

❸ 예시가 명령문으로 시작되는 경우; **Imagine**/ **Think**/ **Suppose**/ Say/ Note

실험

실험은 요지에 대한 신뢰도를 높이기 위해 객관적이고 전문적인 근거로 사용된다.

❶ 실험 내용 ⇨ 실험을 통해서 확인하고 싶은 실험목적, 즉 제목이 제시된다.

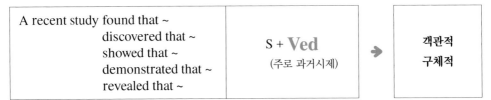

In a study, ~ In an experiment, ~	S + **Ved** (주로 과거시제)	➡	실험목적 setting

❷ 실험 결과 ⇨ 실험결과는 내용상 요지와 일치하므로, 요지/주장의 근거가 된다.

A recent study found that ~
        discovered that ~
        showed that ~
        demonstrated that ~
        revealed that ~
	S + **Ved**
	(주로 과거시제)
		➡	객관적
			구체적

❸ 실험 판단 ➪ 실험결과를 애초 의도대로 판단하므로, 요지/주장에 해당된다.

The research findings results	show(s) that ~ demonstrate(s) that ~ reveal(s) that ~ suggest(s) that ~ indicate(s) that ~ conclude(s) that ~	S + V(s) (주로 현재시제)	➡	주관적 추상적

다음 빈칸에 들어갈 말로 가장 적절한 것을 고르시오. [3점]   2024.10. 교육청 기출

The social-cognitive revolution at 1 year of age sets the stage for infants' second year of life, in which they begin to imitatively learn the use of all kinds of tools, artifacts, and symbols. For example, in a study by Meltzoff (1988), 14-month-old children observed an adult bend at the waist and touch its head to a panel, thus turning on a light. They followed suit. Infants engaged in this somewhat unusual and awkward behavior, even though it would have been easier and more natural for them simply to push the panel with their hand. One interpretation of this behavior is that infants understood that the adult had the goal of illuminating the light and then chose one means for doing so, from among other possible means, and if they had the same goal, they could choose the same means. Similarly, Carpenter et al. (1998) found that 16-month-old infants will imitatively learn from a complex behavioral sequence only those behaviors that appear intentional, ignoring those that appear accidental. Young children do not just imitate the limb movements of other persons, they attempt to _____ _____.

* social-cognitive 사회 인지의 **artifact 인공물 *** limb 팔다리

① avoid looking awkward in the eyes of family members

② reproduce other persons' intended actions in the world

③ accept the value of chance incidents that turn out helpful

④ behave in an unprecedented way that others have missed

⑤ undermine any goal that does not coincide with their own

Code 분석 ●●

🔍 For example, in a study ~ observed an adult bend at ~. 〈예시-1, 실험 내용〉

🔍 One interpretation of this behavior is that infants understood that the adult had the goal of illuminating the light and then chose ~. 〈실험 판단〉 ➡ 요지

🔍 Similarly, Carpenter et al. (1998) found that 16-month-old infants will imitatively learn from a complex behavioral sequence only those behaviors that appear intentional, ignoring those that appear accidental. 〈예시-2, 실험 결과〉 ➡ 요지의 근거

To understand the difficulty of predicting the next 100 years, we have to appreciate the difficulty that the people of 1900 had in predicting the world of 2000. In 1893, as part of the World's Columbian Exposition in Chicago, seventy-four well-known individuals were asked to predict what life would be like in the next 100 years. The one problem was that they _____. For example, many correctly predicted that we would one day have commercial transatlantic airships, but they thought that they would be balloons. Senator John J. Ingalls said, "It will be as common for the citizen to call for his dirigible balloon as it now is for his buggy." They also consistently missed the coming of the automobile. Postmaster General John Wanamaker stated that the U.S. mail would be delivered by stagecoach and horseback, even 100 years into the future.

* buggy (말 한 필이 끄는) 마차

① underestimated the rate of progress of science

② overly depended on high-technology machines

③ tended to indulge in dreams ahead of their time

④ preferred air transportation to land transportation

⑤ put emphasis on the commercial aspect of science

어휘 & 숙어

구문 해석

2 다음 글의 주제로 가장 적절한 것은? [3점] 2008.09. 평가원 기출

　　1950s critics separated themselves from the masses by rejecting the 'natural' enjoyment afforded by products of mass culture through judgments based on a refined sense of realism. For example, in most critics championing Douglas Sirk's films' social critique, self-reflexivity, and, in particular, distancing effects, there is still a refusal of the 'vulgar' enjoyments suspected of soap operas. This refusal again functions to divorce the critic from an image of a mindless, pleasure-seeking crowd he or she has actually manufactured in order to definitively secure the righteous logic of 'good' taste. It also pushes negative notions of female taste and subjectivity. Critiques of mass culture seem always to bring to mind a disrespectful image of the feminine to represent the depths of the corruption of the people. The process of taste-making operated, then, to create hierarchical differences between the aesthete and the masses through the construction of aesthetic positions contrary to the perceived tasteless pleasures of the crowd.

* vulgar 저속한, 서민의 ** aesthetic 미학의, 심미적인

① critics' negative view on popular tastes and its effects
② criticism of cultural hierarchy in soap operas and films
③ side effects of popularized cultural products on crowds
④ resistance of the masses to cultural separations and its origins
⑤ critics' tendency to identify the refined tastes of the masses

186

Dozens of studies have demonstrated the _____ nature of self-supervision. For instance, people who were asked to make tricky choices and trade-offs — such as setting up a wedding registry or ordering a new computer — were worse at focusing and solving problems than others who had not made the tough choices. In one study, some people were asked to restrain their emotions while watching a sad movie about sick animals. Afterward, they exhibited less physical endurance than others who had let the tears flow freely. The research shows that we burn up self-control in a wide variety of situations: managing the impression we are making on others; coping with fears; controlling our spending; trying to focus on simple instructions such as "Don't think of a white bear"; and many, many others.

① nurturing
② hesitating
③ rewarding
④ misleading
⑤ exhausting

어휘 & 숙어

구문 해석

4 *** 다음 빈칸에 들어갈 말로 가장 적절한 것은? [3점]   2020.07. 교육청 기출

   Both the acquisition and subsequent rejection of agriculture are becoming increasingly recognized as adaptive strategies to local conditions that may have occurred repeatedly over the past ten millennia. For example, in a recent study of the Mlabri, a modern hunter-gatherer group from northern Thailand, it was found that these people had previously been farmers, but had abandoned agriculture about 500 years ago. This raises the interesting question as to how many of the diminishing band of contemporary hunter-gatherer cultures are in fact the descendents of farmers who have only secondarily readopted hunter-gathering as a more useful lifestyle, perhaps after suffering from crop failures, dietary deficiencies, or climatic changes. Therefore, the process of what may be termed the 'agriculturalization' of human societies was _____, at least on a local level. Hunter-gatherer cultures across the world, from midwestern Amerindians to !Kung in the African Kalahari, have adopted and subsequently discarded agriculture, possibly on several occasions over their history, in response to factors such as game abundance, climatic change, and so on.

* **!Kung** !Kung족(族)

① not necessarily irreversible
② met with little resistance
③ essential for adaptation
④ started by pure coincidence
⑤ rarely subject to reconsideration

5 (A), (B), (C)의 각 네모 안에서 문맥에 맞는 낱말로 가장 적절한 것은? 2013. 수능 기출

Anxiety has a damaging effect on mental performance of all kinds. It is in one sense a useful response gone awry — an overly zealous mental preparation for an anticipated threat. But such mental rehearsal is (A) disastrous / constructive cognitive static when it becomes trapped in a stale routine that captures attention, intruding on all other attempts to focus elsewhere. Anxiety undermines the intellect. In a complex, intellectually demanding and high-pressure task such as that of air traffic controllers, for example, having chronically high anxiety is an almost sure predictor that a person will eventually fail in training or in the field. The anxious are more likely to fail even given (B) inferior/ superior scores on intelligence tests, as a study of 1,790 students in training for air traffic control posts discovered. Anxiety also sabotages academic performance of all kinds: 126 different studies of more than 36,000 people found that the more (C) prone/ resistant to anxieties a person is, the poorer his or her academic performance is.

* go awry 빗나가다

	(A)	(B)	(C)
①	disastrous	inferior	prone
②	disastrous	superior	prone
③	disastrous	superior	resistant
④	constructive	inferior	resistant
⑤	constructive	superior	resistant

6 다음 글의 빈칸에 들어갈 말로 가장 적절한 것을 고르시오. [3점] 2020.03. 교육청 기출

Scaling up from the small to the large is often accompanied by an evolution from simplicity to complexity while _____. This is familiar in engineering, economics, companies, cities, organisms, and, perhaps most dramatically, evolutionary process. For example, a skyscraper in a large city is a significantly more complex object than a modest family dwelling in a small town, but the underlying principles of construction and design, including questions of mechanics, energy and information distribution, the size of electrical outlets, water faucets, telephones, laptops, doors, etc., all remain approximately the same independent of the size of the building. Similarly, organisms have evolved to have an enormous range of sizes and an extraordinary diversity of morphologies and interactions, which often reflect increasing complexity, yet fundamental building blocks like cells, mitochondria, capillaries, and even leaves do not appreciably change with body size or increasing complexity of the class of systems in which they are embedded.

* morphology 형태 ** capillary 모세관

① maintaining basic elements unchanged or conserved

② optimizing energy use for the structural growth

③ assigning new functions to existing components

④ incorporating foreign items from surroundings

⑤ accelerating the elimination of useless parts

어휘 & 숙어

구문 해석

7

다음 빈칸에 들어갈 말로 가장 적절한 것을 고르시오. 2020.04. 교육청 기출

 The *New York Times* ran an article titled "Why Waiting Is Torture," and the piece gave a clear explanation for queue rage: It's about _____. When someone cuts in front of us, it upsets us, and we're willing to go a long way to make sure that people who arrive later than us don't get served before us. A few years ago, some Israeli researchers studied people's preferences for different types of lines, as the *New York Times* notes. Would people rather stand in a first-come, first-served line? Or would they rather wait in a "multiple queue" line, which is common in supermarkets and requires individuals to wait in separate first-come, first-served lines? People overwhelmingly wanted their lines to be first-come, first-served, and they were willing to wait some 70 percent longer for this sort of justice. In other words, in exchange for their time, people got something that's often just as important.

* queue 줄

① fairness   ② humility

③ efficiency   ④ confidence

⑤ responsibility

8 다음 빈칸에 들어갈 말로 가장 적절한 것을 고르시오. 2012.04. 교육청 기출

Although keeping your aims to yourself helps ease the fear of failure, it also makes it easy to avoid changing your life and drift back into old habits and routines. This is in keeping with several key findings from psychology. People are more likely to stick to their views and promises if they have made a public commitment. In one classic study, students were asked to estimate the length of some lines that had been drawn on a pad, and either make a public announcement about their judgements, or keep the estimates to themselves. When the participants were informed that their estimates might be wrong, those who _____ were far more likely to stand by their opinion than those who had not told anyone.

① had gone public
② kept their words
③ were against others
④ believed in themselves
⑤ had gained clear proof

9 다음 빈칸에 들어갈 말로 가장 적절한 것을 고르시오. [3점]　2013.09. 평가원 기출

　　Researchers asked college student volunteers to think through a fantasy version of an experience (looking attractive in a pair of high-heeled shoes, winning an essay contest, or getting an A on a test) and then evaluated the fantasy's effect on the subjects and on how things unfolded in reality. When participants envisioned the most positive outcome, their energy levels, as measured by blood pressure, dropped, and they reported having a worse experience with the actual event than those who had conjured more realistic or even negative visions. To assess subjects' real life experiences, the researchers compared lists of goals that subjects had set for themselves against what they had actually accomplished and also relied on self-reports. "When we fantasize about it — especially when you fantasize something very positive — it's almost like you are actually living it," says one of the study's co-authors. That ＿＿＿＿＿＿＿＿＿＿＿＿＿＿＿＿, draining the incentive to "get energized to go and get it," she explains. Subjects may be better off imagining how to surmount obstacles instead of ignoring them.

① prompts you into assessing the real life as it is
② turns a rosy dream into an actual accomplishment
③ renders your goal independent of the fantasy world
④ tricks the mind into thinking the goal has been achieved
⑤ deceives your mind into believing obstacles are insurmountable

10 *** 다음 빈칸에 들어갈 말로 가장 적절한 것을 고르시오. [3점] 2013.09. 평가원 기출

When confronted by a seemingly simple pointing task, where their desires are put in conflict with outcomes, chimpanzees find it impossible to exhibit subtle self-serving cognitive strategies in the immediate presence of a desired reward. However, such tasks are mastered _____.
In one study, chimps were confronted by a simple choice; two plates holding tasty food items were presented, each with a different number of treats. If the chimp pointed to the plate having more treats, it would immediately be given to a fellow chimp in an adjacent cage, and the frustrated subject would receive the smaller amount. After hundreds and hundreds of trials, these chimps could not learn to withhold pointing to the larger reward. However, these same chimps had already been taught the symbolic concept of simple numbers. When those numbers were placed on the plates as a substitute for the actual rewards, the chimps promptly learned to point to the smaller numbers first, thereby obtaining the larger rewards for themselves.

① as immediate rewards replace delayed ones
② when an alternative symbol system is employed
③ if their desires for the larger rewards are satisfied
④ when material rewards alternate with symbolic ones
⑤ if the value of the number is proportional to the amount of the reward

어휘 & 숙어

구문 해석

큿큿 02 암시 + 병렬

대조 암시

해당 단어나 표현은, 이후 상반되는 두 내용이 이어진다는 것을 암시한다.

❶ 특정명사를 통한 암시 ➔ 해당문장이 주제/제목

dilemma/ paradox/ ambivalence/ contradiction/ irony

a double-edged sword/ a mixed blessing

❷ (부정)대명사를 통한 암시 ➔ 대조 전체가 주제

전 자		후 자
the first **the former** that the one[other]	vs.	the second **the latter** this the other[one]

❸ 연결사를 통한 암시 ➔ 대조 전체가 주제

① 접속사: **But**, **Yet**

② 연결사: **However, In[By] contrast, On[To] the contrary, On the other hand**

③ 대체 연결사: **The flip side is that ~ , Alternatively**

나열 암시

해당 단어나 표현은, 이후 두 개 이상의 내용이 나열된다는 것을 암시한다.

❶ 숫자 + 복수명사를 통한 암시 ➔ 해당 암시문장이 주제/제목

숫자		복수명사
a few/ some **numerous/ many/ a number of** every two	+	**ways** **tips** problems **explanations**

 The support that spouses provide has numerous benefits.

 Emotional eaters manifest their problem in lots of different ways.

❷ (부정)대명사를 통한 암시: 셋 이상 나열　　　　　　➡ 나열 전체가 주제

| one | another | still[yet] another | the other |
| | a second | a third | the fourth |

| some | others | still[yet] others |
| | | the others[rest] |

❸ **연결사를 통한 암시**　　　　　　　　　　➡ 나열 전체가 주제

① 우선/첫째로; **Firstly**, **First**[Most] **of all**, **Above all**, To begin[start] with, For one thing

② 둘째로/게다가; **Besides**, **Moreover**, **Furthermore**, **Additionally**, **Also**, Or, **In addition**
　　　　　　　Likewise, Similarly, Equally, **What is more**, On top of that

③ 마지막으로; **Lastly**, **Finally**, Eventually, Last and most, most importantly

다음 글에서 전체 흐름과 관계 없는 문장은? 2011.06. 평가원 기출

Since the 1980's, zoos have strived to reproduce the natural habitats of their animals, replacing concrete floors and steel bars with grass, rocks, trees, and pools of water. These environments may simulate the wild, but the animals do not have to worry about finding food, shelter, or safety from predators. ① While this may not seem like such a bad deal at first glance, the animals experience numerous complications. ② And yet, most of the complications were settled with no delay in order to ensure the animals' health and safety. ③ The zebras live constantly in fear, smelling the lions in the nearby Great Cats exhibit every day and finding themselves unable to escape. ④ There is no possibility of migrating or of storing food for the winter, which must seem to promise equally certain doom to a bird or bear. ⑤ In short, zoo life is utterly incompatible with an animal's most deeply-rooted survival instincts.

* doom 파멸, 종말

Code 분석

🔍 While, this may not seem like such a bad deal at first glance, the animals experience numerous complications. 〈양보구문, 암시(나열)〉
이러한 상황은 처음에 언뜻 보기에는 별로 열악한 일이 아닌 것처럼 보일 수도 있는 반면에, 동물원의 동물들은 수많은 복잡한 문제점들을 겪게 된다.

🔍 (For example,) The zebras live constantly in fear, smelling the lions in the nearby Great Cats exhibit every day and finding themselves unable to escape.
얼룩말은 끊임없이 두려움 속에서 살고 근처 맹수 전시관 안에 있는 사자의 냄새를 매일 맡으며 자신들이 벗어날 수 없음을 발견한다.

🔍 (Similarly,) There is no possibility of migrating or of storing food for the winter, which must seem to promise equally certain doom to a bird or bear.
이주 혹은 겨울을 대비한 먹이 저장의 가능성이 없는데, 이러한 상황은 조류나 곰에게는 똑같이 분명한 파멸을 의미하는 것처럼 보인다.

1 *** 밑줄 친 부분 중, 문맥상 낱말의 쓰임이 적절하지 않은 것은?　2012.04. 교육청 기출

There are two categories of values: intrinsic and instrumental. Intrinsic values are those we uphold regardless of the benefits or costs. Patriotism, as a value, demands sacrifices and is sometimes ① advantageous as far as individual well-being is concerned. Nevertheless, hundreds of millions of people have died to ② defend their country throughout the course of history, because patriotism is an intrinsic value. In contrast, a value is instrumental when we support it because it is directly ③ beneficial to us. Let us assume that a country is dedicated to economic growth and to this end emphasizes work, productivity, and investment. If decisions favorable to development only answer to an instrumental value of an economic nature, such as increased wealth, the country's effort will ④ decline as soon as the degree of wealth is attained. That is why the intrinsic values are ⑤ indispensable for sustained development.

글의 흐름으로 보아, 주어진 문장이 들어가기에 가장 적절한 곳을 고르시오. [3점]

2020.06. 평가원 기출

Compounding the difficulty, now more than ever, is what ergonomists call information overload, where a leader is overrun with inputs — via e-mails, meetings, and phone calls — that only distract and confuse her thinking.

Clarity is often a difficult thing for a leader to obtain. Concerns of the present tend to seem larger than potentially greater concerns that lie farther away. (①) Some decisions by their nature present great complexity, whose many variables must come together a certain way for the leader to succeed. (②) Alternatively, the leader's information might be only fragmentary, which might cause her to fill in the gaps with assumptions — sometimes without recognizing them as such. (③) And the merits of a leader's most important decisions, by their nature, typically are not clear-cut. (④) Instead those decisions involve a process of assigning weights to competing interests, and then determining, based upon some criterion, which one predominates. (⑤) The result is one of judgment, of shades of gray; like saying that Beethoven is a better composer than Brahms.

* ergonomist 인간 공학자 ** fragmentary 단편적인

3 다음 빈칸에 들어갈 말로 가장 적절한 것을 고르시오. [3점] 2020.03. 교육청 기출

All athletes have an innate preference for task- or ego-involved goals in sport. These predispositions, referred to as task and ego goal orientations respectively, are believed to develop throughout childhood largely due to the types of people the athletes come in contact with and the situations they are placed in. If children consistently receive parental praise depending on their effort and recognition for personal improvement from their coaches, and are encouraged to learn from their mistakes, then they are likely to foster a task orientation. It becomes natural for them to believe that success is associated with mastery, effort, understanding, and personal responsibility. The behavior of their role models in sport also affects this development. Such an environment is far different from one where children are shaped by rewards for winning (alone), praise for the best grades, criticism or non-selection despite making their best effort, or coaches whose style is to hand out unequal recognition. This kind of environment helps an ego orientation to flourish, along with the belief that _____.

* predisposition 성향

① not the result but the process is what matters most
② an athlete's abilities will blossom with image training
③ cooperation, rather than competition, builds up a team
④ ability and talent, not effort and personal endeavor, earn success
⑤ the athletes' peers, not the coaches, are the true judge of their performance

다음 빈칸에 들어갈 말로 가장 적절한 것을 고르시오. [3점] 2020.04. 교육청 기출

There are two fundamental components in mathematics and music: formulas and gestures. Musical formulas are well known — for example, the song form *A – B – A*, or the formula *I – IV – V – I* in harmony. But music cannot be reduced to such form(ula)s; it needs to deploy them in its sounds' time and space, the aim of which is the gestural action of musicians. In other words, music transfers formulas into gestures when performers interpret the written notes, and when the composers unfold formulas into the score's gestures. Similarly, mathematicians do mathematics; they don't just observe eternal formulas. They move symbols from one side of an equation to the other. Mathematics thrives by intense and highly disciplined actions. You will never understand mathematics if you do not "play" with its symbols. However, the mathematical goal is not a manipulatory activity; it is the achievement of a formula that condenses your manipulatory gestures. Mathematics, therefore, shares with music a movement between gestures and formulas, but it _____.

* deploy 배치하다 ** condense 응축하다

① consists of a solitary work with less collaboration

② adopts few variations common in musical gestures

③ focuses on gestures more than completion of formulas

④ moves in the opposite direction of the musical process

⑤ takes a superior position over music by employing logic

5 주어진 문장이 들어가기에 가장 적절한 곳을 고르시오. [3점] 2022.10. 교육청 기출

> Charred bones or even carbon deposits from an ancient campfire can be informative documents to people who know how to read them.

The evolutionary history of a species or a disease is like any other kind of history. (①) There is no experiment, in the usual sense, that we can do now to decide how long ago our ancestors first started to use fires for cooking or other purposes and what subsequent evolutionary effects that change may have had. (②) History can be investigated only by examining the records it has left. (③) Likewise, the chemical structure of proteins and DNA may be read to reveal relationships among now strikingly different organisms. (④) Until a time machine is invented, we will not be able to go back and watch the evolution of major traits, but we can nonetheless reconstruct prehistoric events by the records they left in fossils, carbon traces, structures, and behavioral tendencies, as well as protein and DNA structures. (⑤) Even when we cannot reconstruct the history of a trait, we can often still be confident that it was shaped by natural selection.

* charred (탄화로) 까맣게 된

다음 글의 밑줄 친 부분 중, 문맥상 낱말의 쓰임이 적절하지 않은 것은? 2018. 수능 기출

Some prominent journalists say that archaeologists should work with treasure hunters because treasure hunters have accumulated valuable historical artifacts that can reveal much about the past. But archaeologists are not asked to cooperate with tomb robbers, who also have valuable historical artifacts. The quest for profit and the search for knowledge cannot coexist in archaeology because of the ① time factor. Rather incredibly, one archaeologist employed by a treasure hunting firm said that as long as archaeologists are given six months to study shipwrecked artifacts before they are sold, no historical knowledge is ② found! On the contrary, archaeologists and assistants from the INA (Institute of Nautical Archaeology) needed more than a decade of year-round conservation before they could even ③ catalog all the finds from an eleventh-century AD wreck they had excavated. Then, to interpret those finds, they had to ④ learn Russian, Bulgarian, and Romanian, without which they would never have learned the true nature of the site. Could a "commercial archaeologist" have ⑤ waited more than a decade or so before selling the finds?

7 다음 빈칸에 들어갈 말로 가장 적절한 것을 고르시오. 2023. 수능 기출

There is something deeply paradoxical about the professional status of sports journalism, especially in the medium of print. In discharging their usual responsibilities of description and commentary, reporters' accounts of sports events are eagerly consulted by sports fans, while in their broader journalistic role of covering sport in its many forms, sports journalists are among the most visible of all contemporary writers. The ruminations of the elite class of 'celebrity' sports journalists are much sought after by the major newspapers, their lucrative contracts being the envy of colleagues in other 'disciplines' of journalism. Yet sports journalists do not have a standing in their profession that corresponds to the size of their readerships or of their pay packets, with the old saying (now reaching the status of cliché) that sport is the 'toy department of the news media' still readily to hand as a dismissal of the worth of what sports journalists do. This reluctance to take sports journalism seriously produces the paradoxical outcome that sports newspaper writers are much read but little _____.

* **discharge** 이행하다 ****rumination** 생각 *** **lucrative** 돈을 많이 버는

① paid   ② admired
③ censored   ④ challenged
⑤ discussed

✏️ 어휘 & 숙어

✏️ 구문 해석

8 *** 다음 빈칸에 들어갈 말로 가장 적절한 것을 고르시오. [3점] 2014. 수능 기출

Mathematics will attract those it can attract, but it will do nothing to overcome resistance to science. Science is universal in principle but in practice it speaks to very few. Mathematics may be considered a communication skill of the highest type, frictionless so to speak; and at the opposite pole from mathematics, the fruits of science show the practical benefits of science without the use of words. But those fruits are ambivalent. Science as science does not speak; ideally, all scientific concepts are mathematized when scientists communicate with one another, and when science displays its products to non-scientists it need not, and indeed is not able to, resort to salesmanship. When science speaks to others, it is no longer science, and the scientist becomes or has to hire a publicist who dilutes the exactness of mathematics. In doing so, the scientist reverses his drive toward mathematical exactness in favor of rhetorical vagueness and metaphor, thus _____ _____.

① degrading his ability to use the scientific language needed for good salesmanship
② surmounting the barrier to science by associating science with mathematics
③ inevitably making others who are unskillful in mathematics hostile to science
④ neglecting his duty of bridging the gap between science and the public
⑤ violating the code of intellectual conduct that defines him as a scientist

9   다음 글을 읽고, 물음에 답하시오. 2024. 수능 기출

One way to avoid contributing to overhyping a story would be to say nothing. However, that is not a realistic option for scientists who feel a strong sense of responsibility to inform the public and policymakers and/or to offer suggestions. Speaking with members of the media has (a) advantages in getting a message out and perhaps receiving favorable recognition, but it runs the risk of misinterpretations, the need for repeated clarifications, and entanglement in never-ending controversy. Hence, the decision of whether to speak with the media tends to be highly individualized. Decades ago, it was (b) unusual for Earth scientists to have results that were of interest to the media, and consequently few media contacts were expected or encouraged. In the 1970s, the few scientists who spoke frequently with the media were often (c) criticized by their fellow scientists for having done so. The situation now is quite different, as many scientists feel a responsibility to speak out because of the importance of global warming and related issues, and many reporters share these feelings. In addition, many scientists are finding that they (d) enjoy the media attention and the public recognition that comes with it. At the same time, other scientists continue to resist speaking with reporters, thereby preserving more time for their science and (e) running the risk of being misquoted and the other unpleasantries associated with media coverage.

* overhype 과대광고하다 ** entanglement 얽힘

1. 윗글의 제목으로 가장 적절한 것은?

① The Troubling Relationship Between Scientists and the Media
② A Scientist's Choice: To Be Exposed to the Media or Not?
③ Scientists! Be Cautious When Talking to the Media
④ The Dilemma over Scientific Truth and Media Attention
⑤ Who Are Responsible for Climate Issues, Scientists or the Media?

2. 밑줄 친 (a) ~ (e) 중에서 문맥상 낱말의 쓰임이 적절하지 않은 것은?

① (a)   ② (b)   ③ (c)   ④ (d)   ⑤ (e)

 어휘 & 숙어   구문 해석

다음 글의 내용을 한 문장으로 요약하고자 한다. 빈칸 (A), (B)에 들어갈 말로 가장 적절한 것은? 2024.09. 평가원 기출

Human speech differs from the cries of other species in many ways. One very important distinction is that all other animals use one call for one message as the general principle of communication. This means that the number of possible messages is very restricted. If a new message is to be included in the system, a new sound has to be introduced, too. After the first few tens of sounds it becomes difficult to invent new distinctive sounds, and also to remember them for the next time they are needed. Human speech builds on the principle of combining a restricted number of sounds into an unlimited number of messages. In a typical human language there are something like thirty or forty distinctive speech sounds. These sounds can be combined into chains to form a literally unlimited number of words. Even a small child, who can communicate by only one word at a time, uses a system for communication that is infinitely superior to any system utilized by any other animal.

In animal cries, each call __(A)__ a different message, which limits the number of possible messages, whereas human language creates an unlimited number of messages using a __(B)__ set of distinctive sounds.

(A)	(B)	(A)	(B)
① represents	…… finite	② symbolizes	…… universal
③ distorts	…… fixed	④ expresses	…… novel
⑤ records	…… complex		

콩콩 03 동의(同義) 어구

☑ 동의어구(Equivalent)

❶ 기준

  ① 지문에 사용된 문맥상 같은 뜻을 가진 단어나 어구

  ② 특징: 사전상의 의미는 다르지만, 문맥상의 의미는 같다.

❷ 역할

  ① 동일한 단어나 어구의 반복을 피할 수 있다.

  ② 동의어구를 이해하지 못하면 문맥파악이 어렵다. ➡ 고난도 지문의 필수요소

  ③ 연결사 대체 효과; 연결사나 대명사 없이 두 문장을 연결할 수 있다.

  예 Commonly managed resources would be degraded over time.

    (However,) Many people do organize **the** natural environment effectively.

❸ 활용

  ① 문장삽입/ 순서추론; 동의어구 ➡ **The/This/Such** 동의어구

  ② 빈칸완성

    ⓐ 요지문 찾기; 요지문 = 빈칸 문장

    ⓑ (빈칸에 들어갈) 우리말을 먼저 추론 ➡ ☞선택지를 하나씩 대입하면 안 된다.

    ⓒ 동의어구 찾기 ➡ ☞단어의 사전적[상식적] 의미에 현혹되어서는 안 된다.

    ⓓ 매력적 오답 확인 ➡ ☞동일단어 반복 선택지는 함정(매력적 오답)일 가능성이 높다.

☑ 동의어구 **찾는 방법**

❶ 독해 code 찾기 ➡ 요지 파악

  ① (요지 파악에는) 배경지식이 아닌 문맥이 필수적이다.

  ② 요지문을 찾지 못하면, 문장 단위의 사전적 해석만 가능하다.

❷ 동의어구 확인; 요지문 = 주어부(topic) + 술어부(의견)

  ① 동의어구는 주로 요지문 안에 있는 '주어부'나 '술어부'이다.

  ② 주로 '주어부'는 소재(topic)를, '술어부'는 소재에 대한 의견이나 판단을 나타낸다.

다음 빈칸에 들어갈 말로 가장 적절한 것을 고르시오. [3점] 2024.09. 평가원 기출

That people need other people is hardly news, but for Rousseau this dependence extended far beyond companionship or even love, into the very process of becoming human. Rousseau believed that people are not born but made, every individual a bundle of potentials whose realization requires the active involvement of other people. Self-development is a social process. Self-sufficiency is an impossible fantasy. Much of the time Rousseau wished passionately that it were not: Robinson Crusoe was a favorite book, and he yearned to be free from the pains and uncertainties of social life. But his writings document with extraordinary clarity _____ _____. "Our sweetest existence is relative and collective, and our true self is not entirely within us." And it is kindness — which Rousseau analyzed under the rubric of pitié, which translates as "pity" but is much closer to "**sympathy**" as Hume and Smith defined it — that is the key to this collective existence.

* yearn 갈망하다 ** rubric 항목

① the necessity of philosophical study to understand human nature

② the development of self-sufficiency through literary works

③ the shaping of the individual by his **emotional attachments**

④ the making of the self-reliant man through his struggles

⑤ the difficulty of trusting other people wholeheartedly

Code 분석 ●

🔍 But his writings document with extraordinary clarity the shaping of the individual by his **emotional attachments**. 〈빈칸〉 ➤ 요지

🔍 And it is kindness — which Rousseau analyzed under the rubric of pitié, which translates as "pity" but is much closer to "**sympathy**" as Hume and Smith defined it — that is the key to this collective existence. 〈강조구문〉 ➤ 요지

1 다음 빈칸에 들어갈 말로 가장 적절한 것을 고르시오. [3점] 2019.09. 평가원 기출

If one looks at the Oxford definition, one gets the sense that post-truth is not so much a claim that truth *does not exist* as that *facts are subordinate to our political point of view.* The Oxford definition focuses on *"what"* post-truth is: the idea that feelings sometimes matter more than facts. But just as important is the next question, which is *why* this ever occurs. Someone does not argue against an obvious or easily confirmable fact for no reason; he or she does so when it is to his or her advantage. When a person's beliefs are threatened by an "inconvenient fact," sometimes it is preferable to challenge the fact. This can happen at either a conscious or unconscious level (since sometimes the person we are seeking to convince is ourselves), but the point is that this sort of post-truth relationship to facts occurs only when we are seeking to assert something _____.

* subordinate 종속하는

① to hold back our mixed feelings
② that balances our views on politics
③ that leads us to give way to others in need
④ to carry the constant value of absolute truth
⑤ that is more important to us than the truth itself

Concepts of nature are always cultural statements. This may not strike Europeans as much of an insight, for Europe's landscape is so much of a blend. But in the new worlds — 'new' at least to Europeans — the distinction appeared much clearer not only to European settlers and visitors but also to their descendants. For that reason, they had the fond conceit of primeval nature uncontrolled by human associations which could later find expression in an admiration for wilderness. Ecological relationships certainly have their own logic and in this sense 'nature' can be seen to have a self-regulating but not necessarily stable dynamic independent of human intervention. But the context for ecological interactions _____ _____. We may not determine how or what a lion eats but we certainly can regulate where the lion feeds.

* conceit 생각 ** primeval 원시(시대)의 *** ecological 생태학의

① has supported new environment-friendly policies

② has increasingly been set by humanity

③ inspires creative cultural practices

④ changes too frequently to be regulated

⑤ has been affected by various natural conditions

어휘 & 숙어

구문 해석

3 *** 글의 흐름으로 보아, 주어진 문장이 들어가기에 가장 적절한 곳을 고르시오. [3점]

2021.06. 평가원 기출

> This is particularly true since one aspect of sleep is decreased responsiveness to the environment.

The role that sleep plays in evolution is still under study. (①) One possibility is that it is an advantageous adaptive state of decreased metabolism for an animal when there are no more pressing activities. (②) This seems true for deeper states of inactivity such as hibernation during the winter when there are few food supplies, and a high metabolic cost to maintaining adequate temperature. (③) It may be true in daily situations as well, for instance for a prey species to avoid predators after dark. (④) On the other hand, the apparent universality of sleep, and the observation that mammals such as cetaceans have developed such highly complex mechanisms to preserve sleep on at least one side of the brain at a time, suggests that sleep additionally provides some vital service(s) for the organism. (⑤) If sleep is universal even when this potential price must be paid, the implication may be that it has important functions that cannot be obtained just by quiet, wakeful resting.

* metabolism 신진대사 ** mammal 포유동물

Literature can be helpful in the language learning process because of the _____ it fosters in readers. Core language teaching materials must concentrate on how a language operates both as a rule-based system and as a sociosemantic system. Very often, the process of learning is essentially analytic, piecemeal, and, at the level of the personality, fairly superficial. Engaging imaginatively with literature enables learners to shift the focus of their attention beyond the more mechanical aspects of the foreign language system. When a novel, play or short story is explored over a period of time, the result is that the reader begins to 'inhabit' the text. He or she is drawn into the book. Pinpointing what individual words or phrases may mean becomes less important than pursuing the development of the story. The reader is eager to find out what happens as events unfold; he or she feels close to certain characters and shares their emotional responses. The language becomes 'transparent' — the fiction draws the whole person into its own world.

* sociosemantic 사회의미론적인 ** transparent 투명한

① linguistic insight
② artistic imagination
③ literary sensibility
④ alternative perspective
⑤ personal involvement

어휘 & 숙어

구문 해석

5 주어진 글 다음에 이어질 글의 순서로 가장 적절한 것을 고르시오. 2022.03. 교육청 기출

Anger and empathy — like matter and antimatter — can't exist in the same place at the same time. Let one in, and you have to let the other one go. So when you shift a blamer into empathy, you stop the person's angry ranting dead in its tracks.

(A) The relief from no longer feeling "fear or hatred" toward the blamer spontaneously triggers a tremendous rush of gratitude and — miraculously — the person's quiet rage turns into forgiveness and, beyond that, a willingness to work toward solutions.

(B) Suddenly and unexpectedly, however, the blamer knows just how sad, angry, scared, or lonely the defender feels and spontaneously turns into an ally. When the defender feels understood by the blamer and that they are on the same side, there's nothing to defend against. The defender's wall, and with it his unspoken rage and frustration, disappears.

(C) And what about the person who's on the defensive? Initially, this human punching bag is frustrated because no matter what he or she is trying to mirror outward the ignorant blamer is blind to it. As a result, the person who's under attack is usually in a state of quiet, barely controlled rage.

* rant 폭언하다 ** spontaneously 자연스럽게

① (A) − (C) − (B)   ② (B) − (A) − (C)

③ (B) − (C) − (A)   ④ (C) − (A) − (B)

⑤ (C) − (B) − (A)

 어휘 & 숙어

 구문 해석

6 ***   다음 글의 빈칸에 들어갈 말로 가장 적절한 것을 고르시오.   2011. 수능 기출

Journeys are the midwives of thought. Few places are more conducive to internal conversations than a moving plane, ship, or train. There is an almost peculiar correlation between what is in front of our eyes and the thoughts we are able to have in our heads: large thoughts at times requiring large views, new thoughts new places. Introspective reflections which are liable to stall are helped along by the flow of the landscape. The mind _____ when thinking is all it is supposed to do. The task can be as paralyzing as having to tell a joke or mimic an accent on demand. Thinking improves when parts of the mind are given other tasks, are charged with listening to music or following a line of trees.

① may be reluctant to think properly
② may focus better on future thoughts
③ can become confused by multitasking
④ is likely to be paralyzed by fear of new tasks
⑤ can be distracted from what is before the eyes

CHECK UP

7 *** 다음 글의 빈칸에 들어갈 말로 가장 적절한 것을 고르시오. [3점] 2010.09. 평가원 기출

With no attempt there can be no failure and with no failure no humiliation. So our self-esteem in this world depends entirely on what we back ourselves to be and do. It is determined by the ratio of our actualities to our supposed potentialities. Thus, _____. This illustrates how every rise in our levels of expectation entails a rise in the dangers of humiliation. What we understand to be normal is critical in determining our chances of happiness. It also hints at two ways for raising our self-esteem. On the one hand, we may try to achieve more; and on the other, we may reduce the number of things we want to achieve. The advantages of the latter approach lie in the following statement: To give up pretensions is as blessed a relief as to get them gratified.

① the higher your expectations are, the more you will achieve
② self-esteem can be increased by lowering actualities
③ success divided by pretensions equals self-esteem
④ early failures in life may lead to happiness later in life
⑤ more supposed potentialities increase chances of happiness

216

다음 글의 빈칸에 들어갈 말로 가장 적절한 것을 고르시오. 2010.09. 평가원 기출

The most obvious salient feature of moral agents is a capacity for rational thought. This is an uncontested necessary condition for any form of moral agency, since we all accept that people who are incapable of reasoned thought cannot be held morally responsible for their actions. However, if we move beyond this uncontroversial salient feature of moral agents, then the most salient feature of actual flesh-and-blood (as opposed to ridiculously idealized) individual moral agents is surely the fact that every moral agent _____ _____ every moral problem situation. That is, there is no one-size-fits-all answer to the question "What are the basic ways in which moral agents wish to affect others?" Rather, moral agents wish to affect 'others' in different ways depending upon who these 'others' are.

① brings multiple perspectives to bear on

② seeks an uncontroversial cure-all solution to

③ follows the inevitable fate of becoming idealized in

④ comes with prejudices when assessing the features of

⑤ sacrifices moral values to avoid being held responsible for

 어휘 & 숙어

 구문 해석

9 다음 글의 빈칸에 들어갈 말로 가장 적절한 것을 고르시오. [3점] 2014. 수능 기출

The success of human beings depends crucially on numbers and connections. A few hundred people cannot sustain a sophisticated technology. Recall that Australia was colonized 45,000 years ago by pioneers spreading east from Africa along the shore of Asia. The vanguard of such a migration must have been small in number and must have traveled comparatively light. The chances are they had only a sample of the technology available to their relatives back at the Red Sea crossing. This may explain why Australian aboriginal technology, although it developed and elaborated steadily over the ensuing millennia, was lacking in so many features of the Old World — elastic weapons, for example, such as bows and catapults, were unknown, as were ovens. It was not that they were 'primitive' or that they had mentally regressed; it was that they _____ and did not have a dense enough population and therefore a large enough collective brain to develop them much further.

* catapult 투석기

① were too tightly connected to develop new technologies
② focused on developing and elaborating elastic weapons
③ had arrived with only a subset of technologies
④ inherited none of their relatives' technologies in Africa
⑤ failed to transfer their technical insights to the Old World

어휘 & 숙어

구문 해석

A sovereign state is usually defined as one whose citizens are free to determine their own affairs without interference from any agency beyond its territorial borders.

(A) No citizen could be a full member of the community so long as she was tied to ancestral traditions with which the community might wish to break — the problem of Antigone in Sophocles' tragedy. Sovereignty and citizenship thus require not only borders in space, but also borders in time.

(B) Sovereignty and citizenship require freedom from the past at least as much as freedom from contemporary powers. No state could be sovereign if its inhabitants lacked the ability to change a course of action adopted by their forefathers in the past, or even one to which they once committed themselves.

(C) But freedom in space (and limits on its territorial extent) is merely one characteristic of sovereignty. Freedom in time (and limits on its temporal extent) is equally important and probably more fundamental.

* sovereign 주권의 ** territorial 영토의

① (A) − (C) − (B)   ② (B) − (A) − (C)
③ (B) − (C) − (A)   ④ (C) − (A) − (B)
⑤ (C) − (B) − (A)

어휘 & 숙어

구문 해석

킁킁 04 연결사의 생략

연결사의 생략

S + V ~ 연결사, S + V ~.   ➔ S + V ~. 대체연결사, S + V ~.

➔ S + V ~. Ø S + V ~.

➔ S + V ~; S + V ~.

❶ 생략 이유

① **모든 문장 사이에 존재하는** 연결사는 대부분 사족(蛇足)

② 문제 해결의 결정적 역할을 하는 경우

③ 문맥상 (쉽게) 짐작 가능한 경우

❷ 의도

① **연결사에만 의존하는** 겉핥기식의 **해석**을 변별해 낸다.

② (문맥을 모르는) **문장 단위만의 해석**을 변별해 낸다.

'연결사의 생략'에 대한 대책

❶ 모든 **문장과 문장 사이에** 연결사를 넣어본다.

S + V ~. In fact, S + V ~.   ➔ S + V ~. **(And)** In fact, S + V ~.

➔ S + V ~. **(But)** In fact, S + V ~.

❷ (☆요지와 밀접한) 생략되는 연결사 ➔ (유사한 뜻의) 대체연결사

① 역접: But/ However ➔ In fact 類/ **The flip side is that**/ Alternatively

② **양보**: 〈양보〉 Of course ➔ Certainly/ **Yes**/ **It is true that**/ Granted

〈요지〉 But/ However ➔ Nevertheless/ **Yet**/ **Still**/ **Even so**

③ **상관**; But/ However ➔ In contrast/ To the contrary/ On the other hand

➔ **Rather**/ **Instead**

④ **인과**: Therefore/ Thus ➔ **That's why**/ So much so that

⑤ **요약**: In short/ In brief ➔ In a nutshell/ **The bottom line is that**

⑥ 환언: That is/ In other words ➔ That is to say/ Again/ Namely

⑦ 부연/강조: In fact/ In effect ➔ In truth/ In reality/ In deed/ Actually

⑧ 첨가/나열: In addition/ Also ➔ Likewise/ Similarly

⑨ **비유**: Likewise/ In this way ➔ by the same token/ **Analogously**

다음 빈칸에 들어갈 말로 가장 적절한 것을 고르시오. 2025. 수능 기출

Education, at its best, teaches more than just knowledge. It teaches critical thinking: the ability to stop and think before acting, to avoid succumbing to emotional pressures. This is :not: thought control. It is the very reverse: **mental liberation**. Even the most advanced intellectual will be imperfect at this skill. But even imperfect possession of it _____ of being 'stimulus-driven', constantly reacting to the immediate environment, the brightest colours or loudest sounds. Being driven by heuristic responses, living by instinct and emotion all the time, is a very easy way to live, in many ways: thought is effortful, especially for the inexperienced. But emotions are also exhausting, and short-term reactions may not, in the long term, be the most beneficial for health and survival. Just as we reach for burgers for the sake of convenience, storing up the arterial fat which may one day kill us, so our reliance on feelings can do us great harm.

* succumb 굴복하다 ** arterial 동맥의

① intensifies people's danger

② enhances our understanding

③ **frees a person** from the burden

④ allows us to accept the inevitability

⑤ requires one to have the experience

Code 분석 ••

🔍 This is :not: thought control.

🔍 *(Rather,)* It is the very reverse: **mental liberation**. 〈상관〉 ➜ 요지

🔍 Even the most advanced intellectual :will: be imperfect at this skill.

🔍 But even imperfect possession of it **frees a person** from the burden of being 'stimulus-driven', constantly reacting to the immediate ~ . 〈양보, 빈칸〉 ➜ 요지

1 *** 글의 흐름으로 보아, 주어진 문장이 들어가기에 가장 적절한 곳을 고르시오. 2020.03. 교육청 기출

> Historians and sociologists of science have recently corrected this claim by showing how senses other than seeing, including listening, have been significant in the development of knowledge, notable in the laboratory.

If there is any field that is associated with seeing rather than with hearing, it is science. Scholars who emphasize the visual bias in Western culture even point to science as their favorite example. (①) Because doing research seems impossible without using images, graphs, and diagrams, science is — in their view — a visual endeavor par excellence. (②) They stress that scientific work involves more than visual observation. (③) The introduction of measurement devices that merely seem to require the reading of results and thus seeing has not ruled out the deployment of the scientists' other senses. (④) On the contrary, scientific work in experimental settings often calls for bodily skills, one of which is listening. (⑤) The world of science itself, however, still considers listening a less objective entrance into knowledge production than seeing.

* deployment 사용

2

주어진 글 다음에 이어질 글의 순서로 가장 적절한 것을 고르시오. [3점] 2021. 수능 기출

Experts have identified a large number of measures that promote energy efficiency. Unfortunately many of them are not cost effective. This is a fundamental requirement for energy efficiency investment from an economic perspective.

(A) And this has direct repercussions at the individual level: households can reduce the cost of electricity and gas bills, and improve their health and comfort, while companies can increase their competitiveness and their productivity. Finally, the market for energy efficiency could contribute to the economy through job and firms creation.

(B) There are significant externalities to take into account and there are also macroeconomic effects. For instance, at the aggregate level, improving the level of national energy efficiency has positive effects on macroeconomic issues such as energy dependence, climate change, health, national competitiveness and reducing fuel poverty.

(C) However, the calculation of such cost effectiveness is not easy: it is not simply a case of looking at private costs and comparing them to the reductions achieved.

* repercussion 반향, 영향 ** aggregate 집합의

① (A) − (C) − (B) 　　② (B) − (A) − (C)
③ (B) − (C) − (A) 　　④ (C) − (A) − (B)
⑤ (C) − (B) − (A)

3 다음 빈칸에 들어갈 말로 가장 적절한 것을 고르시오. [3점]   2022.09. 평가원 기출

There was nothing modern about the idea of men making women's clothes — we saw them doing it for centuries in the past. In the old days, however, the client was always primary and her tailor was an obscure craftsman, perhaps talented but perhaps not. She had her own ideas like any patron, there were no fashion plates, and the tailor was simply at her service, perhaps with helpful suggestions about what others were wearing. Beginning in the late nineteenth century, with the hugely successful rise of the artistic male couturier, it was the designer who became celebrated, and the client elevated by his inspired attention. In a climate of admiration for male artists and their female creations, the dress-designer first flourished as the same sort of creator. Instead of the old rule that dressmaking is a craft, _____ was invented that had not been there before.

* obscure 무명의 ** patron 후원자 *** couturier 고급 여성복 디자이너

① a profitable industry driving fast fashion
② a widespread respect for marketing skills
③ a public institution preserving traditional designs
④ a modern connection between dress-design and art
⑤ an efficient system for producing affordable clothing

4 다음 글의 빈칸에 들어갈 말로 가장 적절한 것을 고르시오. [3점] 2013. 수능 기출

By likening the eye to a camera, elementary biology textbooks help to produce a misleading impression of what perception entails. Only in terms of the physics of image formation do the eye and camera have anything in common. Both eye and camera have a lens that focuses light rays from the outside world into an image, and both have a means of adjusting the focus and brightness of that image. Both eye and camera have a light-sensitive layer onto which the image is cast (the retina and film, respectively). However, image formation is only the first step towards seeing. _____ obscure the much more fundamental difference between the two, which is that the camera merely records an image, whereas the visual system interprets it.

① Apparent differences in the focusing power of a lens
② Superficial analogies between the eye and a camera
③ Contrasts in light adaptation between the retina and film
④ Misunderstandings of image formation in the eye and a camera
⑤ Close relationships between image formation and interpretation

5 다음 글의 밑줄 친 부분 중, 문맥상 낱말의 쓰임이 적절하지 않은 것은?　　2013.07. 교육청 기출

The decline in manufacturing will inevitably bring about a new protectionism. The first reaction to a period of turbulence is to try to build a wall that ① shields one's own garden from the cold winds outside. But such walls no longer protect businesses that do not meet world standards. It will only make them more ② prosperous. The best example is Mexico, which had a deliberate policy of building its domestic economy ③ independent of the outside world. It did this not only by building high walls of protectionism to keep foreign competition out, but by practically forbidding its own companies to export. This attempt to create a purely Mexican economy ④ failed. Mexico actually became increasingly dependent on imports from other countries. It was finally ⑤ obliged to open itself to the outside world.

> Even so, it is not the money *per se* that is valuable, but the fact that it can potentially yield more positive experiences.

 Money — beyond the bare minimum necessary for food and shelter — is nothing more than a means to an end. Yet so often we confuse means with ends, and sacrifice happiness (end) for money (means). It is easy to do this when material wealth is elevated to the position of the ultimate end, as it so often is in our society. (①) This is not to say that the accumulation and production of material wealth is in itself wrong. (②) Material prosperity can help individuals, as well as society, attain higher levels of happiness. (③) Financial security can liberate us from work we do not find meaningful and from having to worry about the next paycheck. (④) Moreover, the desire to make money can challenge and inspire us. (⑤) Material wealth in and of itself does not necessarily generate meaning or lead to emotional wealth.

* *per se* 그 자체로

7 다음 글의 빈칸에 들어갈 말로 가장 적절한 것은? [3점]   2015.09. 평가원 기출

True understanding inevitably requires a knowledge of context. At the zoo, visitors may witness a great beast pacing behind the bars of its cage. They may observe and admire the creature, its amazing bone structure, and its magnificent coat. However, no matter how long visitors spend in front of that cage, they will never truly understand the beast. True understanding can only come from seeing the creature in its natural surroundings and, in turn, the ways in which its presence affects its environment. To fully understand science, it must be considered within the society in which it functions. Science is not conducted in a _____. It is embedded within a social fabric, and just as a flesh-and-blood beast influences and is influenced by its environment, so too do science and society mutually influence one another.

① vacuum   ② pattern   ③ moment
④ community   ⑤ conflict

 어휘 & 숙어

 구문 해석

글의 흐름으로 보아, 주어진 문장이 들어가기에 가장 적절한 곳을 고르시오.   2019.06. 평가원 기출

> Rather, happiness is often found in those moments we are most vulnerable, alone or in pain.

　We seek out feel-good experiences, always on the lookout for the next holiday, purchase or culinary experience. This approach to happiness is relatively recent; it depends on our capacity both to pad our lives with material pleasures and to feel that we can control our suffering. (①) Painkillers, as we know them today, are a relatively recent invention and access to material comfort is now within reach of a much larger proportion of the world's population. (②) These technological and economic advances have had significant cultural implications, leading us to see our negative experiences as a problem and maximizing our positive experiences as the answer. (③) Yet, through this we have forgotten that being happy in life is not just about pleasure. (④) Comfort, contentment and satisfaction have never been the elixir of happiness. (⑤) Happiness is there, on the edges of these experiences, and when we get a glimpse of *that* kind of happiness it is powerful, transcendent and compelling.

* culinary 요리의 ** elixir 특효약 *** transcendent 뛰어난

9 *** 다음 글의 밑줄 친 부분 중 문맥상 낱말의 쓰임이 적절하지 <u>않은</u> 것은? [3점]

2015.07. 교육청 기출

The dominance of conclusions over arguments is most pronounced where emotions are involved. The psychologist Paul Slovic has proposed a theory in which people let their likes and dislikes determine their beliefs about the world. Your political ① <u>preference</u> determines the arguments that you find compelling. If you like the current health policy, you believe its benefits are substantial and its costs ② <u>more</u> manageable than the costs of alternatives. If you are a hawk in your attitude toward other nations, you probably think they are relatively weak and likely to ③ <u>submit</u> to your country's will. If you are a dove, you probably think they are strong and will not be easily persuaded. Your emotional attitude to such things as red meat, nuclear power, tattoos, or motorcycles ④ <u>follows</u> your beliefs about their benefits and their risks. If you ⑤ <u>dislike</u> any of these things, you probably believe that its risks are high and its benefits negligible.

10 *** 다음 빈칸에 들어갈 말로 가장 적절한 것을 고르시오. [3점]   2024. 수능 기출

There have been psychological studies in which subjects were shown photographs of people's faces and asked to identify the expression or state of mind evinced. The results are invariably very mixed. In the 17th century the French painter and theorist Charles Le Brun drew a series of faces illustrating the various emotions that painters could be called upon to represent. What is striking about them is that _____

_____. What is missing in all this is any setting or context to make the emotion determinate. We must know who this person is, who these other people are, what their relationship is, what is at stake in the scene, and the like. In real life as well as in painting we do not come across just faces; we encounter people in particular situations and our understanding of people cannot somehow be precipitated and held isolated from the social and human circumstances in which they, and we, live and breathe and have our being.

* evince (감정 따위를) 분명히 나타내다 ** precipitate 촉발하다

① all of them could be matched consistently with their intended emotions
② every one of them was illustrated with photographic precision
③ each of them definitively displayed its own social narrative
④ most of them would be seen as representing unique characteristics
⑤ any number of them could be substituted for one another without loss

어휘 & 숙어

구문 해석

정답과
해설

Code 01 강조구문

예시 정답 ①

해석

서로 다른 학문이 자전적 기억을 어떻게 이해하려고 하는지 설명하려고 노력할 때, 문학평론가 Daniel Albright는 '심리학은 정원이고, 문학은 황무지이다.'라고 말했다. 내가 믿기에, 그는 심리학은 패턴을 만들고, 규칙성을 찾으며, 궁극적으로 인간의 경험과 행동에 질서를 부여하고자 한다는 것을 의미했다. 반면에, 작가는 제멋대로 굴고, 길들여지지 않은 인간 경험의 깊이를 파고든다. 기억을 이해하는 것에 관해 그가 말한 것은 어린아이의 마음에 관한 우리의 질문으로 확장될 수 있다. 만약 우리 심리학자들이 질서 있는 패턴, 즉 아이 마음의 규칙성을 밝히는 데 너무 열중한다면, 우리는 우리 주제의 본질적이고 널리 퍼져 있는 특성, 즉 아이가 지닌 더 제멋대로 굴고 상상력이 풍부한 말하기 방식과 생각하기 방식을 놓칠 수도 있다. 다소 거칠고 색다른 사고방식에 끌리는 것처럼 보이는 것은 비단 성숙한 작가나 문학 연구가뿐만이 아니라, 어린아이도 역시 그렇다. 어린아이에게 관심이 있는 심리학자는 아이가 어떻게 생각하는지에 관한 상황을 잘 파악하기 위해 위험을 무릅쓰고 조금 더 자주 황무지에 발을 들여놓아야 할지도 모른다.

요지문

· **It is** not only the developed writer or literary scholar **who** seems drawn toward a somewhat wild and idiosyncratic way of thinking; young children are as well.

어휘

· discipline 학문　　　　　· autobiographical 자전적인
· wilderness 황무지, 황야　· regularity 규칙성
· untamed 길들여지지 않은　· bent on ~에 열중하는

1 정답 ④

해석

우리는 연구실로 찾아와 어떻게 매우 열심히 공부했지만 그런데도 시험에 떨어질 수 있었는지를 묻는 학생들과 때때로 마주친다. 그들은 보통 그들이 교과서와 수업의 노트 필기를 읽고 또 읽으며 시험을 볼 때까지는 모든 것을 잘 이해한다고 생각했다고 우리에게 말한다. 그리고 그들은 아마도 그 자료의 몇몇 이런저런 것들을 정말로 내면화했겠지만, 안다는 것에 대한 잘못된 생각 때문에 그 해당 과정의 개념들을 반복적으로 접하는 것으로부터 얻은 낯익음과 그 개념들에 대한 실제적인 이해를 혼동하게 만들었다. 일반적으로 글을 되풀이하여 읽다 보면 실제 지식에 있어서 수확 체감이 생기지만, 친숙함이 증대되면서 이해했다는 그릇된 느낌이 생겨난다. 오직 우리 자신을 시험함으로써 우리는 우리가 정말로 이해하고 있는지 아닌지를 실제로 결정할 수 있다. 그것이 선생님들이 시험을 치르고, 또한 최선의 시험이 심도 있는 수준에서 지식을 캐묻는 한 이유이다.

요지문

· **Only** by testing ourselves can we actually determine whether or not we really understand.

어휘

· encounter 마주치다　　· internalize 내면화하다
· familiarity 친숙함　　　· exposure 노출
· yield 생산하다, 낳다　　· diminishing returns 수확 체감

2 정답 ④

해석

대부분의 소매점에서 가격은 소매상에 의해 결정되지만, 이 말은 이 가격이 시간이 지나면서 시장의 힘에 조정되지 않는다는 것을 의미하는 것은 아니다. 그 어느 특정한 날에도 우리는 모든 제품에 명확한 가격표가 붙어 있다는 것을 안다. 그러나 이 가격은 날마다 또는 주마다 다를 수 있다. 도매상에게서 농부가 받는 가격은 소매상이 소비자에게 부과하는 가격보다 그날그날 훨씬 더 유동적이다. 예를 들어, 악천후가 감자의 흉작을 초래한다면, 슈퍼마켓이 감자에 대해 도매상에게 지급해야 하는 가격이 상승할 것이고, 이것은 그들이 자기 가게의 감자에 매기는 가격에 반영될 것이다. 따라서 이 가격은 더 광범위한 감자 시장에서의 수요와 공급의 상호 작용을 정말로 반영하는 것이다. 그 가격이 수요와 공급에서의 지역적 변동을 반영하기 위해 슈퍼마켓에서 시간마다 바뀌지는 않지만, 그 가격은 문제의 상품의 전체적인 생산과 수요의 기저에 있는 상황을 반영하기 위해 시간이 지나면서 정말로 바뀐다.

요지문

· Thus, these prices **do** reflect the interaction of demand and supply in the wider marketplace for potatoes.
· they **do** change over time to reflect the underlying conditions of the overall production of and demand for the goods in question.

어휘

· retail outlet 소매점　　· retailer 소매상　　· wholesaler 도매상

해석

특정한 목적으로 여전히 많이 이용되고 있는, 과학에 대한 개인주의적인 수사적 표현 형태에 따르면, 발견은 실험실에서 이루어진다. 발견은 영감을 받은 인내, 솜씨 있는 손, 그리고 탐구적이지만 편견이 없는 정신의 산물이다. 더욱이, 발견은 자신을 변호하는데, 바꾸어 말하면, 발견은 적어도 매우 강력하고 매우 끈질기게 말하므로, 편견을 가진 사람들이 그것들을 침묵하게 할 수 없다. 그러한 믿음을 진심으로 가지는 것은 아니라고 가정하는 것은 잘못일 터이지만, 그것들이 공적인 상황에서 행동의 근거를 제공할 수 있다고 생각하는 사람은 거의 없다. 먼저 전문적인 검토자에게 자신의 주장을 검증하도록 허용하지 않은 채로 기자 회견에서 이른바 발견을 발표하는 과학자는 누구나 자동으로 명성을 좇는 사람이라는 혹평을 받는다. 과학적 의사전달의 기준은, 자연은 모호하지 않게 말하지 않으며, 지식은 학문 분야의 전문가들에게 정당성을 인정받지 않은 한 지식이 아니라는 것을 전제한다. 과학적 진실은 집단의 산물이 아닌 한 설 자리가 거의 없다. 어떤 사람의 실험실 안에서 일어나는 것은 과학적 진실 구축의 한 단계에 불과하다.

요지문

• knowledge **isn't** knowledge **unless** it has been authorized by disciplinary specialists

어휘

· prejudiced 편견을 가진 · presuppose 전제하다
· unambiguously 모호하지 않게, 분명하게
· authorize 정당성을 인정하다 · disciplinary (분야별) 학문의
· collective 집단적인

---

4 정답 ③

해석

디지털 보존이 의미하는 바를 정립하려고 할 때 가장 먼저 다루어야 할 질문은 '실제로 무엇을 보존하려고 하는가?'이다. 이는 정보 콘텐츠가 물리적 매체에 풀 수 없게 고정된 아날로그 환경에서는 분명하다. 디지털 환경에서는 매체가 메시지의 일부가 아니다. 비트 스트림은 그것이 읽히는 매체와 관계없이 컴퓨터에서 동일하게 보인다. 물리적 이동 장치가 필요하지만, 원본 매체를 읽을 수 있는 한, 다른 기기에서도 비트 단위의 완벽한 복사본을 저렴하고 쉽게 만들 수 있어서 원본 이동 장치의 보존은 그 중요성이 줄어들고 있다. 디지털 정보를 전달하는 물리적 매체는 대부분의 아날로그 매체에 비해 상당히 취약하기 때문에, 지속적인 보존 과정의 일환으로 디지털 정보를 한 물리적 이동 장치에서 다른 이동 장치로 옮겨야 할 필요가 있을 것으로 예상된다. 보존해야

하는 것은 매체 자체가 아니라 매체에 담긴 정보이다.

요지문

• **It is** not the media itself but the information on the media **that** needs to be preserved.

어휘

· preservation 보존 · address 다루다, 해결하다
· bit stream 비트단위의 전송 데이터
· regardless of ~와 관계없이 · delicate 취약한
· migrate 옮기다, 이동하다

---

5 정답 ①

해석

역사적으로 전문직과 사회는 그들의 관계의 조건을 규정하고자 의도된 협상 과정에 참여해 왔다. 이 과정의 핵심에는 전문직의 자율성 추구와 책임성에 대한 공공의 요구 사이의 긴장이 있다. 사회가 전문직에 권한과 특권을 부여한 것은 사회 복지에 기여하고 더 넓은 사회적 가치와 일치하는 방식으로 자신의 일을 수행하는 그들의 자발성과 능력을 전제로 한다. 전문직의 전문지식과 특권적 지위는 그들이 봉사하는 사람들을 희생시키고서 그들 자신의 이익을 향상시키기 위해 쉽게 이용될 수 있는 권위와 권한을 준다는 것이 오랫동안 인식되어 왔다. Edmund Burke가 두 세기 전에 말했듯이, "인간은 자신의 욕구를 도덕적으로 구속하는 그들의 성향에 정확히 비례해서 시민적 자유를 누릴 자격이 부여된다." 자율성은 일방통행로였던 적이 없었으며 결코 절대적이고 뒤집을 수 없게 주어지는 것은 아니다.

요지문

• **At the heart of this process** is the tension between the professions' pursuit of autonomy and the public's demand for accountability. 〈도치(장소부사)〉

어휘

· accountability 책임(성) · grant 부여하다, 주다
· consistent with ~과 일치하는 · expertise 전문지식
· confer 주다 · observe 말하다
· disposition 성향 · irreversibly 뒤집을 수 없게

해석

개별적이고 문화적으로 형성된 행동과 문화적 통합의 상태 사이의 상호의존성을 인식하는 것은 중요하다. 사람들은 아무리 모순되더라도 자신이 내면화한 문화적 패턴에 의해 제공되는 형태 내에서 일한다. 사상은 다른 수용된 사상의 논

235

리적 영향이나 결과로 도출되고, 이러한 방식으로 문화적 혁신과 발견이 가능하다. 새로운 사상은 논리적 추론을 통해 발견되지만, 그러한 발견은 개념 체계에 내재 및 (일부로서) 내장되어 있고, 오직 그 전제를 수용하기 때문에 가능해진다. 예를 들어, 새로운 소수의 발견은 사용되고 있는 특정 숫자 체계의 '실제' 결과이다. 따라서, 문화적 사상은 이전 사상의 결과물이기 때문에 '진보'와 '발전'을 보여준다. 많은 개인의 축적된 작업은 특정 '발견'이 가능해지거나 가능성이 높아지는 집적된 지식을 생산한다. 그러한 발견은 (이루어지기에) '알맞게 익었고', 더 일찍 발생할 수 없었을 것이며, 또한 다수의 개인에 의해 동시에 이루어질 가능성이 있다.

요지문

* Ideas are worked out as logical implications or consequences of other accepted ideas, and **it is** in this way **that** cultural innovations and discoveries are possible.

어휘

· integration 통합	· internalize 내면화하다
· integral (일부로) 내장된	· premise 전제
· prime number 소수	· cumulative 축적된, 누적의

7 　　　　　　　　　　　　　　　　정답 ⑤

해석

우리가 나사돌리개를 집는 것만큼 겉으로 보기에 간단한 일을 할 때조차도, 우리의 뇌는 무의식적으로 그것이 신체라고 간주하는 것을 도구에 포함하도록 조정한다. 우리는 말 그대로 나사돌리개의 끝부분으로 사물을 느낄 수 있다. 나사돌리개를 들고 손을 뻗을 때, 우리는 무의식적으로 후자(나사돌리개)의 길이를 계산에 넣는다. 우리는 그것의 확장된 끝을 가지고 도달하기 어려운 곳을 탐색할 수 있고, 우리가 탐색하고 있는 것을 이해할 수 있다. 게다가, 우리는 즉시 우리가 들고 있는 나사돌리개를 '자신의' 나사돌리개로 간주하고, 그것에 대해 소유욕을 갖게 된다. 우리는 훨씬 더 복잡한 상황에서도 우리가 사용하는 훨씬 더 복잡한 도구를 두고도 똑같이 한다. 우리가 조종하는 자동차는 순간적이면서도 무의식적으로 우리 자신이 된다. 이것 때문에 우리가 건널목에서 누군가를 짜증나게 한 후에, 그 사람이 우리 자동차의 덮개를 주먹으로 칠 때, 우리는 그것을 자신의 일로 받아들인다. 이것은 항상 합리적인 것은 아니다. 그럴더라도, 기계까지로 자신을 확장하지 않으면 운전하는 것은 불가능할 것이다.

요지문

* Nonetheless, **without** the extension of self into machine, it would be **impossible** to drive.

어휘

· automatically 무의식적으로	· literally 말 그대로
· extend (팔·다리 등을) 뻗다, 확장하다	
· take ~ into account ~을 계산에 넣다	
· comprehend 이해하다	· fist 주먹

8 　　　　　　　　　　　　　　　　정답 ⑤

해석

평판의 힘 덕분에, 우리는 즉각적인 보답을 기대하지 않고 남들을 돕는다. 만일 끝없는 잡담과 관심 덕분에 여러분이 선하고 관대한 사람임을 세상 사람들이 안다면, 여러분은 미래의 어느 날에 다른 누군가에 의해 도움을 받을 가능성을 높인다. 그 역 또한 마찬가지이다. 호의의 형태로, 내가 다른 누구의 등도 긁어주지 않는다는 것이 알려지면, (누군가가) 내 등을 긁어줄 가능성은 더 적어진다. 간접적인 상호 호혜는 이제 '내가 너의 등을 긁어주면, 나의 선한 모범이 다른 사람으로 하여금 똑같이 하도록 부추길 것이며, 운이 좋으면, 누군가 내 등을 긁어줄 것이다.'와 같은 것을 의미한다. 마찬가지로, 우리의 행동은 다른 누군가가 우리를 지켜보고 있거나 우리가 한 일을 알아낼 수도 있다는 가능성에 의해 끊임없이 형성된다. 우리는 흔히 다른 사람이 우리의 행동을 어떻게 여길까라는 생각으로 걱정한다. 이런 식으로 우리의 행동은 어떤 개별적인 자선 행위나 정말로 어떠한 비열한 악의의 행동을 훨씬 넘어서는 결과를 초래한다. 우리가 미래의 그늘 아래 산다는 것을 알면 우리 모두는 다르게 행동한다. 다른 사람이 우리가 한 일을 알아낼 가능성이 항상 있기 때문에 그 그늘은 우리의 행동에 의해 드리워진다.

요지문

* I am **less** likely to get my back scratched, in the form of a favor, if it becomes known that I **never** scratch anybody else's.

어휘

· reputation 평판	· intrigue 관심, 흥미
· charitable 관대한, 자선의	· reciprocity 상호 호혜
· by the same token 마찬가지로	· meanspirited 비열한

9 　　　　　　　　　　　　　　　　정답 ④

해석

사회적 증거의 원리에 따르면, 어떤 상황에서 사람들이 자신에게 적합한 행동을 결정하는 한 가지 방법은 그곳에 있는 다른 사람들의 행동, 특히 유사한 다른 사람들의 행동을 살펴보는 것이다. 사람들이 자신의 의견과 결정의 올바름을 확인하는 것은 바로 선택하는 데 모델 역할을 하는 이러한 다른 사람들과의 사회적 비교를 통해서이다. 그 결과, 사람들은 친구들과 동료들이 행동해 왔던 것처럼 행동하는 경향이 있다. 사회적 증거의 원리 안에서 정보의 중요한 원천은 선택하는 데 모델 역할을 하는 다른 사람들의 반응이기 때문에, 이러한 정보를 이용하는 순응 전술은 집단주의 지향의 국가와 사람들에게 특히 효과적일 것이다. 다시 말해, 개인화된 자아가 중심이자 기준인 경우에, 자기 자신의 행동 이력은 후속 행동에서 크게 비중이 더해질 것이다. 이 점과 관련하여 어떤 증거는 집단 혜택을 홍보하는 광고가 미국(개인주의 사회)보다 한국(집단주의 사회)에서 더 설득력이 있었다는 것을 보여 주는 연구에서 나온다.

요지문

• It is through social comparison with these referent others **that** people validate the correctness of their opinions and decisions.

어휘

· validate 확인하다   · compliance 순응
· collectivistically oriented 집단주의 지향의
· weight 비중을 더하다   · in this regard 이 점과 관련하여

10   정답 ②

해석

유라시아는 우연히 생물학적 풍부함으로 축복받았을 뿐만 아니라 그 대륙의 바로 그 방향은 멀리 떨어진 지역 간의 농작물들의 확산을 크게 촉진시켰다. 초대륙 판게아가 조각났을 때, 그것은 유라시아를 동서 방향으로 가로지르는 넓은 땅덩어리로 그저 우연히 남겨두게 되었던 갈라진 틈을 따라 분열되었다. 그 전체 대륙은 세계를 둘러싼 거리의 3분의 1보다 더 많이, 하지만 대부분 상대적으로 좁은 위도의 범위 내에서 뻗어있다. 바로 그 지구의 위도가 기후와 성장 계절의 길이를 주로 결정하기 때문에, 유라시아의 한 지역에서 재배된 농작물들은 새로운 장소에의 적응에 대한 단지 최소한의 필요만 지닌 채 대륙을 가로질러 이식될 수 있다. 그러므로 예를 들어 밀 재배는 터키의 고지대로부터 메소포타미아 전역, 유럽으로, 그리고 인도에 이르기까지 손쉽게 퍼져나갔다. 대조적으로 아메리카의 한 쌍의 대륙은 북남 방향으로 놓여 있다. 이곳에서는 한 지역에서 본래 재배된 농작물들이 또 다른 지역으로 퍼지는 것은 식물종을 다른 성장 환경에 재적응시키는 훨씬 더 어려운 과정을 야기했다.

요지문

• it is the latitude on the Earth **that** largely determines the climate and length of the growing season

어휘

· supercontinent 초대륙   · landmass 대륙, 땅덩어리

· latitude 위도   · domesticate 길들이다, 재배하다
· transplant 이식하다   · cultivation 경작, 배양

Code 02   양보구문 [1]

예시   정답 ①

해석

여러 번 반복하여 말했던 이야기를 다시 말하기 시작할 때, 기억에서 되찾는 것은 이야기 자체에 대한 지표이다. 그 지표는 다양한 방식으로 윤색될 수 있다. 시간이 흐르면서, 그 윤색된 것들조차도 표준화된다. 한 노인이 수백 번 말한 이야기는 변형을 거의 보이지 않으며, 실제로 존재하는 것이면 어떤 변형이든 그것의 기원에 관계없이 이야기 자체의 일부가 된다. 사람들은 일어났을 수도, 또는 일어나지 않았을 수도 있는 세부 사항을 자신들의 이야기에 덧붙인다. 그들은 지표들을 기억해 내고 세부 사항들을 재구성하고 있는 것이다. 만약, 그것의 타당성에 대해 정말로 확신하지 못한 채 어떤 시점에 그들이 멋진 세부 사항을 덧붙인다면, 동일한 그 세부 사항과 함께 몇 번 더 그 이야기를 말하다보면 그것은 이야기 지표에서 영구적인 위치를 확보할 것이다. 다시 말해 우리가 되풀이해서 말하는 이야기는 그 이야기가 전달하는 사건들에 대해 우리가 가지고 있는 기억과 동일하다.

요지문

• Over time, **even** the embellishments become standardized.
• any variation that does exist becomes part of the story itself, **regardless of** its origin

어휘

· retrieve 되찾다   · index 지표, 색인
· standardize 표준화하다   · variation 변형
· validity 타당성   · permanent 영구적인

1   정답 ②

해석

어떤 정책 과정이 사용되든, 그리고 그 정책 과정이 얼마나 민감하고 차이를 얼마나 존중하든, 정치적 견해는 억압될 수 없다. 다시 말해, 정치적 견해에는 끝이 없다(다양성이 있을 수밖에 없다). 적절한 제도, 지식, 협의 방법, 혹은 참여 장치가 의견 차이를 사라지게 할 수 있다고 생각하는 것은 잘못이다. 온갖 종류의 이론이 의견 차이가 없애기 위하여 그것을 처리하거나 다룰 수 있는 방법들이 있다는 견해를 조장한다. 그런 이론들의 배경에 있는 전제는, 의견 차이는 잘못된

것이고 의견 일치가 바람직한 상황이라는 것이다. 사실, 몇몇 형태의 교묘한 강압이 없이 의견 일치가 이뤄지는 일은 드물며, 이견을 표현할 때에 두려움이 없는 것이 진정한 자유의 원천이다. 논쟁은 이견들을 자주 더 나은 쪽으로 전개시키지만, 긍정적으로 전개되는 논쟁이 반드시 의견 차이의 감소와 동일한 것은 아니다. 의견 차이의 억압이 결코 정치 숙의의 목표가 되어서는 안 된다. 정치적 의견 차이가 정상적인 상황이 아니라는 어떠한 의견에도 맞서는 방어가 필요하다.

요지문
· Politics cannot be suppressed, **whichever** policy process is employed and **however** sensitive and respectful of differences it might be.

어휘
· politics 정치적 견해, 정치, 정치학 · suppress 억압하다
· institution 제도, 기관, 조직 · consultation 협의, 토의, 상담
· state of things 상황 · genuine 진정한, 진짜의

---

2  정답 ②

해석
교통 기반 시설이 오늘날에는 우리가 여행하는 '곳'을 정할 수 있지만, 여행의 초기시대에는 사람들의 여행 가능 여부를 결정했다. 교통의 발전과 향상은 현대의 관광산업이 대규모로 발전해서 전 세계의 수십억 명의 사람들의 삶의 일상적인 부분이 될 수 있게 하는 데 가장 중요한 요인 중 하나였다. 또 하나의 중요한 요인은 그 어느 때보다도 더 효율적으로 공장 제품이 소비자에게 운송되게 만든 산업화였다. 기술적 진보가 지방과 지역, 그리고 전 세계의 교통망이 폭발적으로 확대되는 토대를 제공했고, 여행을 더 빠르고, 더 쉽고, 더 값싸게 만들었다. 이것은 관광객을 창출하고 받아들이는 새로운 지역을 만들어 냈을 뿐만 아니라 숙박 시설 같은 관광 산업 기반 시설에서의 여타의 많은 변화를 유발했다. 그 결과 교통 기반 시설과 서비스의 이용 가능성이 관광 산업의 기본적인 전제 조건으로 간주되어 왔다.

요지문
· **While** the transportation infrastructure may shape where we travel today, in the early eras of travel, it determined whether people could travel at all.

어휘
· era 시대 · prompt 유발하다, 촉발하다
· a host of 많은, 다수의 · accommodation 숙박 시설
· fundamental 기본적인, 근본적인 · precondition 전제 조건

---

3 정답 ③

해석
수렵채집인 조상들에게는 계획을 세우고 그 계획대로 끝까지 해 내는 것이 도움이 되었을 것이다. 도구가 필요할 때 그저 손에 잡히는 것은 어느 것이나 사용하려고 하는 것이 아니라 신중하고 계획적으로 도구 제작의 기술을 개발하는 것이 매우 유익했을 것인데 그 개발로부터의 이득은 수년 이후에나 얻을 수 있었을 것이다. 하지만 수렵채집인의 삶의 많은 부분은 (돌발적으로) 발생하는 사건들 때문에 계획될 수 없는 것이다. 지나가는 영양 떼를 바라보면서 "사실 수요일은 내가 꿀을 따는 날이야."라고 말하는 것은 정말이지 좋은 반응이 아니었을 것이다. 수렵채집인에게 있어서 삶은 그것(현재 발생하고 있는 자극)이 지나가는 사냥감이든, 지나가는 사냥감의 부족함이든, 다른 사람들에 의한 공격이든, 집단의 구성에 있어서의 변화든, 혹은 무수한 다른 가능성이든, 현재 발생하고 있는 자극에 대한 일련의 긴급한 즉흥적 행위였을 것이다. (사건이 발생하는 그 순간) 즉각적으로 계획을 단념하고 무엇이 우연히 발생하든 그것에 대응하여 활기차고 자동적인 신체 반응을 이끌어 낼 수 있었던 사람들이 성공했을 것이다.

요지문
· Life for a hunter-gatherer would be a series of urgent improvisations on the stimuli occurring right now, **be they** passing prey, the lack of passing prey, attacks by others, changes in the make-up of the group, or countless other possibilities.

어휘
· pay-off 이익, 이득 · wildebeest (남아프리카산) 영양, 누
· improvisation 즉흥(적 행위) · stimuli 자극(stimulus의 복수형)
· mobilize 이끌어 내다, 동원하다
· spontaneous 자동적인, 자발적인

---

4  정답 ④

해석
일반적인 방식으로 음악적 행동이나 인식의 모형을 만들려는 시도는 어떤 것이든 어려움으로 가득 차 있다. 인식의 모형과 관련하여, 우리가 특정 문화와 역사적 환경에 국한하더라도, 우리가 누구의 인식을 모형으로 만들려고 하고 있는지에 관한 의문이 생긴다. 분명, 음악에 대한 인식은 다양한 수준의 훈련을 받은 청취자마다 크게 다르며, 사실, 음악 교육의 큰 부분은 이러한 청취 과정을 개발하고 풍부하게 하는 (따라서 변화시킬 가능성이 있는) 데 할애되고 있다. 이것이 사실일 수도 있지만, 나는 여기서는 인식의 아주 기본적인 측면, 특히 박자 및 조성과 같이 청취자 간에 비교적 일관성

이 있다고 내가 믿고 있는 측면에 관심을 두고 있다. 예를 들어, 대부분 사람은 전형적인 민요나 클래식 곡에서 '박자를 찾을' 수 있다는 일화적 증거가 있다. 이것이 이 점에 있어 완전한 일치가 있다는 것을 의미하는 것은 아니고, 전문가들 사이에서도 곡의 음조나 박자를 듣는 방법에 대해 이따금 의견 차이가 있을 수도 있다. 하지만 나는 <u>우리 사이의 공통점이 차이점보다 훨씬 더 크다고</u> 믿는다.

요지문

• **While** this may be true, I am concerned here with <u>fairly basic aspects of perception</u> – particularly meter and key – which I believe are relatively consistent across listeners.

어휘

· confine 국한하다   · be devoted to ~에 할애되다
· meter 박자   · key (장·단조의) 조성
· uniformity 일치, 통일성   · tonality 조성

 5   정답 1. ③ , 2. ⑤(→ vary)

해석

우리가 비판적 사고를 '의사결정을 안내하기 위한 증거의 검증 및 평가'로 이해한다면, 윤리적 사고는 윤리적 사안을 식별하고 이러한 사안을 다양한 관점에서 평가하여 어떻게 대응할지를 안내하는 것이다. 이러한 형태의 윤리는 더 높은 수준의 개념적 윤리나 이론과는 구별된다. 이러한 관점에서 윤리적 사안이나 문제의 본질은 명백하게 옳거나 그른 대응이 없다는 것이다. 따라서 학생들은 규정된 일련의 윤리 규범이나 규칙을 따르는 것보다는 윤리적 문제를 충분히 생각하는 법을 배우는 것이 필수적이다. 비록 윤리적인 행동이 '옳다고 여겨지는 행동 원칙에 따라' 행동하는 것으로 정의된다고 하더라도, 이러한 원칙은 개인 간 그리고 개인 내에서도 다를 수 있다는 인식을 장려할 필요가 있다. 개인이 가치 있게 여기는 것은 그들의 공식적이고 또 비공식적인 학습 경험에 의해 영향받은 사회적, 종교적, 혹은 시민으로서의 신념과 관련이 있다. 개인의 관점은 또한 상황에 따라 달라질 수도 있는데, 이는 다른 환경에서, 다른 시간에, 그들이 다른 감정을 느끼고 있을 때, 동일한 개인이 다른 선택을 할 수도 있음을 의미한다. 따라서 윤리적 사안을 분석하고 윤리적으로 사고하기 위해서는 자신의 '행동 규범'에 영향을 미치는 개인적 요인들과, 이것들이 어떻게 일치할(→ 달라질) 수 있는지 이해하며, 그와 동시에 다른 사람들의 행동 규범과 의사결정에 영향을 미치는 요소들이 다를 수 있는 점을 인식하고 받아들이는 것이 필요하다.

요지문

• **although** being ethical is defined as acting 'in accordance with the principles of conduct that are considered correct',

these principles vary both between and within individuals

어휘

· identification 검증, 식별   · distinct 구별되는[뚜렷이 다른]
· prescribe 규정[지시]하다, 처방하다 · recognition 인식, 인정
· in accordance with ~에 따라
· coincide 일치하다, 동시에 일어나다

 6   정답 ⑤

해석

사진이 나오기 전에는 장소들이 잘 이동하지 않았다. 화가들이 항상 특정한 장소를 그것의 '거주지'에서 벗어나게 해 다른 곳으로 이동시켜 왔지만, 그림은 제작에 시간이 많이 걸렸고, 상대적으로 운반이 어려웠고, 단품 수주 생산이었다. 사진의 증가는 특히, 신문, 정기간행물, 책 그리고 광고에서 사진의 기계적인 복제를 가능하게 한 1880년대 하프톤 판의 도입으로 이루어졌다. 사진은 소비자 자본주의와 결합하게 되었고 이제 세계는 '이전에는 전혀 사용되지 않거나 단 한 명의 고객을 위한 그림으로만 사용되었던 인물, 풍경, 사건들을 무제한의 양으로 제공받았다'. 자본주의가 세계를 '백화점'으로 정리함에 따라, '표현물의 확산과 유통은… 극적이고 사실상 피할 수 없는 세계적 규모를 달성했다'. 점차 사진은 세계를 가시적이고, 미적이며, 탐나게 만드는 값싼 대량생산품이 되었다. 경험들은 그것을 저렴한 이미지로 바꿈으로써 '대중화'되었다. 가볍고 작고 대량으로 제작된 사진은 장소의 시공간적 순환을 위한 역동적인 수단이 되었다.

요지문

• **While** painters have always lifted particular places out of their 'dwelling' and transported them elsewhere, paintings were time-consuming to produce, <u>relatively difficult to transport</u> and one-of-a-kind.

어휘

· dwelling 거주지   · one-of-a-kind 단 하나뿐인 것
· periodical 정기간행물   · figure 인물
· circulation 유통, 순환   · spectacular 극적인

7   정답 ④

해석

물리학자에게, '1초'의 지속 시간은 정확하고 분명한데, 그것(1초의 지속 시간)은 동위원소인 세슘−133의 두 개의 에너지 준위 사이의 전이와 연관된 9,192,631,770번의 진동수 주기와 같다. 하지만 심리적 경험의 영역에서, 시간의 단위를 수량화하는 것은 상당히 서투른 작업이다. 사람들에게서 태양이든, 신체적 피로든, 아니면 시계 자체든, '실제' 시간 신호

를 제거할 때, 오래지 않아 그들의 시간 감각은 고장이 난다. 그리고 사람들이 경험하는 지속 시간에 대한 인식을 만들어 내는 것은 시계에 나타나는 시간이 아니라 일반적으로 부정확한 이 심리적 시계이다. 이론상, 정신적으로 시간의 지속 시간을 늘리는 사람은 더 느린 템포를 경험할 것이다. 야구공이 두 명의 서로 다른 타자에게 던져진다고 상상해 보라. 공은 50초 동안 5초마다 던져지므로, 합해서 10개의 공이 던져진다. 우리는 이제 두 명의 타자에게 얼마나 많은 시간이 지나갔는지를 묻는다. (치는 것을 좋아하는) 1번 타자는 그 지속 시간이 40초라고 느낀다. (야구를 지루해하는) 2번 타자는 그것이 60초라고 믿는다. 다시 말해서, 인식된 템포(속도)는 1번 타자에게 더 빠르다.

요지문

· When people are removed from the cues of "real" time – **be it** the sun, bodily fatigue, or timepieces themselves – it doesn't take long before their time sense breaks down.

어휘

· physicist 물리학자
· frequency 진동수
· realm 영역
· fatigue 피로

· unambiguous 분명한
· transition 전이
· quantify 수량화하다
· timepiece 시계

 8 정답 ④

해석

Emma Brindley는 이웃 새와 낯선 새의 노래에 유럽 울새가 보이는 반응을 조사해왔다. 유럽 울새의 크고 복잡한 노래 목록에도 불구하고, 그것은 이웃 새와 낯선 새의 노래를 구별할 수 있었다. 낯선 새의 테이프 녹음소리를 들었을 때, 그것은 이웃 새의 노래를 들었을 때 그랬던 것보다, 더 빨리 노래를 부르기 시작했고, 더 많은 노래를 불렀으며, 더 자주 자기 노래를 재생된 노래와 겹치게 불렀다. Brindley가 말하는 것처럼, 노래를 겹치게 하는 것은 공격적인 반응일 수도 있다. 그러나 이웃 새와 낯선 새에 대한 반응의 이러한 차이는, 이웃 새의 영역과 실험 대상이 되고 있는 그 새의 영역 사이의 경계에 놓인 확성기로 이웃 새의 노래를 틀었을 때만 발생했다. 같은 이웃 새의 노래를 다른 경계, 즉 실험 대상의 영역을 또 다른 이웃 새의 영역과 분리해 주는 경계에서 틀었을 경우, 그것은 낯선 새의 울음으로 취급되었다. 이 결과는 울새가 장소를 친숙한 노래와 연관시킨다는 것을 입증할 뿐만 아니라, 또한 (녹음소리) 재생 실험에 사용되는 노래의 선택이 매우 중요하다는 것을 보여 준다.

요지문

· **Despite** the large and complex song repertoire of European robins, they were able to discriminate between the songs of neighbors and strangers.

어휘

· repertoire (할 수 있는) 목록
· playback (녹음, 녹화의) 재생(내용)
· locality 장소, 지역성

· overlap 겹치게 하다
· boundary 경계

 9 정답 ④

해석

풍향은 보통 단순한 풍향계를 사용하여 측정한다. 이것은 단순히 회전축에 고정된 일종의 노 모양의 물체로, 바람을 받으면 바람이 방해받지 않고 지나가도록 돌아간다. 방향은 기록되지만, 만약 여러분이 산들바람이 부는 날에 바람 풍향계를 볼 기회가 있다면, 여러분은 바람의 흐름 방향에 많은, '그야말로 많은' 변화가 있다는 것을 보게 될 것이다! 때때로 바람은 1~2분 이내에 거의 모든 방향에서 불어올 수 있다. 이것을 어느 정도 이해하기 위해, 때때로 한 시간에 걸친 평균적인 풍향을 계산하거나, 때때로 그 한 시간 동안 바람이 가장 많이 불어온 방향을 기록한다. **어느 쪽이든**, 그것은 일반화된 것이고, 데이터에는 많은 변화가 있을 수 있다는 것을 기억하는 것이 중요하다. 기상 관측소에서 기록되는 데이터는 한 지역에서의 우세한 상태를 나타내지만 기상 관측소로부터 어느 정도 떨어진 지형의 상태와 정확하게 같지는 않을 것임을 기억하는 것도 중요하다.

요지문

· **Either way**, it is a generalization, and it's important to remember that there can be a lot of variation in the data.

어휘

· make sense of ~을 이해하다
· mount 고정하다, 설치하다
· generalization 일반화

· paddle 노 모양의 물체
· obstruction 방해, 차단
· prevailing 우세한

 10 정답 ①

해석

이상적인 음질은 기술적이고 문화적인 변화에 발맞춰 많이 달라진다. 예를 들어, MP3와 AAC와 같은 새로운 디지털 오디오 포맷들의 발달을 생각해 보아라. 다양한 매체가 매일 우리에게 압축된 데이터 오디오를 제공하며 어떤 사람들은 좀처럼 CD 음질(즉, '기술적으로 우수한' 음질)의 오디오를 경험하지 못한다. 이런 추세가 다른 음질 선호도를 지닌 새로운 청자 세대를 이끌어 낼 수도 있다. Stanford 대학교수인 Jonathan Berger의 연구가 이 논지에 불을 지핀다. Berger는 10년간 매년 대학교 1학년 학생들의 MP3에 대한 선호도를 측정했다. 그는 매년 점점 더 많은 학생들이 CD 음질 오디오보다 MP3를 선호하게 된다고 말한다. 이러한 발견들은 청자들이 점차 압축된 데이터 포맷에 익숙해지며, 그에 맞춰 그들의 듣기 선호도를 바꾼다는 것을 보여 준다. 핵심은 기술적 향상이 (예를 들어, 더 높은 선명도와 더 훌륭한 비트 전송률 같은) 기술적 의미에서 높아진 음질을 얻으려고 애쓰는 반면에, 청자들의 기대는 반드시 같은 길을 따르는 것은 아니라는 점이다. 결과적으로 어떤 경우에는 '향상된, 기술적으로 우수한' 디지털 음질이 <u>그 소리의 인지적 가치 저하를 초래할 수도 있다.</u>

요지문

- **while** technical improvements strive toward increased sound quality in a technical sense (e.g., higher resolution and greater bit rate), listeners' expectations do <u>not necessarily follow the same path</u>

어휘

- accordingly 그에 맞춰
- resolution 선명도

Code 02 양보구문 [2]

예시

정답 ⑤

해석

활동적인 사람은 부끄럼이 많은 사람보다 친구를 더 쉽게 사귈 수 있고 성실한 사람은 성실하지 않은 사람보다 마감 기한을 맞추는 경우가 더 많을 것이라고 흔히들 믿는다. 하지만 Walter Mischel은 성격 특성과 행동 사이의 전형적인 상관관계가 그리 크지 않다는 것을 발견했다. 이 소식은 정말 충격적이었는데, 성격심리학자들이 측정하고 있던 특성이라는 것이 행동을 예측하는 데 있어서 점성술의 별자리보다 단지 약간만 더 낫다고 그것이 본질적으로 말했기 때문이었다. Mischel은 그 문제점을 지적하기만 한 것이 아니라 그 이유를 진단했다. 그는 성격 심리학자들이 사람들의 성격과는 관계없이 사회적 상황이 사람들의 행동을 결정하는 정도를 <u>과소평가했다</u>고 주장했다. 예를 들어, 어떤 사람이 마감 기한을 맞출 것인지 예측하기 위해서는 성실성 측정에서 그 사람이 받은 점수보다 (그 사람이 처한) 상황에 대해 무언가를 아는 것이 더 유용할 수 있다. 상황적 영향이라는 것은 매우 강력해서 때로 개인의 성격 차이를 <u>압도할 수 있다.</u>

요지문

- **It is often believed that** an active person can make friends more easily than a shy person, and that a conscientious person may meet more deadlines than a

person who is not conscientious. [양보]
- Walter Mischel found, **however**, that the typical correlation between personality traits and behavior was quite modest. [요지]

어휘

- conscientious 성실한, 양심적인
- independently of ~와 상관없이

1

정답 ② (→ motivate)

해석

때로는 신임을 얻지 못한다는 인식이 자기 성찰에 필요한 동기를 제공할 수 있다. 직장에서 자신의 동료들이 공유된 책무를 자신에게 (믿고) 맡기지 않고 있다는 사실을 깨달은 직원은 성찰을 통해 자신이 지속적으로 다른 사람들을 실망하게 했거나 이전의 약속들을 이행하지 못했던 분야를 찾아낼 수 있다. 그러면 그녀에 대한 다른 사람들의 불신은, 그녀가 그들의 신임을 받을 만한 자격이 더 생기게 해주는 방식으로 그녀가 직무의 자기 몫을 수행 못하게(→ 할 수 있도록) 할 수 있다. 하지만 신뢰할 만하고 믿을 만한 사람이 되려는 노력을 성실하게 하는 사람에 대한 불신은 혼란스럽게 할 수 있고, 그녀로 하여금 자신의 인식을 의심하고 자신을 불신하게 할 수 있다. 예를 들어 밤에 외출할 때 의심하고 믿지 않는 부모를 가진 십 대 소녀를 생각해 보라. 비록 그녀가 자신의 계획에 대해 솔직해 왔고 합의된 규칙은 어떤 것도 어기고 있지 않을지라도, 존경할 만한 도덕적 주체로서의 그녀의 정체성은 속임수와 배신을 예상하는 널리 스며있는 부모의 태도에 의해 손상된다.

요지문

- **Sometimes** the awareness that one is distrusted can provide the necessary incentive for self-reflection. [양보]
- **But** distrust of one who is sincere in her efforts to be a trustworthy and dependable person can be disorienting and might cause her to doubt her own perceptions and to distrust herself. [요지]

어휘

- self-reflection 자기 성찰
- let down ~을 실망하게 하다
- follow through on ~을 이행하다
- commitment 약속, 전념
- disorienting 혼란스럽게 하는
- undermine 손상시키다
- deceit 속임수
- betrayal 배신

2

정답 ④

해석

우리는 선천적으로 원인과 결과의 관점에서 생각한다. 그리고 이것은 세상에서의 우리의 경험을 조직화하는 데 도움이 된다. 우리는 우리가 어떤 것들이 다른 것들을 발생하도록 하는 것을 본다고 생각하지만, 가공하지 않은 감각 경험의 관점에서 우리는 단지 어떤 것들이 다른 것들보다 전에 발생하는 것을 보고 이전에 그러한 전후의 연쇄과정을 봤던 것을 기억한다. 예를 들면, 돌이 창문을 치고 그 후에 창문은 깨진다. 우리는 인과관계라고 불리는 제삼의 어떤 것을 보는 것이 아니다. 그러나 우리는 그것이 발생한 것으로 믿는다. 창문을 치는 돌이 창문이 깨지도록 했다. 그러나 이것은 돌의 비행이나 유리가 산산조각이 나는 것처럼 경험되지 않는다. 경험은 인과관계 개념을 우리에게 강요하는 것처럼 보이지 않는다. 우리는 단지 우리가 경험한 것을 해석하기 위하여 그것을 이용한다. 원인과 결과는 우리의 경험으로부터 결코 읽혀질 수 없는 범주이며 따라서 그러한 연결의 원인을 추정하기 위하여 우리의 이전의 정신적 기질에 의해 그 경험으로 가져가야 하는 범주이다.

요지문

· We **can** think of ourselves as seeing some things cause other things to happen [양보]
· **but** in terms of our raw sense experience, we just see certain things happen before other things, and remember having seen such before-and-after sequences at earlier times. [요지]

어휘

· causation 인과관계 · attribute ~의 인과관계를 추정하다
· accumulate ~을 축적하다

3 정답 ②

해석

천연자원의 관리자는 일반적으로 이용에 대한 재정적 보상을 제공하는 시장 인센티브에 직면한다. 예를 들어, 삼림 지대의 소유자는 탄소 포집, 야생 동물 서식지, 홍수 방어 및 다른 생태계 도움을 위해 숲을 관리하기보다는 나무를 베어내는 시장 인센티브를 가지고 있다. 이러한 (생태계) 도움은 소유자에게 어떠한 재정적 이익도 제공하지 않으므로, 관리 결정에 영향을 미칠 것 같지 않다. 그러나 이러한 도움이 제공하는 경제적 이익은, 그것의 비시장적 가치에 근거하여, 목재의 경제적 가치를 초과할 수도 있다. 예를 들어, 유엔의 한 계획은 기후 조절, 수질 정화 및 침식 방지를 포함하여 열대 우림이 제공하는 생태계 도움의 경제적 이익이 시장 이익보다 헥타르당 3배보다 더 크다고 추정했다. 따라서 나무를 베는 것은 경제적으로 비효율적인데, 시장은 채취하는 사용보다 생태계 도움을 선호하게 하는 올바른 '신호'를 보내지 않고 있다.

요지문

· Managers of natural resources **typically** face market incentives that provide financial rewards for exploitation. [양보]
· **But** the economic benefits provided by these services, based on their non-market values, may exceed the economic value of the timber. [요지]

어휘

· carbon capture 탄소 포집   · habitat 서식지
· initiative 계획   · purification 정화
· erosion 침식   · extractive 채취의, 채광의

4 정답 ④

해석

시대를 너무 앞서간 발명이나 발견은 가치가 없는데, 누구도 따라갈 수 없기 때문이다. 이상적으로, 혁신은 알려진 것으로부터 단지 다음 단계만을 가능하게 하고, 그 문화가 한 걸음 앞으로 나아가도록 요청한다. 지나치게 미래지향적이거나 관행을 벗어나는 혹은 비현실적인 발명은 처음에는 실패할 수도 있지만(아직 발명되지 않은 필수적인 재료나 중요한 시장 또는 적절한 이해가 부족할 수 있다) 아이디어를 뒷받침하는 생태 환경이 따라잡을 때 나중에 성공할 수도 있다. Gregor Mendel의 1865년 유전 이론은 옳았지만 35년 동안 무시되었다. 그의 날카로운 통찰력은 생물학자들이 그 당시에 가졌던 문제들을 설명하지 않았기 때문에 받아들여지지 않았고, 그의 설명 역시 알려진 메커니즘에 의해 작동하지 않았기 때문에 그의 발견은 얼리 어답터들에게도 이해하기 어려웠다. 수십 년 후 과학은 Mendel의 발견이 답할 수 있는 긴급한 질문에 직면했다. 이제 그의 통찰력은 단 한 걸음만 떨어져 있었다. 서로 몇 년 간격으로, 세 명의 다른 과학자들이 각각 독립적으로 Mendel의 잊혀진 연구를 재발견했는데, 물론 그 연구는 줄곧 그곳에 있었다.

요지문

· An overly futuristic, unconventional, or visionary invention **can** fail initially (it may lack essential not-yet-invented materials or a critical market or proper understanding) [양보]
· **yet** succeed later, when the ecology of supporting ideas catches up. [요지]

어휘

· overly 지나치게   · unconventional 관습에 얽매이지 않는
· visionary 비현실적인   · genetic 유전의

5

정답 1. ① , 2. ③ (➔ false)

해석

일단 어떤 사건이 목격되면, 구경하는 사람은 그것이 정말로 비상 상황인지 결정해야한다. 비상 상황은 항상 명확하게 그와 같은 것으로 꼬리표가 붙어 있는 것은 아닌데, 대기실로 쏟아져 들어오는 '연기'는 화재에 의해 발생할 수도 있고 단순히 증기파이프의 누출을 나타낼 수도 있다. 거리에서의 비명은 공격을 나타내거나 가족 간의 다툼을 나타낼 수도 있다. 출입구에 누워 있는 한 남자는 관상 동맥증을 앓고 있을 수도 있고 그저 술을 깨려고 잠을 자고 있을 수도 있다.

어떤 한 상황을 해석하려고 하는 사람은 자신이 어떻게 반응해야 하는지 알기 위해 흔히 자기 주변 사람들을 본다. 만약 다른 모든 사람이 침착하고 무관심하다면, 그는 그런 상태를 유지하려는 경향이 있을 것이고, 다른 모든 사람이 강하게 반응하고 있다면, 그는 아마 경계하게 될 것이다. 이러한 경향은 단순히 맹목적인 순응이 아닌데, 보통 우리는 우리 주변의 다른 사람들이 어떻게 행동하는지로부터 새로운 상황에 관한 많은 귀중한 정보를 얻는다. 길가의 식당을 고를 때 주차장에 다른 차 없는 곳에서 멈추는 여행객은 드물다.

그러나 때때로 다른 사람들의 반응은 정확한(➔ 거짓된) 정보를 제공한다. 연구된 치과 병원 대기실 환자의 무관심은 그들의 내면의 불안을 제대로 보여주지 않는다. 사람들 앞에서 '냉정을 잃는' 것은 창피한 일로 여겨진다. 그렇다면, 잠재적으로 심각한 상황에서, 그곳에 있는 모든 사람은 실제보다 더 무관심한 것처럼 보일 것이다. 따라서 군중은 수동성을 통해 사건이 비상 상황이 아님을 넌지시 비춤으로써 구성원들이 가만히 있도록 강제할 수 있다. 그런 군중 속에 있는 사람은 누구라도 그 사건이 비상상황인 것처럼 행동하면 자신이 바보처럼 보일까 봐 두려워한다.

요지문

• A person trying to interpret a situation **often** looks at those around him to see how he should react. [양보]
• **But** occasionally the reactions of others provide false information. [요지]

어휘

·onlooker 구경하는 사람   ·alert 경계하는, 기민한
·conformity 순응   ·lose one's cool 냉정을 잃다
·acute 심각한   ·passivity 수동성

6

정답 ④ (➔ missed)

해석

경제 시스템에서는 한 부문에서 일어나는 일이 다른 부문에 영향을 미치며, 한 부문에서의 재화나 서비스에 대한 수요는 다른 부문에서 파생된다. 예를 들어, 상점에서 상품을 구매하는 소비자는 아마 이 상품의 보충을 촉발할 것이고, 이것은 제조, 자원 추출, 그리고 물론 운송과 같은 활동에 대한 수요를 창출할 것이다. 운송이 (상품과) 다른 점은 그것이 혼자서는 존재할 수 없고 이동은 저장될 수 없다는 것이다. 팔리지 않은 상품은 (흔히 할인 인센티브로) 구매될 때까지 매장 진열대에 남아 있을 수 있지만, 항공편의 팔리지 않은 좌석이나 동일 항공편의 미사용 화물 적재 용량은 팔리지 않은 상태로 남게 되며 이후에 추가 용량으로 되돌릴 수 없다. 이 경우, 제공되는 운송량이 그것에 대한 수요를 초과하였기 때문에 기회가 포착되었다(➔ 상실되었다). 파생된 운송 수요는 흔히 (그에) 상응하는 공급과 조화를 이루기가 매우 어려워서, 실제로 운송 회사들은 (흔히 훨씬 더 높은 가격으로) 예측하지 못한 수요를 수용할 수 있는 얼마간의 추가 용량을 갖는 것을 선호할 것이다.

요지문

• An unsold product **can** remain on the shelf of a store until bought (often with discount incentives), [양보]
• **but** an unsold seat on a flight or unused cargo capacity in the same flight remains unsold and cannot be brought back as additional capacity later. [요지]

어휘

·trigger 촉발하다   ·replacement 보충, 대체
·extraction 추출   ·cargo 화물 (적재)
·equivalent 상응하는, 동등한   ·accommodate 수용하다

7

정답 ④

해석

동물이 무해한 자극 앞에서 움직일 수 있게 하는 것은 학습의 거의 보편적인 기능이다. 대부분의 동물은 선천적으로 이전에 마주치지 않은 대상을 피한다. 익숙하지 않은 대상은 위험할 수 있으므로, 그것을 조심해서 다루는 것은 생존가(生存價)를 갖는다. 그러나 그러한 신중한 행동이 지속된다면, 그 행동은 조심해서 얻는 이익이 소실될 정도로 먹이 섭취와 다른 필요한 활동을 방해할 수도 있다. 바람이 조금 불 때마다, 또는 구름이 그림자를 드리울 때마다 등껍질 속으로 움츠리는 거북은 게으른 토끼와의 경주라도 결코 이기지 못할 것이다. 이 문제를 극복하기 위해, 거의 모든 동물은 자주 발생하는 안전한 자극에 익숙해져 있다. 낯선 대상에 직면하면, 경험이 없는 동물은 얼어붙거나 숨으려고 할 수도 있지만, 불쾌한 일이 일어나지 않으면 그것은 머잖아 활동을 계속할 것이다. 익숙하지 않은 대상이 유용할 가능성도 있으므로, 그것이 즉각적인 위협을 주지 않는다면, 더 자세히 살펴보는 것이 가치가 있을 수도 있다.

- Confronted by a strange object, an inexperienced animal **may** freeze or attempt to hide, [양보]
- **but** if nothing unpleasant happens, sooner or later it will continue its activity. [요지]

어휘

· innately 선천적으로	· persist in ~을 (고집스럽게) 지속하다
· withdraw 움츠리다	· habituate to ~에 익숙해지다
· inspection 검사, 조사	· in the presence of ~의 앞에서

8 정답 ①

해석

컴퓨터는 정보를 획득하고, 보존하고, 추출하는 문제를 상당한 정도로 해결했다. 데이터는 사실상 무한량으로, 그리고 다루기 쉬운 형태로 저장될 수 있다. 컴퓨터는 책의 시대에는 얻을 수 없는 다양한 데이터를 이용할 수 있게 한다. 그것(컴퓨터)은 그것(데이터)을 효과적으로 짜임새 있게 담고, 그것을 이용할 수 있게 만들기 위한 (특수한) 방식은 더는 필요하지 않으며 암기도 또한 필요하지 않다. 맥락과 분리된 단 한 가지 결정을 처리할 때 컴퓨터는 10년 전만 해도 상상할 수 없었던 도구들을 제공한다. 하지만 그것은 또한 관점을 감소시킨다. 정보에 매우 쉽게 접근할 수 있고 의사소통이 순간적이기 때문에, 그것의 중요성이나 심지어 중요한 것의 정의에 관한 관심 집중이 감소한다. 이런 역학은 정책 입안자들이 쟁점을 예상하기보다는 발생하기를 기다리게 하고, 결정의 순간을 역사적인 연속의 일부라기보다는 일련의 고립되어 일어나는 일로 간주하게 한다. 이런 일이 일어나면, 정보 조작이 주요한 정책 도구로서의 숙고를 대체한다.

↓

컴퓨터는 탈맥락화된 방식으로 정보를 처리하는 데 있어서 유능한 것이 분명하지만, 정책 결정 과정에서 볼 수 있는 것처럼 더 광범위한 맥락과 관련된 우리의 종합적인 판단은 방해한다.

요지문

- Data **can** be stored in effectively unlimited quantities and in manageable form. [양보]
- **But** it also diminishes perspective. [요지]

어휘

· package 짜임새 있게 담다	· instantaneous 순간적인
· isolated 고립된	· continuum 연속체
· manipulation 조작	· reflection 숙고
· decontextualize 탈맥락화하다	

9 정답 ②

해석

자연에 대한 개념은 항상 문화적 진술이다. 이것은 유럽인들에게 대단한 통찰이라는 인상을 주지 않을 수도 있는데, 왜냐하면 유럽의 풍경은 너무나 많이 혼합되어 있기 때문이다. 그러나 새로운(적어도 유럽인들에게는 '새로운') 세계에서, 그 차이는 유럽 정착민과 방문객뿐만 아니라 그들의 후손에게도 훨씬 더 분명해 보였다. 그런 이유 때문에 그들은 후에 황야에 대한 감탄에서 표현을 찾을 수 있었던 인간과의 연관에 의해 통제되지 않는 원시 자연이라는 허황된 생각을 가지고 있었다. 생태학적 관계는 확실히 그 나름의 논리를 가지고 있었고, 이런 의미에서 '자연'은 인간의 개입과 무관하게, 자율적이지만 반드시 안정적이지는 않은 역동성을 가지고 있다고 볼 수 있다. 그러나 생태학적 상호작용의 맥락은 점점 더 인류에 의해 설정되어 왔다. 우리는 사자가 어떻게 또는 무엇을 먹는지는 정하지 못할 수도 있지만, 사자가 어디에서 먹이를 먹을지는 확실히 규제할 수 있다.

요지문

- We **may** not determine how or what a lion eats [양보]
- **but** we certainly can regulate where the lion feeds. [요지]

어휘

· blend 혼합물	· distinction 차이, 구별
· descendant 후손	· wilderness 황야
· self-regulating 자율적인	· intervention 개입

10 정답 ④

해석

수은에 오염된 생선에 대한 정부의 경고와 확실한 통계가 너무 일상화되어 우리는 거의 주목하지 않는다. 나는 물어볼 수밖에 없는데, 왜 이러한 경고들이 산업체로 하여금 우리의 환경에 수은을 배출하지 못하게 하는 것이 아니라 사람들이 생선 먹는 것을 중단하게 하는 것을 목표로 해 왔을까? 마침내 2009년 2월에 거의 전 세계적인 합의가 이루어졌는데, 유엔 환경 계획(UNEP)에 의해 소집된 140개가 넘는 국가들이 만장일치로 국제 수은 조약을 만드는 데 동의했다. 그들은 또한 그 조약이 완성되는 동안에 자발적인 Global Mercury Partnership을 통한 즉각적인 조치를 촉구했다. 수은을 우리의 생산 공정에서 제외시키는 것은 확실히 힘든 일이 될 것이고 그것은 돈이 들 것이다. 그러나 수은을 제거하는 데 이루어진 투자는 잘 쓰인 투자이다. UNEP는 환경에서 수은이 1킬로그램 제거될 때마다 12,500달러에 달하는 사회적, 환경적 그리고 인간 건강상의 혜택으로 이어질 수 있다고 추정한다.

요지문

- Getting mercury out of our production processes **will** be hard work and it will cost money, for sure. [양보]
- **But** investments in eliminating mercury are investments well spent. [요지]

어휘

· mercury 수은   · contaminate 오염시키다   · treaty 조약

Code 02 양보구문 [3]

예시   정답 ②

해석

태초부터 사람들은 꿈의 불가사의한 성질 때문에, 꿈이란 다른 세상으로부터의 메시지라고 믿었다. 꿈은 적절하게 해석되면 미래를 예언할 수 있게 해주는 예언적인 소통으로 간주되었다. 그러나 이 이론에 대한 과학적인 증거는 전혀 없다. 병을 앓고 있는 사랑하는 사람을 잃게 될지도 모를 위협과 같은 충격적인 일에 대해 염려하고 있는 사람들은 그렇지 않게 될 경우보다 그 사랑하는 사람에 대한 꿈을 더 꾸게 되는 것은 분명히 사실이다. 만약 그 꿈을 꾼 사람이 전화를 걸어 그 사랑하는 사람이 죽었다는 것을 알게 되면, 그 사람은 그 꿈이 그 죽음의 예고였다고 당연히 생각하게 되는 것이다. 하지만 이것은 착각이다. 그것은 단순히 어떤 사람이 강하게 걱정하고 있는 상황과 그 사람이 두려워하는 사건의 발생 사이의 우연의 일치이다.

요지문

- Dreams **have been** regarded as prophetic communications which, when properly decoded, would enable us to foretell the future. [양보]
- There is, **however**, absolutely no scientific evidence for this theory. [요지]

어휘

· prophetic 예언적인   · decode 해석하다, 해독하다
· traumatic 충격적인   · premonition 예고
· correspondence 일치

1   정답 ⑤

해석

분명히, 도식적인 지식은 여러분의 이해를 이끌어주고 기억할 수 없는 것들을 재구성하게 하여 여러분에게 도움을 준

다. (C) 하지만 도식적인 지식은 또한 인식과 기억에 오류를 조장하여 여러분에게 해를 끼칠 수 있다. 게다가, 도식에 의해서 발생하는 오류의 '유형'은 상당히 예측 가능하다. 도식이 여러분의 경험의 광범위한 유형을 요약하며 그래서 그것(도식)이 본질적으로 주어진 상황에서 무엇이 전형적이거나 평범한 것인지 여러분에게 말해 준다는 것을 명심하라. (B) 따라서, 도식에 대한 어떠한 의존이라 하더라도, 그것은 어떤 것이 '정상적'인 것인지에 대한 이러한 정보에 의해 형성될 것이다. 따라서 어떤 상황이나 사건을 보면서 여러분이 알아차리지 못하는 것이 있으면, 여러분의 도식이 그 상황에서 일반적으로 무엇이 어울리는지에 관한 지식으로 이러한 '공백'을 채우도록 여러분을 이끌어줄 것이다. (A) 마찬가지로, 여러분이 기억할 수 없는 것이 있으면, 여러분의 도식이 그 공백을 그 상황에서 어떤 것이 일반적인 것인지에 대한 지식으로 채워 줄 것이다. 결과적으로, 도식에 의존하는 것은 불가피하게 세상을 실제보다 더 '정상적'인 것으로 보이게 할 것이고, 과거를 실제보다 더 '규칙적'인 것으로 보이게 할 것이다.

요지문

- **Clearly**, schematic knowledge helps you – guiding your understanding and enabling you to reconstruct things you cannot remember. [양보]
- **But** schematic knowledge can also hurt you, promoting errors in perception and memory. [요지]

어휘

· schematic 도식적인   · schema 도식, 스키마 (pl. schemata)
· promote 조장하다, 촉진하다   · perception 인식, 지각

 2   정답 ④

해석

목재는 얼핏 보기에는 환경친화적인 자재이다. 그것은 시멘트나 벽돌 대신, 집을 지을 때 하나의 대체재로서 오랫동안 환영받아 왔다. 그러나 목재와 같은 특정한 자재가 다른 것들보다 뛰어난 상대적인 장점을 평가하는 것이 반드시 쉬운 일이 아니다. 마호가니와 티크를 포함하여 많은 종의 나무들이 이제 멸종 위기에 놓여 있고, 특히, 열대 우림의 삼림 벌채는 지역 사회뿐만 아니라 토착 식물과 야생동물에도 심각한 영향을 미쳤다. 목재가 채취되고 세상을 반이나 가로질러 운반되는 경우, 관련 에너지 비용이 증가하게 되어, 환경에 부정적인 영향을 미친다. 게다가 나무가 내화성(耐火性)과 내충성(耐蟲性)을 향상시키기 위해 화학 물질로 약품 처리되는 경우, 건강에 유익한 목재의 성질을 손상시킨다.

요지문

- Wood is a material that **at a first glance** is environmentally

friendly. [양보]
- It **has been** welcome as an alternative material for a long time in building houses instead of cement or bricks. [양보]
- **However**, it is not always easy to evaluate the relative merits of one particular material such as wood over another. [요지]

어휘
- alternative 대안적인   · endangered 멸종 위기에 이른
- teak 티크(가구 재료로 쓰이는 목재)   · deforestation 삼림 벌채
- tropical rainforest 열대 우림
- fire- and pest-resistance 내화성과 내충성

 3   정답 ⑤

해석
우리 세계의 구조와 확실성의 조건이 많은 변화에 무너지면서, 안정적이고 확실한 지도력에 대한 우리의 염원의 범위는 단순히 그것을 찾을 수 없다는 것에 의해 능가되어 왔다(우리가 아무리 안정적이고 확실한 지도력을 염원할지라도 그것을 찾는 것이 불가능했다). 잘못은 지도력에 있는 것이 아니라 오히려 우리 자신과 우리의 기대에 있다. 옛날에는 지도자들이 혼돈을 이해하고, 불확실함에서 확실성을 만들어 내고, 그리고 모순들을 해결하기 위해 적극적인 실행 계획을 만들어 내야야 했다. 훌륭한 지도자들은 상황(문제)을 해결했다. 혼돈이 그 추한 고개를 들면 지도자는 즉시 정상으로 되돌릴 것으로 기대되었다. 그러나 혼돈은 이제 정상으로 여겨지고, 모순들은 해결될 수 없고, 확실성은 가망성이 높은 수준으로만 가능하다. 이것들 중 어느 것이라도 (이를) 바로 잡으려는 견지에서 (바라는 결과를) 이끌어내려고 하는 지도력은 실패할 뿐이다. 그리고 그것이 정확히 (지금) 일어나고 있는 것이다.

요지문
- **In the old days**, leaders were supposed to make sense of chaos, to make certainty out of doubt, and to create positive action plans for the resolution of paradoxes. [양보]
- **But** chaos is **now** considered normal, paradoxes cannot be resolved, and certainty is possible only to the level of high probability. [요지]

어휘
- yield to ~에 굴복하다, ~을 따르다
- extent 범위, 정도   · definitive 확실한, 최고의
- paradox 모순된 일, 앞뒤가 맞지 않는 상황
- straighten out ~을 해결하다, 바로 잡다

 4   정답 ④

해석
Walt Whitman이 'Leaves of Grass'를 쓰기 오래전에, 시인들은 명성에 주의를 기울였다. Horace, Petrarch, Shakespeare, Milton, 그리고 Keats는 모두 시의 위대함이 자신들에게 일종의 세속적 불멸을 부여해주기를 바랐다. Whitman도 수 세기 동안 세상이 자신의 시를 가치 있게 여길 것이라는 비슷한 믿음을 갖고 있었다. 그러나 지면 위에서 영원히 살아남고자 하는 이 고대의 열망에다 그는 명성에 대한 새로운 의미를 추가했다. 독자들이 단순히 시인의 작품에만 주목하는 것이 아니라, 그들은 그의 인격적인 위대함에도 이끌릴 것이었다. 그들은 그의 시에서 고동치는 문화적 공연, 즉 엄청난 카리스마와 호소력을 갖고 한 개인이 책에서 솟구쳐 나오는 것을 보게 될 것이었다. Jackson주의 미국을 특징지었던 정치 집회와 선거 행진에서 Whitman은 군중과 관련하여 시적 명성을 정의했다. 다른 시인들은 시의 여신으로부터 자신들의 영감을 찾았을지도 모른다. Whitman(이 생각하는) 시인(상)은 자신의 동시대인으로부터의 인정을 추구했다. 미국 민주주의의 불안정 속에 명성은 인기도, 즉 사람들이 그 시인과 그의 작품을 기뻐하는 정도에 의해 좌우될 것이었다.

요지문
- Long before Walt Whitman wrote Leaves of Grass, poets **had addressed** themselves to fame. [양보]
- **But** to this ancient desire to live forever on the page, he added a new sense of fame. [요지]
- Readers would **not simply** attend to the poet's work; [비판]
- *(but)* they would be attracted to the greatness of his personality. [요지]
- Other poets **might** look for their inspiration from the goddess of poetry. [양보]
- *(However,)* Whitman's poet sought the approval of his contemporaries. [요지]

어휘
- address oneself to ~에 주의를 기울이다
- immortality 불멸성   · electoral 선거의
- celebrity 인지도, 명성   · rejoice 기뻐하다

 5   정답 ⑤

해석
서양의 철학적 전통의 공통된 주제 중 하나는 감각적 지각과 합리적 지식 사이의 구별이다. 플라톤 이래로, 합리적 이성의 우월성은 그것이 경험에서 참된 지식을 얻어낼 수 있다는 주장에 근거한다. Republic에서의 논의가 설명에 도움이 되듯이, 감각은 오류와 착각의 영향을 받기 때문에 지각은 본질

적으로 신뢰할 수 없고 오해의 소지가 있다. 오직 합리적 담론만이 착각을 극복하고 참된 지식을 가리키는 도구를 가지고 있다. 예를 들어, 지각은 멀리 있는 어떤 형체가 실제보다 더 작다는 것을 보여 준다. 하지만, 논리적 추론을 적용하면 그 형체는 기하학적 원근법을 따르기 때문에 작게 보일 뿐이라는 것이 드러날 것이다. 그럼에도 불구하고, 원근 보정을 적용하여 이성이 지각이 오해의 소지가 있다는 결론을 내린 후에도, 그 형체는 여전히 작게 '보이고', 문제의 진실은 형체의 지각이 아닌 그것의 합리적 재현에서 드러난다.

요지문

- perception suggests that a figure in the distance is smaller than it really is. [양보]
- **Yet**, the application of <u>logical reasoning</u> will reveal that the figure only appears small because it obeys the laws of geometrical perspective. [요지]

어휘

·distinction 구별	·supremacy 우월성
·assertion 주장	·extract 얻어 내다, 추출하다
·inherently 본질적으로	·illusion 착각, 환상
·application 적용	·perspective 원근법, 관점

6 정답 ③ (➔ constraints)

해석

천연 제품들만 투입물로 사용되는 방식으로 정의되는 '유기농' 방식은 생물권에 해를 덜 끼친다고 시사되어 왔다. 그러나 '유기농 경작 방식의 대규모 채택은 많은 주요 작물의 산출량을 감소시키고 생산비를 증가시키게 된다. 무기질 질소 공급은 많은 비(非)콩과 작물 종의 생산성을 중상 수준으로 유지하는 데 필수적인데, 그것은 질소성 물질의 유기적 공급이 무기 질소 비료보다 자주 제한적이거나 더 비싸기 때문이다. 게다가, '친환경적인 거름' 작물로 거름이나 콩과 식물의 광범위한 사용에는 이점(➔ 제약)이 있다. 많은 경우, 화학 물질이 사용될 수 없으면 잡초 방제가 매우 어렵거나 많은 손일이 필요할 수 있는데, 사회가 부유해짐에 따라 이 작업을 기꺼이 하려는 사람이 더 적을 것이다. 그러나 돌려짓기의 합리적 사용과 경작과 가축 경영의 특정한 조합과 같은 '유기농' 경작에서 사용되는 몇몇 방식들은 농촌 생태계의 지속 가능성에 중요한 이바지를 할 수 있다.

요지문

- It **has been** suggested that "organic" methods, defined as those in which only natural products can be used as inputs, would be less damaging to the biosphere. [양보]
- Large-scale adoption of "organic" farming methods, **however**, would <u>reduce yields and increase production</u>

<u>costs for many major crops.</u> [요지]

어휘

·biosphere 생물권	·adoption 채택
·yield 산출량, 수확물	·inorganic 무기질의
·nitrogenous 질소성의	·moderate 중간의
·extensive 광범위한	·livestock 가축

7 정답 ④

해석

프로토피아는 목적지라기보다는 생성의 상태이다. 그것은 과정이다. 프로토피아적인 방식에서는 어제보다 오늘, 비록 그저 약간 더 나아졌을 뿐이라도, 상황이 더 낫다. 그것은 점진적인 개선이나 가벼운 진보이다. 프로토피아적이라는 말에서 '프로'는 과정과 진보라는 개념에서 비롯된다. 이 미묘한 진보는 극적이지도 않고 자극적이지도 않다. 프로토피아는 거의 새로운 이점만큼 많은 새로운 문제를 발생시키기 때문에 그것을 놓치기 쉽다. 오늘의 문제는 어제의 기술적 성공이 가져온 것이고, 오늘의 문제에 대한 기술적 해결책은 내일의 문제를 유발할 것이다. 문제와 해결책의 이런 순환적 팽창은 시간이 지남에 따라 작은 순이익의 꾸준한 축적을 보이지 않게 한다. 계몽주의와 과학의 발명 이래로 줄곧, 우리는 매년 파괴해 온 것보다 조금 더 많은 것을 만들어냈다. 그러나 그 작은 몇 퍼센트의 긍정적인 차이는 수십 년에 걸쳐 우리가 문명이라고 부를 수 있는 것으로 조합된다. 그것의 장점은 영화에서 주연을 맡아 돋보이는 법이 없다.

요지문

- Ever **since** the Enlightenment and the invention of science, we**'ve managed** to create a tiny bit more than we've destroyed each year. [양보]
- **But** that few percent positive difference <u>is compounded over decades</u> into what we might call civilization. [요지]

어휘

·destination 목적지	·stem from ~에서 비롯되다
·expansion 팽창, 확장	·Enlightenment 계몽주의
·star 주연을 맡아 돋보이다	·accumulation 축적

8 정답 ①

해석

윤리학 연구자들은 자신들의 과목을 과학으로, 예술로, 혹은 다른 것으로 분류할지 혼란스러워 해왔다. 윤리학을 과학에 포함시키는 데 대한 반대 이유는 과학에서는 현재 존재하는 것을 다루는 반면, 윤리학은, 일컬어지기를, 마땅히 되어야 하는 것(당위)과 관련이 있다는 것이다. 처음 언뜻 보기에는, 이것이 타당하고 유용한 구분인 것처럼 보이지만, 신중히 생각해 보면 그것이 피상적이고, 온전히 진실은 아니라는 것이 드러난다. 현대 윤리학에서 혼란과 방향 상실의 많은 부분은 윤리학이 물리학만큼이나, 실제로 존재하는 상황과 그리고 분명히 증명 가능한 결과를 야기하는 에너지와 관련이 있음을 인정하기를 바로 이런 식으로 거부하는 것이 그 원인일지도 모른다. 애초에, 이미 존재하는 것을 무시하면 당위에 관한 우리의 의견은 권위가 없다. 당위에 관한 우리의 개념이 존재하는 현실과 어떻게든 관련되어 있다고 주장하지 않으면, 우리의 아주 비현실적인 공상들 중 어떤 것이라도 똑같은 힘으로 우리의 현재 노력을 마음대로 휘두를지도 모른다. 이 관점에서도 윤리학은 우리의 가장 고귀한 도덕적 열망을 충족시킬 수도 있는 가상의 상태에 대한 고려 그 이상이어야 한다.

요지문

- ethics, **it is said**, is concerned with what ought to be. [양보]
- **but** mature reflection reveals that it is superficial and not wholly true. [요지]
- **Much** of the confusion and disorientation in contemporary ethics **may** be traced to just this refusal to recognize that ethics is concerned with actually existent situations [양보]
- *(However,)* our opinion of what ought to be lacks authority if it ignores what already exists. [요지]

어휘

- disorientation 방향 상실, 혼미 · contemporary 현대의, 동시대의
- demonstrable 증명할 수 있는, 명백한
- fanciful 비현실적인, 공상적인   · imaginary 가상의, 상상의
- aspiration 열망, 염원, 포부

9　　　　　　　　　　　정답 1. ⑤ , 2. ④ (→ Clarity)

해석

상당 기간 동안, 과학 교육자들은 '직접 해보는' 활동이 아이들이 과학 관련 활동에 참여하는 것을 통해 이해하게 하는 데 대한 해답이라고 믿었다. 많은 교사들은 학생들이 단지 활동에 참여하고 사물을 조작하는 것만으로 얻게 되는 정보와 이해하게 되는 지식을 개념 이해로 체계화할 것이라고 믿었다. 교육자들은 지식이 자료 자체에 내재되어 있는 것이 아니라 학생들이 그 활동에서 한 것에 대한 생각과 초(超)인지에 있다는 것을 깨달으면서 '직접 해보는' 탐구의 요소 쪽으로 추가 너무 많이 기울었다는 것을 알아차리기 시작했다. 누락된 요소는 교육 경험의 '사고를 요구하는' 부분이다. 어떤 활동에서든 의도된 지식에 대한 불확실성(→ 명료성)은 각 학생의 개념 재창조에서 비롯되는데, 그 활동을 한 뒤에, 사려 깊은 선생님의 지도하에 자신의 선입견에 대해 토론하고, 사고하고, 논쟁하고, 듣고, 평가하는 것을 통해서 이것을 가

져올 수 있다. 과학 수업에서 학생들이 재료를 사용하고 상호 작용하는 것이 중요하기는 하지만, 학습은 '직접 해보는' 학생들의 경험에 대해 의미를 부여하는 것으로부터 나온다.

요지문

- **For quite some time**, science educators believed that "hands-on" activities were the answer to children's understanding through their participation in science-related activities. [양보]
- *(But)* Educators began to notice that the pendulum had swung too far to the "hands-on" component of inquiry as they realized that the knowledge was not inherent in the materials themselves, but in the thought and metacognition about what students had done in the activity. [요지]

어휘

- hands-on 직접 해보는   · comprehension 이해
- inquiry 탐구, 연구   · ingredient 요소, 성분
- instructional 교육의   · preconception 선입견

10　　　　　　　　　　　정답 ④

해석

모든 황금률이 다 같은 것은 아니다. 시간이 지나면서 두 종류가 나타났다. 부정적인 버전은 자제를 지시하고, 긍정적인 버전은 개입을 장려한다. 하나는 최소한 해를 끼치지 않는 기준선을 설정하고, 다른 하나는 염원하거나 이상화된 선행을 베푸는 행위를 가리킨다. 이러한 규칙의 예는 많아서, 너무 많아서 남김없이 열거할 수 없을 정도지만, 여기서는 우리의 목적을 위해 다음의 버전, 즉 "자신이 싫은 것은 다른 사람에게 행하지 말라."와 "타인을 자신처럼 사랑하라."로 충분한 것으로 하자. 해치지 않는 것과 같은 부작위를 통해서든, 아니면 적극적으로 개입함에 의한 작위를 통해서든, 이 두 버전은 모두 다른 사람을 배려할 것을 주장한다. 그러나 이러한 황금률이 행위자에게 타자를 배려하도록 권장하는 반면, 그것들은 자신에 대해 마음 쓰는 것을 완전히 버리는 것을 요구하지는 않는다. 의도적으로 관심을 자아로부터 멀어지도록 옮긴다 해도, 그럼에도 불구하고 부분적으로는 자신을 가리키는 상태로 남아 있다. 부정적인 버전과 긍정적인 버전은 둘 다 행동 평가의 기준이 되는 본질적인 척도로서 자아를 언급한다.

요지문

- **Yet while** these Golden Rules encourage an agent to care for an other, they do not require abandoning self-concern altogether. [요지]
- The purposeful displacement of concern away from the ego **nonetheless** remains partly self-referential. [요지]

어휘

- intervention 개입
- abound 많이 존재하다, 풍부하다
- suffice 충분하다
- commission 작위, 저지름
- self-referential 자기 지시적인
- invoke ~ as … ~을 …라고 들먹이다[언급하다]
- aspirational 염원하는
- exhaustively 남김없이
- omission 부작위, 누락
- displacement 옮김, 이동

Code 03 비교구문

예시   정답 ③

해석

Finkenauer와 Rimé는 표본으로 추출된 많은 벨기에 시민들을 대상으로 1993년 벨기에 왕 Baudouin의 예기치 못한 죽음에 대한 기억을 조사했다. 그 자료는 왕의 죽음에 대한 소식이 널리 사회적으로 공유되었다는 것을 나타냈다. 그 사건에 관해 이야기함으로써 사람들은 서서히 그 감정적 사건의 사회적 이야기와 집단 기억을 구축했다. 동시에 그들은 그 사건이 발생했던 개인적 상황에 대한 자신들의 기억을 공고히 했는데, 그것은 '섬광 기억'으로 알려진 효과이다. 한 사건이 사회적으로 더 많이 공유되면 될수록, 그것은 사람들의 마음에 더 많이 고정될 것이다. 사회적 공유는 이런 식으로 사람들이 갖고 있을 수 있는 어떤 자연적인 성향을 중화시키는데 도움이 될 수도 있다. 자연스럽게 사람들은 바람직하지 않은 사건을 '잊도록' 이끌릴 것이다. 그래서 방금 어떤 나쁜 소식을 들은 어떤 사람은 발생한 일을 처음에는 흔히 부인하고 싶어 한다. 나쁜 소식의 반복되는 사회적 공유는 현실성에 기여한다.

요지문

- **The more** an event is socially shared, **the more** it will be fixed in people's minds.

어휘

- construct 구축하다, 건설하다
- consolidate 공고히 하다, 통합하다
- counteract 중화하다, 반대로 행동하다

1   정답 ②

해석

노력과 근면에 대한 능력주의의 강조는 정당한 조건하에서는 우리가 우리의 성공에 책임이 있고 따라서 자유를 누릴 수 있다는 생각을 입증하려 한다. 그것은 또한, 경쟁이 정말 공정하다면, 성공은 미덕과 같은 선상에 놓일 것이고, 열심히 노력하고 규칙을 따르는 사람들은 자신이 마땅히 받아야 할 보상을 받게 될 것이라는 믿음을 입증하려 한다. 우리는 스포츠와 인생에서 성공이란 우리가 물려받는 것이 아니라 획득하는 것이라고 믿고 싶어 한다. 타고난 재능과 그것이 가져다 주는 이점은 능력주의의 믿음을 난처하게 만든다. 그것은 칭찬과 보상이 오직 노력의 결과로만 생긴다는 신념에 의구심을 제기한다. 이러한 난처함에 직면해, 우리는 노력과 분투의 도덕적 중요성을 부풀린다. 이것은 예를 들자면, 선수들이 행하는 뛰어난 재주보다 그들이 극복한 고난과 장애물 그리고 부상이나 힘든 어린 시절 또는 고국의 정치적 혼란을 이겨 내기 위해 그들이 겪은 힘겨운 노력에 관한 가슴 아픈 이야기에 더 초점을 두는 올림픽 경기의 텔레비전 보도에서 볼 수 있다.

요지문

- television coverage of the Olympics, which focuses **less** on the feats the athletes perform **than** on heartbreaking stories of the hardships and obstacles they have overcome, and the struggles they have gone through to triumph ~

어휘

- cast doubt 의구심을 제기하다
- coverage 보도
- turmoil 혼란
- conviction 신념, 확신
- feat 뛰어난 재주[솜씨]

2   정답 ③

해석

최근의 증거는 약 400,000년 전에 살았던 네안데르탈인과 현대인의 공통 조상이 아주 세련된 언어를 이미 사용하고 있었을지도 모른다는 점을 시사한다. 만약 언어가 유전자에 기반을 두며 문화적인 진화로 가는 열쇠라면, 그리고 네안데르탈인이 언어가 있었다면, 왜 네안데르탈인의 도구 세트는 문화적인 변화를 거의 보여주지 않았을까? 게다가 유전자는 200,000년 전 이후의 인간의 혁명 동안에 의심할 여지 없이 변해왔을 것이지만, 새로운 습관의 원인으로서 라기보다는 새로운 습관에 대한 반응으로서 변해왔을 것이다. 초기에는, 요리는 그 반대의 경우보다는 더 작은 창자와 입을 위한 변화를 선택했다. 나중에는, 우유 섭취가 서구 유럽인들과 동아프리카계 사람들에게서 락토오스 소화를 성인기까지 유지하기 위한 변화를 선택했다. 문화적인 말이 유전적인 수레 앞에 온다. 진화를 이끄는 유전적인 변화에의 호소는 유전과 문화의 공동 진화를 역행한다. 그것은 상향식 과정에 대한 하향식 설명이다.

요지문

• genes would undoubtedly have changed during the human revolution after 200,000 years ago, but **more in** response to new habits **than** as causes of them.

어휘

· sophisticated 세련된   · revolution 혁명
· mutation 변화   · gut 창자
· vice versa 거꾸로, 반대로   · digestion 소화

3   정답 ③

해석

운동선수들은 피드백을 받기 전에 때로는 자신의 기술을 혼자서 연습하도록 허용될 필요가 있다. 그렇게 하면 그들은 무엇이 효과가 있고 무엇이 효과가 없는지를 결정할 수 있고, 그들의 강점과 약점에 더 주의를 기울일 수 있게 된다. 운동선수들이 혼자서 훈련하기를 선호할 때 도움을 주려고 시도한다면 여러분은 많은 시간과 말을 낭비하게 될지도 모른다. 운동선수들은 자신들이 최선을 다한 노력이 만족할 만한(➔ 만족스럽지 못한) 성과를 내고 있음을 깨달을 때, 대개 여러분이 말하고자 하는 것을 듣고자 하는 동기를 더 많이 부여 받는다. 다시 말하면, 운동선수들은 그들이 바라는 성과를 달성하지 못할 때, 도움에 반응을 보인다. 그렇다면 코치에게 어려운 것은, 이러한 그리고 다른 종류의 가르칠만한 순간이 생길 때까지 참고 기다리는 것이다. 그러한 인내심에 대한 보상은 여러분이 말하고자 하는 것을 듣고자 하는 동기부여가 되어있고 여러분의 조언을 받아들일 의욕을 보이는 선수들이다.

요지문

• When athletes realize that their best efforts are producing unsatisfactory outcomes, they are usually **more motivated** to hear what you have to say. [비교구문; 요지]
• **In other words**, athletes are responsive to assistance when they fail to achieve the outcome they were hoping for. [요지]

어휘

· outcome 성과, 결과   · incorporate 통합시키다

4   정답 ②

해석

사람들은 보통 촉각을 시간의 현상으로 생각하지 않지만, 그것은 공간적인 만큼 전적으로 시간에 기반을 두고 있다. 직접 알아보기 위해 실험을 할 수 있다. 친구에게 손바닥이 위로 향하게, 손을 컵 모양으로 동그랗게 모아 쥐고, 눈을 감으라고 요청해 보라. 그의 손바닥에 작은 평범한 물건을 올려 놓고 – 반지, 지우개, 무엇이든 괜찮다 – 손의 어떤 부분도 움직이지 말고 그것이 무엇인지 알아보라고 요청해 보라. 그는 무게와 아마 전체적인 크기 외에 다른 어떤 단서도 갖지 못할 것이다. 그런 다음 그에게 눈을 감은 채로 그 물건 위로 손가락을 움직여보라고 말하라. 그는 거의 틀림없이 그것이 무엇인지 즉시 알아낼 것이다. 손가락이 움직이게 함으로써 촉각이라는 감각적 지각에 시간을 더했다. 망막의 중심에 있는 중심와(窩)와 손가락 끝 사이에 직접 적인 유사함이 있는데, 그것 둘 다 예민함이 높다는 것이다. 어둠 속에서 셔츠 단추를 잠그거나 현관문을 여는 것과 같이 촉각을 복잡하게 사용하는 능력은 촉각이라는 감각의, 지속적인, 시간에 따라 달라지는 패턴에 의존한다.

요지문

• People don't **usually** think of touch as a temporal phenomenon, [양보]
• **but** it is every bit **as** time-based **as** it is spatial. [요지]

어휘

· temporal 시간의   · phenomenon 현상
· every bit 전적으로   · spatial 공간적인
· cup 손을 컵 모양으로 동그랗게 모아 쥐다   · sensory 감각적인
· acuity 예민함   · time-varying 시간에 따라 달라지는

5   정답 ④ (➔ undermines)

해석

내면화는 자율성에 대한 지지에 의존한다. 두드러진 보상과 처벌 또는 평가하는, 자존감을 건드리는 압박과 같은 통제 전략을 사용하는 상황에서는 사람들이 활동을 자신의 것으로 가치 있게 여기게 될 가능성이 거의 없다. 이것은 통제가 행동을 유발하는 데 효과가 없다는 말은 아닌데 수십 년에 걸친 조작적 심리학은 통제가 행동을 유발할 수 있다는 것을 증명한다. 그 말은 오히려 사람의 행동에 대한 외부 통제가 더 두드러질수록, 그 사람은 자신의 행동에서 외부적으로만 규제되거나 투입될 가능성이 더 높다는 것이다. 결과적으로 그 사람은 행동에 대한 가치나 투자를 발전시키지 않고, 대신에 외부 통제에 의존하는 상태로 남는다. 따라서 자녀에게 숙제를 하도록 보상을 주거나, 강요하거나, 회유하는 부모는 보상받거나, 회유당하거나, 강요받을 때만 그렇게 하는 자녀를 가질 가능성이 높다. 외적 통제가 두드러지면 자기 책임감의 습득이 촉진된다(➔ 약화된다). 그 대신에 이유를 제시하고, 문제를 극복하는 어려움에 대해 정서적 이해를 보여주고, 최소한의 외적 인센티브를 사용하는 부모는 자녀에게 과업에 대한 자발적 의지와 가치에 대한 식별력을 길러줄 가능성이 더 높다.

- **the more salient** the external control over a person's behavior, **the more** the person is likely to be merely externally regulated or introjected in his or her actions. [요지]
- parents who supply reasons, show an emotional understanding of difficulties overcoming problems, and use a minimum of external incentives are **more likely** to cultivate a sense of willingness and value for work in their child. [요지]

어휘

·internalization 내면화	·operant 조작의, 작용하는
·external 외부의, 외적인	·cajole 회유하다
·acquisition 습득, 획득	·cultivate 기르다, 함양하다

---

6 정답 ②

해석

사람들은 항상 먹을 것이 필요했으며, 또 항상 그럴 것이다. 자기표현 가치에 관한 늘어나는 강조가 물질적 욕구를 끝내지는 않는다. 하지만 우세한 경제적 방향성이 서서히 재형성되고 있다. 지식 부문에서 일하는 사람들은 계속 높은 급료를 추구하지만, 그들은 (아주 흥미로워) 자극이 되는 일을 하는 것과 그들 자신의 시간 계획을 따르는 것에 동등한 또는 더 큰 중점을 둔다. 소비는 점진적으로 생존에 대한 필요와 소비되는 재화의 실용적 사용에 의해 덜 결정된다. 사람들은 여전히 먹지만, 음식 가치의 증가하는 구성 요소가 그것의 비물질적인 측면에 의해 결정된다. 사람들은 흥미로운 경험을 제공하거나 독특한 생활 방식을 상징하는 이국적인 요리를 먹고자 할증금을 낸다. 탈공업화 사회의 대중은 생산이 생태적 또는 윤리적 기준을 위반하는 상품의 구매를 거부하는 것과 같은 '정치적 소비주의'에 점점 더 많은 중점을 둔다. 소비는 점점 덜 생존의 문제이며 점점 더 생활 방식, 그리고 선택의 문제이다.

요지문

- Consumption is **less and less** a matter of sustenance and **more and more** a question of life-style—and choice.

어휘

·emphasis 강조	·put an end to ~을 끝내다
·orientation 방향(성)	·sustenance 생존, 생계
·premium 할증금	·exotic 이국적인
·distinctive 독특한, 두드러지는	·postindustrial 탈공업화의

---

7 정답 ④ (→ managing)

해석

최근 몇 년 동안 전 세계적으로 도시 교통 전문가들은 도시의 자동차 수요에 부응하기보다는 관리해야 한다는 견해를 대체로 따랐다. 소득 증가는 필연적으로 자동차 보급의 증가로 이어진다. 기후 변화로 인한 불가피성이 없다 하더라도, 인구 밀도가 높은 도시의 물리적 제약과 그에 상응하는 접근성, 이동성, 안전, 대기 오염, 그리고 도시 거주 적합성에 대한 요구 모두가 단지 이러한 증가하는 수요에 부응하기 위해 도로망을 확장하는 선택권을 제한한다. 결과적으로, 도시가 발전하고 도시의 거주자들이 더 부유해짐에 따라, 사람들이 자동차를 사용하지 '않기로' 결정하도록 설득하는 것이 도시 관리자와 계획 설계자들의 핵심 중점 사항이 된다. 걷기, 자전거 타기, 대중교통과 같은 대안적인 선택 사항의 질을 향상하는 것이 이 전략의 핵심 요소이다. 하지만 자동차 수요에 부응하는(→ (를) 관리하는) 가장 직접적인 접근 방법은 자동차 여행을 더 비싸게 만들거나 행정 규정으로 그것을 제한하는 것이다. 자동차 여행이 기후 변화의 원인을 제공하는 것이 이런 불가피성을 강화한다.

요지문

- automobile demand in cities needs to be managed **rather than** accommodated.

어휘

·accommodate (요구 등에) 부응하다, 맞추다	
·motorization 자동차 보급, 전동화	
·accessibility 접근성, 접근	·livability 거주 적합성, 살기 좋음
·alternative 대안적인, 대체의	·administrative 행정의
·contribution 원인 제공, 기여	·reinforce 강화하다

---

8 정답 ④

해석

형식주의의 관점에서 문학에 관하여 쓰고자 하는 비평가는 먼저 글의 모든 요소를 개별적으로 검토하고 그것들이 모여 예술 작품을 만드는 방식에 대해 질문하는 면밀하고도 주의 깊은 독자가 되어야 한다. 작품의 자율성을 존중하는 그러한 독자는 그것의 외부나 그것을 넘어서가 아니라 그것의 내부를 들여다봄으로써 그것에 대한 이해를 달성한다. 예를 들어, 역사상의 시대, 작가의 전기, 또는 문학적 양식을 검토하는 대신, 그 사람은 글이 자족적인 실체이며, 자신은 그 글이 스스로를 드러내도록 해주는 지배적인 원칙을 찾고 있다는 추정으로 글에 접근할 것이다. 예를 들어, James Joyce의 단편 소설인 'Araby' 속의 등장인물들과 그가 개인적으로 알았던 사람들과의 관련성은 흥미로울 수도 있겠지만, 그 형식주의자에게 그것들은 그 이야기가 그 안에 포함하고 있는 다른

251

종류의 정보보다 이야기가 의미를 만들어 내는 방식을 이해하는 데 덜 관련되어 있다.

요지문
- the correspondences between the characters in James Joyce's short story "Araby" and the people he knew personally **may** be interesting, [양보]
- **but** for the formalist they are **less** relevant to understanding how the story creates meaning **than** are other kinds of information that the story contains within itself. [요지]

어휘
- ·formalist 형식주의의; 형식주의자
- ·autonomy 자율성
- ·biography 전기
- ·literary 문학적인
- ·self-contained 자족적인
- ·correspondence 관련성

9 　　　　　　　　　　정답 ②

해석
협업의 전등 스위치를 휙 누르는 것은 고유하게 지도자들이 해야 하는 위치에 있는 것인데, 왜냐하면 자발적으로 혼자 일하는 사람들에게 여러 장애물이 방해되기 때문이다. 우선, 상황을 잘 모르고 혼자 남겨진다는 두려움은 그들이 계속 자신들의 기업 소셜미디어에 매달리도록 할 수 있다. 개인들은 고립되거나 고립된 듯 보이는 것을 원치 않는다. 또 다른 이유로는, 자신들의 팀 동료들이 무엇을 하고 있는지 아는 것이 편안하고 안전하다는 느낌을 제공하는데, 사람들은 그들 자신의 행동을 집단과 조화를 이루도록 조정할 수 있기 때문이다. 아마도 바로 처음부터 성공적이지 않을 뭔가 새로운 것을 시도하기 위해 홀로 벗어나는 것은 위험천만하다. 하지만 사람들이 과잉연결되는 것이 안도감이 든다고 느낄지라도, 그들이 주기적으로 (조직을) 벗어나 스스로 생각하여 그다지 성숙하지는 않더라도 다양한 아이디어를 창안하는 것이 조직을 위해 더 좋다. 따라서, 사람들이 그것을 스스로 선택하지 않는 때에도, 처벌처럼 보이게 하지 않으면서 간간이 일어나는 상호작용을 시행함으로써, 전체에게 유익한 여건을 조성하는 것이 지도자의 임무가 된다.

요지문
- **even though** it feels reassuring for individuals to be hyperconnected, [양보]
- it's **better** for the organization if they periodically go off and think for themselves and generate diverse ideas [요지]: 비교구문

어휘
- ·flick (스위치를) 휙 누르다
- ·collaboration 협업
- ·out of the loop 상황을 잘 모르는
- ·enterprise 기업
- ·hyper-connected 과잉 연결된
- ·periodically 주기적으로

10　　　　　　　　　　정답 ②

해석
국경 없는 세계라는 논제는 세계화에 대한 굉장히 단순하고 이상화된 비전을 제시한다는 이유로 많은 지리학자로부터 격렬하게 비난받아왔다. 영토 경계가 허물어질수록 세계 각지의 다양한 집단이 그들의 정체성의 표시로 장소, 국가, 종교에 집착하는 것으로 보인다. 즉, 다른 집단들을 분리하고 그들로부터 방어하는 영토 경계 능력의 감소는 종종 수많은 집단에서 부정적인 반응을 일으킨다. 사람과 장소의 차이는 경계를 세움으로써 사회적으로 형성될 수 있지만, 그렇다고 해서 이것이 한 사회의 구성원들에 의해 깊이 내면화되지 않는다는 뜻은 아니다. 지금까지, 세계화에 대한 소비중심의 담화는 국경이 만들어내는 차이의 느낌을 사람들의 영토 정체성 형성으로부터 분리하는 데 거의 도움이 되지 않았다.

요지문
- **the more** territorial borders fall apart, **the more** various groups around the world cling to place, nation, and religion as markers of their identity.

어휘
- ·thesis 논제
- ·territorial 영토의
- ·uncouple 분리시키다

Code 04　상관구문

예시　　　　　　　　　　정답 1. ① , 2. ④ (→ limited)

해석
창의력은 여러분이 의도적으로 무언가를 창조하려고 시도할 때, 또는 여러분이 잠들었을 때 일어날 수 있다. 어쨌든, 신경과학자인 Dietrich는 창의적인 두뇌가 소프트웨어와 매우 유사하게 작동할 수도 있다고 믿는다. 신경과학자들은 창의력은 체계적으로 가능한 해결책들을 만들어 내고 그런 다음 그것들을 제거하는 뇌의 기계적인 과정에 의해 주도되는 것으로, 본질적으로 신비스러운 것이 아니라 발견과 관련이 있을 수 있다고 생각한다. 그는 컴퓨터의 창의력을 우리 자신의 창의력보다 열등하다고 일축하는 우리의 경향은 인간 문화에 깊이 스며든 이원론에서 비롯된다고 믿는다. "우리는 우리 자신을 과대평가하고 있고 그것들을(컴퓨터를) 과소평가하고 있다."라고 그는 말한다. 인간의 두뇌만이 유일하게 창의적인 재능을 지니고 있다는 생각은 올바른(→ 제한된) 관점으로 보인다. 만약 우리가 컴퓨터 창의력을 있는 그대로 받

아들이고, 그것을 인간적인 것으로 보이도록 하려는 시도를 멈춘다면, 컴퓨터는 우리에게 우리 자신의 창의적 재능에 대한 새로운 것들을 가르쳐 줄 뿐만 아니라, 또한 우리가 상상을 시작할 수 없는 방식으로 창의적이 될 수도 있다.

요지문

• **not only** will computers teach us new things about our own creative talents, **but** they might become creative in ways that we cannot begin to imagine.

어휘

· deliberately 의도적으로
· mystical 신비적인
· ingrained 깊이 스며든, 뿌리 깊은
· dualism 이원론
· overvalue 과대평가하다
· underestimate 과소평가하다
· embrace 받아들이다

정답 ②

해석

많은 똑같은 동물이나 식물을 퍼뜨리기 위한 복제로 이어지는 유전 공학은 때때로 자연의 다양성에 대한 위협으로 여겨진다. 그러나 인간은 수천 년 동안 인위적인 단일 경작으로 다양한 자연 서식지를 대체해 오고 있다. 선진국 자연 서식지의 대부분은 대량 생산 또는 반복에 기반을 둔 어떤 형태의 인위적인 환경으로 이미 대체되었다. 생물 다양성에 대한 진정한 위협은 계속 늘어나는 인구에 식량을 공급하기 위해서 지구의 더욱더 많은 부분을 생산지대로 전환해야 할 필요성임이 확실하다. 가축의 복제와 이식 유전자에 의한 변형은 전반적인 상황에 거의 변화를 주지 않는다. 반대로, 유전학에 관한 새로워진 관심은 아직 알려지지 않은 다양한 목적을 위해서 이용될 수 있는 흥미롭거나 유용한 유전 특성을 가진 많은 야생 동식물이 있다는 인식을 점점 키웠다. 이것은 결국 자연 생태계가 암, 말라리아 또는 비만을 치료하는 미래의 약을 품고 있을 수도 있기 때문에 우리가 <u>자연 생태계를 파괴하는 것을 피해야 한다</u>는 것을 깨닫게 해 주었다.

요지문

• Genetic engineering followed by cloning to distribute many identical animals or plants is **sometimes** seen as a threat to the diversity of nature. [양보]
• **However**, humans have been replacing <u>diverse natural habitats</u> with artificial monoculture for millennia. [요지]
• The cloning and transgenic alteration of domestic animals makes **little** difference to <u>the overall situation</u>. [비판]: 부정문
• **Conversely**, the renewed interest in genetics has led to a growing awareness that there are <u>many wild plants and animals</u> with interesting or useful genetic properties ~

[대안]: 긍정문

어휘

· genetic engineering 유전 공학
· cloning 복제
· convert 전환하다
· transgenic 이식 유전자에 의한
· alteration 변형
· harbor 품다

정답 ④

해석

음식은 먹는 사람을 구별 지을 뿐만 아니라 결속하기도 하는데, 이는 사람이 먹는 것과 먹는 방식이, 그 정체성이 국가든 민족의식이든, 집단 정체성에 대한 그 사람의 정서적 유대의 많은 부분을 형성하기 때문이다. 저명한 20세기 중국의 시인이자 학자인 Lin Yutang은 "조국에 대한 우리의 사랑은 대개 우리의 유년기에 대한 육체적 감각의 강렬한 만족을 기억하는 문제입니다. 미국 정부에 대한 충성은 미국 도넛에 대한 충성이고, '조국'에 대한 충성은 'Pfannkuchen(도넛의 일종)'과 'Stollen(빵의 일종)'에 대한 충성입니다."라고 말한다. 음식과 국가 혹은 인종과의 동일시 간의 그런 강한 연관성은 음식과 요리 이야기가 한 공동체와 그 공동체의 문화의 훈련장에서 중대한 위치를 차지하고, 그래서 먹고, 요리하고, 요리에 대해서 이야기하는 것이 한 공동체의 완전함과 지속에 지극히 중요하다는 진리를 분명히 나타내 준다. 다시 말하자면 한 공동체의 운명은 그 공동체가 얼마나 잘 그 구성원들을 기르는지에 달려 있다.

요지문

• Food <u>unites</u> **as well as** distinguishes eaters [요지]
• <u>what and how one eats</u> forms much of one's emotional tie to a group identity, **be it** a nation or an ethnicity. [요지]: 양보(명령)

어휘

· ethnicity 민족의식, 민족성
· recollection 기억, 회상
· keen 강한, 강렬한
· loyalty 충성, 충실
· Uncle Sam 미국 정부
· Vaterland 조국

정답 ④

해석

증거가 사용되는 사회과학 연구의 실제에서 조차도 때때로 그것은 적절한 과학적 검증을 위해 정확하게 활용되지 않는다. 사회과학에 있어서 많은 경우, 증거는 특정 이론을 증명해 보이기 위해서만, 즉 그 이론을 뒷받침하는 긍정적인 사례들을 찾기 위해서만 활용된다. 하지만, 이러한 것들은 찾기 쉽고, 사회과학에서 널리 알려진 딜레마로 귀결되는데, 거기에서 우리는 두 개의 상충하는 이론들을 보게 된다. 그리고

그 각각은 (상충하는 이론들) 자신을 뒷받침해주는 긍정적인 경험적 증거를 내세우지만, 각각의 이론은 정반대의 결론에 이르게 된다. 그 둘 사이에서 우리는 어떤 이론을 받아들여야 하는가? 여기서 증거의 과학적 활용이 도움이 될 것이다. 왜냐하면 과학과 관련하여 특징적인 것은 부정적인 사례들을 찾는 것, 즉 이론이 옳다는 것을 증명하기보다 오히려 그 이론이 틀렸음을 입증하기 위한 방법들을 찾는 것이기 때문이다. 과학적 검증성의 진정한 위력은 긍정적인 것이 아니라 부정적인 것이다. 검증은 우리로 하여금 우리의 이론이 옳다는 것을 증명할 뿐 아니라, (더욱 중요한 것은) 그 증거와 일치하지 않는 것들을 제거하도록 해주는 데 있다.

요지문

- what is distinctive about science is the search for negative instances – the search for ways to falsify a theory, **rather than** to confirm it. [요지]
- The real power of scientific testability is negative, **not** positive. [요지]

어휘

- affirm 증명해 보이다, 확인하다
- uphold 지지하다, 확인하다
- conflicting 충돌하는, 일치하지 않는
- empirical 경험의, 경험적인
- distinctive 독특한, 특이한
- falsify ~의 틀림을 입증하다

4   정답 ④

해석

도시에서 운전하거나 걷거나 교통 카드를 판독기에 통과시키는 모든 사람은 현관문을 나서는 순간부터 자신을 교통 전문가로 여긴다. 그리고 그 사람이 도로를 바라보는 방식은 그 사람이 돌아다니는 방식과 매우 밀접하게 일치한다. 그런 이유로 우리는 선의의 시민 의식을 가진 매우 많은 사람이 서로를 지나치며 언쟁하는 것을 보게 된다. 학교 강당에서 열리는 주민 회의에서, 도서관과 교회의 뒷방에서, 전국의 지역 주민들이 모여 도시의 거리를 바꿀 교통 제안에 대해 흔히 논쟁적인 토론을 벌인다. 그리고 모든 정치와 마찬가지로, 모든 교통은 지역적이고 지극히 개인적이다. 수만 명의 이동 속도를 높일 수 있는 교통 프로젝트는 몇 개의 주차 공간 상실에 대한 반대나 프로젝트가 효과가 없을 것이라는 단순한 두려움 때문에 중단될 수 있다. 그것은 데이터나 교통 공학 또는 계획의 과제가 아니다. 도로에 대한 대중 토론은 보통 변화가 개인의 통근, 주차 능력, 안전한 것과 안전하지 않은 것에 대한 믿음, 또는 지역 사업체의 순익에 어떤 영향을 미칠지에 대한 감정적인 추정에 뿌리를 두고 있다.

요지문

- It's **not** a challenge of the data or the traffic engineering or the planning. [비판]: 부정문

- **(But)** Public debates about streets are typically rooted in emotional assumptions about how a change will affect a person's commute, [대안]: 긍정문

어휘

- transit card 교통 카드
- transportation 교통, 운송
- well-intentioned 선의의
- auditorium 강당
- bottom line 순익
- track with ~과 일치하다

5   정답 ②

해석

폭(모두가 약간 지쳤다고 느낀다)과 깊이(일부는 너무 지쳐서 더는 일을 할 수 없다)에 대한 필요의 균형을 맞추기 위해, 우리는 번아웃을 '상태'가 아니라 '범위'로 간주해야 한다. 번아웃에 대한 대부분의 대중적 논의에서, 우리는 '번아웃 된' 노동자에 대해, 마치 그 상태가 흑백 상태인 것처럼 이야기한다. 그러나, 흑백 논리의 관점은 번아웃 경험의 다양성을 설명할 수 없다. 전구의 경우 그런 것처럼, 번아웃 상태와 그렇지 않은 상태 사이에 명확한 경계가 있다면, 자신이 번아웃 되었다고 말하지만 여전히 용케도 자기 일을 유능하게 해내는 사람들을 분류할 수 있는 좋은 방법이 없다. 번아웃을 범위로 간주하면 이러한 문제를 해결할 수 있는데, 번아웃을 주장하지만 그것에 의해 쇠약해지지 않는 사람은 그것의 부분적이거나 덜 심각한 형태를 다루고 있을 뿐이다. 그들은 번아웃 '되고 있지' 않으면서 번아웃을 경험하고 있다. 번아웃은 마지막 진술을 하지 않았다.

요지문

- we ought to think of burnout **not** as a state **but** as a *spectrum* [요지]

어휘

- spectrum 범위, 스펙트럼
- categorize 분류하다
- competently 유능하게
- partial 부분적인
- have the last word 마지막 진술을 하다

6   정답 ②

해석

정확성과 확정성은 모든 의미 있는 과학 토론을 위한 필요조건이며, 과학에서의 발전은 상당 부분, 훨씬 더 높은 정확성을 달성하는 계속 진행 중인 과정이다. 그러나 역사적 진술은 진술의 증식을 중요시하는데, 이는 한 가지 진술의 정제가 아닌, 훨씬 더 다양한 진술 집합의 생성에 중요성을 두는 것이다. 역사적 통찰은 이전에 선택한 것들을 지속해서 '좁혀 가는 것의 문제, 즉 진리에 근접함의 문제가 아니라, 반대로 가능한 관점들의 '폭발적 증가'이다. 그러므로 그것은 이전의

진술에서 무엇이 옳고 틀렸는지에 대한 신중한 분석에 의해 진리를 획득하는 것이 아니라, 새롭고 대안적인 진술의 생성에 의해 확정성과 정확성에 대해 이전에 가진 환상의 정체를 드러내는 것을 목표로 한다. 그리고 이러한 관점에서 보면, 역사적 통찰의 발전은 과학에서처럼 진리에 훨씬 더 많이 근접함보다는, 훨씬 더 큰 혼란을 만들어내는 과정, 즉 이미 획득한 것처럼 보이는 확실성과 정확성에 대한 지속적인 의문 제기로 외부인에게 진정 여겨질 수도 있다.

요지문

- historical representation puts a premium on a proliferation of representations, hence **not** on the refinement of one representation **but** on the production of an ever more varied set of representations. [요지]
- It therefore aims at the unmasking of previous illusions of determinacy and precision by the production of new and alternative representations, **rather than** at achieving truth by a careful analysis of what was right and wrong in those previous representations. [요지]

어휘

·precision 정확성	·determinacy 확정성
·put a premium on ~을 중요시하다	·refinement 정제, 개선
·narrowing down 좁히기	·approximation 근접, 근사
·explosion 폭발적 증가	·unmasking 정체 밝히기

7 정답 ①

해석

도시의 질은 선택적 활동에 매우 중요해서, 머물기 활동의 정도가 흔히 도시의 공간뿐만 아니라 도시의 질을 측정하는 잣대로 사용될 수 있다. 도시의 많은 보행자가 반드시 도시의 질이 좋다는 지표인 것은 아니며, 걸어서 돌아다니는 많은 사람은 흔히 부족한 운송 선택권 또는 도시 내 다양한 기능 간의 먼 거리의 징표일 수 있다. 반대로, 많은 사람이 걷지 않는 도시는 흔히 좋은 도시의 질을 나타낸다고 주장될 수 있다. 로마와 같은 도시에서 눈에 띄는 것은 걷기보다는 광장에 서 있거나 앉아 있는 많은 사람이다. 그런데 이것은 필요성 때문이 아니라, 그 도시의 질이 매우 매력적이기 때문이다. 도시 공간에는 머무르게 하는 유혹이 너무 많아서 계속 움직이기 어렵다. 반대로 많은 사람이 걸어서 지나가지만 거의 멈추거나 머무르지 않는 많은 새로운 구역과 단지가 있다.

요지문

- Many pedestrians in a city are **not** necessarily an indication of good city quality [비판]: 부정문
- **Conversely**, it can be claimed that a city in which many

 people are not walking often indicates good city quality.
[대안]: 긍정문

어휘

·extent 정도	·indication 지표, 표시
·transit 운송	·inviting 매력적인, 유혹적인
·quarter 구역, 지구	·complex (건물) 단지

8 정답 ③

해석

사람과 기계를 협업 시스템으로 생각하지 않고 자동화될 수 있는 작업은 무엇이든 기계에 할당하고 그 나머지를 사람들에게 맡길 때 어려움이 발생한다. 이것은 결국 사람들에게 기계와 같은 방식으로, 즉 인간의 능력과 다른 방식으로 행동할 것을 요구하게 된다. 우리는 사람들이 기계를 감시하기를 기대하는데, 이는 오랫동안 경계를 게을리하지 않는 것을 의미하며, 그것은 우리가 잘하지 못하는 어떤 것이다. 우리는 사람들에게 기계에 의해 요구되는 극도의 정밀함과 정확성을 가지고 반복적인 작업을 할 것을 요구하는데, 이 또한 우리가 잘하지 못하는 어떤 것이다. 우리가 이런 식으로 어떤 과제의 기계적 구성요소와 인간적 구성요소를 나눌 때, 우리는 인간의 강점과 능력을 이용하지 못하고, 그 대신 유전적으로, 생물학적으로 부적합한 영역에 의존하게 되는 것이다. 하지만, 사람들이 실패할 때, 그들은 비난을 받는다.

요지문

- Difficulties arise when we do **not** think of people and machines as collaborative systems, **but** assign whatever tasks can be automated to the machines and leave the rest to people.

어휘

·collaborative system 협업 시스템	
·assign 할당하다	·automate 자동화하다
·monitor 감시하다	·keep alert 경계를 게을리 하지 않다
·precision 정밀함	·take advantage of ~을 이용하다

9 정답 ④

해석

개가 마약, 폭발물, 밀수품, 혹은 다른 품목들을 탐지하도록 훈련받을 때, 조련사는 사실 개에게 냄새 맡는 법을 가르치지 않는데, 개는 이미 한 냄새를 다른 냄새와 구별하는 법을 알고 있기 때문이다. 오히려 개는 다른 냄새와 대조하여 한 냄새에 의해 감정적으로 자극을 받도록 훈련된다. 단계적 훈련 과정에서, 조련사는 어느 특정한 냄새에 '정서적 감흥'을 부여하며, 그래서 개는 다른 모든 냄새에 우선하여 그 냄새

에 이끌린다. 그런 다음, 그 개는 조련사가 개의 행동을 통제하거나 발산시킬 수 있도록 신호에 따라 바라는 품목을 찾아내도록 훈련된다. 이러한 정서적 자극은 또한 개와 당기기 놀이를 하는 것이 단지 개에게 맛있는 특별한 먹이를 주는 것보다 훈련 체계에서 더욱 강력한 정서적 보상이 되는 이유이기도 한데, 왜냐하면 조련사가 당기기 게임에 더 많은 감정을 투입하기 때문이다. 조련사가 정기적으로 개에게 먹이를 주는 한, 개는 자신의 '좋은' 행동이 보상을 초래한다는 것을 이해할 수 있다. 개의 관점에서 그 당기기 장난감은 조련사가 그 장난감에 의해 '흥분하기' 때문에 흥미진진하다.

요지문

- When a dog is trained to detect drugs, explosives, contraband, or other items, the trainer **doesn't** actually teach the dog how to smell [비판]: 부정문
- **Rather**, the dog is trained to become emotionally aroused by one smell versus another. [대안]: 긍정문

어휘

- explosive 폭발물
- emotional charge 정서적 감흥
- regime 관리 체계
- discriminate 구별하다
- arousal 자극, 흥분
- treat 특별한 것, 아주 좋은 것

10 정답 ⑤

해석

중앙 집권화되고 공식적인 규칙은 역할과 관행을 확립함으로써 생산적인 활동을 촉진할 수 있다. 야구 규칙은 그저 선수들의 행동을 규제하는 것만이 아니라, 경기하는 것을 구성하는 행동을 결정한다. 규칙은 사람들이 야구를 하지 못하게 막는 게 아니라, 사람들이 야구를 할 수 있게 하는 바로 그 관행을 만들어 낸다. 악보는 규칙을 부과하지만, 그것은 또한 사람들이 음악을 만들 수 있게 하는 행동 양식을 만들어 내기도 한다. 기업의 형성을 가능하게 하는 법규, 유언장과 신탁금의 사용을 가능하게 하는 법규, 양도성 증권을 만들어 내는 법규, 계약의 관행을 확립하는 법규는 모두 사람들을 위해 새로운 기회를 만들어 내는 관행을 만든다. 그리고 우리에게는 판사, 신탁 관리자, 동업자, 후견인과 같은 법률 시스템 내에서 개인이 수행하는 역할을 확립하는 법규가 있다. 물론, 이러한 역할을 확립하는 법규는 그 역할을 차지하는 사람들의 행동을 제약하지만, 규칙 스스로가 또한 역할을 만들어 내기도 한다. 그것들이 없다면 개인은 역할을 차지할 기회를 갖지 못할 것이다.

요지문

- The rules of baseball **don't just** regulate the behavior of the players; *(but)* they determine the behavior that constitutes playing the game. [요지]

- Rules do **not** prevent people from playing baseball; *(but)* they create the very practice that allows people to play baseball. [요지]
- A score of music *(not only)* imposes rules, **but** it **also** creates a pattern of conduct that enables people to produce music. [요지]

어휘

- corporation 기업
- trust 신탁금
- trustee 신탁 관리자
- will 유언장
- negotiable instrument 양도성 증권
- guardian 후견인

Code 05 가정법 구문

예시 정답 ④

해석

여러분이 여러분의 주의를 집중하는 방식은 여러분이 스트레스에 대처하는 방식에 중요한 역할을 한다. 주의가 분산되면 스트레스를 해소하는 능력이 손상되는데, 왜냐하면 여러분의 주의가 분산되더라도, 여러분은 여러분의 경험 중 스트레스가 많은 부분에만 집착할 수 있으므로, 그것이 좁게 집중되기 때문이다. 여러분의 주의의 초점이 넓어지면, 여러분은 스트레스를 더 쉽게 해소할 수 있다. 여러분은 어떤 상황이라도 그 상황의 더 많은 측면을 균형 있는 시각으로 볼 수 있으며, 피상적이고 불안을 유발하는 주의 수준으로 여러분을 옭아매는 한 부분에 갇히지 않을 수 있다. 초점이 좁으면 각 경험의 스트레스 수준이 높아지지만, 초점이 넓으면 여러분은 각 상황을 더 넓은 시각으로 더 잘 볼 수 있기 때문에 스트레스 수준이 낮아진다. 불안감을 유발하는 하나의 세부 사항은 더 큰 전체적인 상황보다 덜 중요하다. 그것은 여러분 자신을 들러붙지 않는 프라이팬으로 변형시키는 것과 같다. 여러분은 여전히 달걀을 부칠 수 있지만, 그 달걀이 팬에 들러붙지 않을 것이다.

요지문

- **When** your attentional spotlight is widened, you can more easily let go of stress.

어휘

- fixate on ~에 집착하다
- superficial 피상적인
- tie down to ~에 옭아매다
- nonstick 들러붙지 않는

1

정답 ②

해석

교육 기술의 성공적인 통합은 그 기술이 사용자에 의해 학습이나 교육, 또는 수행의 눈에 띄지 않는 촉진자로 여겨지는 것으로 나타난다. 사용되고 있는 기술에서 기술이 이바지하는 교육적 목적으로 초점이 옮겨갈 때, 그 기술은 편안하고 신뢰할 수 있는 요소가 되고 있으며, 성공적으로 통합되고 있다고 여겨질 수 있다. (볼펜들 중) 어떤 것들은 돌리는 방법을 사용하고, 또 어떤 것들은 위에 달린 누름단추를 사용하며, 그리고 다른 변형된 방법들도 있을 정도로 그 구조가 다양하지만, 볼펜 사용법에 대해 재고하는 사람들은 거의 없다. 개인용 컴퓨터는 아주 많은 사용자들에게 (볼펜과) 비슷한 수준의 친숙함에 도달했지만, 분명 모두에게 그렇지는 않다. 새롭고 떠오르는 기술은 흔히 사용자들에게 매력과 좌절감을 동시에 경험하게 한다. 학습, 교육 또는 수행을 촉진하는 데 있어서 사용자의 초점이 기술의 사용이 아니라 기술 그 자체에 맞춰져 있는 한, 적어도 그 사용자에게는 그 기술이 성공적으로 통합되었다는 결론을 내려서는 안 된다.

요지문

• **When** the focus shifts from the technology being used to the educational purpose that technology serves, [요지] then that **technology** is becoming a comfortable and trusted element, and can be regarded as **being successfully integrated**.

• **As long as** the user's focus is on the technology itself rather than its use in promoting learning, instruction, or performance, [요지의 반대] then one ought **not** to conclude that **the technology has been successfully integrated** – at least for that user.

어휘

· integration 통합　　　　　　· facilitator 촉진자
· fascination 매력　　　　　　· frustration 좌절

2

정답 ③

해석

때때로 '그런데 이것이 예술인가?'라는 질문을 불러일으키지 않는다면 현대 예술이 제 역할을 하지 못하는 것처럼 보인다. 나는 그 질문이 물어 볼 가치가 있는지 잘 모르겠다. 나에게는 예술과 예술이 아닌 것 간의 경계가 결코 뚜렷한 것이 될 수 없을 것이라고 생각된다. 설상가상으로 시, 희곡, 조각, 회화, 소설, 무용, 기타 등등의 다양한 예술 형식은 매우 달라서, 나는 왜 우리가 그것들의 다양함을 표현할 수 있는 단 하나의 정의를 생각해 낼 수 있다고 기대해야 하는지 잘 모르겠다. 예술은 비트겐슈타인의 '가족 유사성' 개념의 전형적인 예시인 것처럼 보인다. 무언가가 예술로서 자격을 갖추기 위한 필요충분조건을 명시하려고 노력해보라, 그러면 여러분은 여러분의 기준에 있어서의 하나의 예외를 항상 발견할 것이다. 만약 철학이 어떠한 예술의 변치 않는 본질을 찾아내는 데 있어서 실패를 인정한다면, 그것은 시도의 부재 때문일 리는 거의 없다. 거의 틀림없이 우리는 이것이 사상의 역사에 있어서 가장 부질없는 시도 중 하나였을 것이라고 생각할 충분한 이유가 있다.

요지문

• I'm not sure why we should expect to be able to come up with a single definition that can capture their variety. 〈빈칸〉 ➡ 요지

• **Try** to specify the necessary and sufficient condition for something qualifying as art **and** you'll always find an exception to your criteria. 〈명령문〉 ➡ 요지

어휘

· contemporary 현대의　　　　· resemblance 유사성
· criteria criterion(기준)의 복수형

3

정답 ②

해석

어떤 식물은 맛이 좋고 소화가 쉬운 반면 다른 것들은 약간만 그렇다. 많은 다른 식물은 맛이 없거나 심지어 독성이 있기까지 하다. 왜 그럴까? 식물은 수 백 만 년에 걸친 적응의 산물이다. 이 모든 시간에 걸쳐, 그리고 심지어 오늘날에도 그들은 기후, 토양, 물의 변화, 다른 식물과의 경쟁, 그리고 수십 종의 식물을 먹는 동물을 포함하는 많은 영향을 받기 쉽다. 만약 식물이 이러한 외부적인 영향에 적응하는데 실패한다면 그 결과는 심각한 감소 또는 심지어 그 종의 멸종까지 될 수 있다. 그렇지만 동물과 달리 식물은 안전을 위해 뿌리를 뽑아 달아날 수 없다. 또한 많은 식물은 공격을 취하거나 포식자가 될 수도 없다. 따라서 자신을 방어하고 자기 종의 생존을 확보하기 위해 대부분의 식물은 독특한 맛을 포함하여 정교한 기계적, 화학적 그리고 생식적 특징을 발달시켜 왔다.

요지문

• Plants are products of millions of years of adaptation. 〈빈칸〉 ➡ 요지

• **Unless** a plant is able to adjust to these external influences, the result can be serious depletion or even extinction of its species. 〈조건절(unless)〉 ➡ 요지

어휘

· depletion 감소, 고갈　　　　· reproductive 생식적인

4

정답 ②

해석

"사자들이 자신들의 역사가를 갖게 될 때까지, 사냥 이야기는 언제나 사냥한 자를 미화할 것이다."라는 아프리카 속담이 있다. 이 속담은 권력, 통제, 법 제정에 관한 것이다. 환경 저널리스트는 '사자의 역사가' 역할을 수행해야 한다. 그들은 법을 만드는 사람들에게 환경에 대한 관점을 이해시켜야 한다. 그들은 인도 야생 자연의 대변자가 되어야 한다. 현재 인간의 소비율은 완전히 지속 불가능하다. 숲, 습지, 황무지, 해안 지대, 환경 민감 지역 모두 가속화되고 있는 인구 수요를 위해 마음대로 이용할 수 있는 것으로 여겨진다. 그러나 소비를 줄이는 것이든, 생활 방식을 바꾸는 것이든, 인구 증가를 줄이는 것이든, 인간의 행동에 어떤 변화든 요구하는 것은 인권 침해로 여겨진다. 하지만 어느 시점에 인권은 '옳지 않은 것'이 된다. 인간의 권리와 나머지 환경의 권리 사이에 차이가 없도록 우리의 생각을 바꿔야 할 때이다.

요지문

· **It's time** we changed our thinking so that there is no difference between the rights of humans and the rights of the rest of the environment.

어휘

· glorify 미화하다, 기리다
· put across ~ to … ~을 …에게 이해시키다
· unsustainable 지속 불가능한
· disposable 마음대로 이용할 수 있는
· accelerating 가속화되고 있는　　　　· violation 침해, 위반

5

정답 ①

해석

다양성은 삶의 양념이다. 만일 내가 50명의 학생들에게 로마 제국이 멸망한 원인을 주제로 하는 5페이지 분량의 에세이를 과제물로 내준다면, 그들 대부분은 그것은 궁극적으로는 국경지역의 약화에 이르게 한 경제적이고 사회적인 원인들이 복합적으로 작용했기 때문이라고 말할 가능성이 많다. 이것도 훌륭한 답이 될 수 있지만, 모두가 똑같은 것을 말하는 45개의 답을 읽고 나서는 나는 변화(색다른 답)에 대한 준비가 되어 있다. 학급의 나머지 학생들과 다른 각도를 취해 답지에 적을 수 있다면 당신은 교수님들에게 강한 인상을 남길 가능성이 더 많다. 그러나 여기에 방심할 수 없는 부분이 있는데, 그것은 서로 다르다는 것은 위험하며, 당신이 당신의 주장을 아주 훌륭히 뒷받침할 때에만 효과가 있다는 점이다. 만일 당신이 로마가 멸망한 이유는 오로지 기독교가 로마인들의 투쟁 정신을 약화시켰기 때문이라고 주장하고자 한다면, 당신은 몇몇 잠재적인 반대의견들에 맞설 수 있는 설득력 있는 논거와 주장이 필요할 것이다.

요지문

· **If** you can take a different angle from the rest of the class in a paper, you're more likely to impress your professors.

어휘

· assign 할당하다　　　　　　　· ultimately 궁극적으로
· frontier 국경(지방), 변경　　　· tricky 교묘한, 다루기 힘든
· solely 오로지, 다만　　　　　· persuasive 설득력 있는
· reasoning 추론, 논거, 이론　· objection 반대

정답 ⑤

해석

선택을 한 후에, 그 결정은 결국 우리가 추측하는 즐거움을 변화시키며, 그 선택한 선택사항으로부터 얻을 것으로 기대되는 즐거움을 향상시키고 거부한 선택사항으로부터 얻을 것으로 기대되는 즐거움을 감소시킨다. 우리가 선택한 것과 일치하도록 옵션의 가치를 재빨리 새롭게 하려 하지 않는다면, 우리는 뒤늦게 자신을 비판하여 미칠 지경으로 몰고 갈 가능성이 있다. 우리는 태국보다는 그리스를, 커피메이커보다는 토스터를, Michele보다는 Jenny를 선택해야 했던 것은 아니었는지 자신에게 계속 되풀이하여 물어볼 것이다. 지속적으로 뒤늦게 자신을 비판하는 것은 우리의 일상적인 기능을 방해할 것이고 부정적인 결과를 촉진할 것이다. 우리는 불안하고 혼란스러워 할 것이며, 후회하며 슬퍼할 것이다. 우리가 옳은 일을 한 것일까? 우리의 마음을 바꿔야 할 것인가? 이러한 생각들은 영구적인 교착 상태를 초래할 것이다. 우리는 그야말로 옴짝달싹 못하면서, 우유부단함에 사로잡혀 앞으로 나아가지 못하는 자신의 모습을 발견하게 될 것이다. 반면에, 결정을 내린 후에 자신의 선택을 재평가하는 것은 그 취한 행동에 대한 우리의 헌신을 증가시키며 우리를 앞으로 나아가게 해 준다.

요지문

· **If** we were not inclined to update the value of our options
　rapidly ~ ,　　　　　　　　[가정법 과거]: if 절
we **would** likely second-guess ourselves to the point of
　insanity.　　　　　　　　　[가정법 과거]: 주절
We **would** ask ourselves again and again ~ .
　　　　　　　　　　　　　　[가정법 과거]: 주절
We **would** feel anxious and confused, regretful and sad.
　　　　　　　　　　　　　　[가정법 과거]: 주절
We **would** find ourselves stuck, overcome by indecision ~ .
　　　　　　　　　　　　　　[가정법 과거]: 주절

어휘

- concur with ~와 일치하다
- second-guess 사후에[뒤늦게] 비판하다
- insanity 정신 이상
- halt 멈춤, 중단
- commitment 전념, 헌신
- indecision 우유부단함, 망설임

---

7   정답 ⑤

해석

생태 건강은 지표면이 동식물의 건강한 삶을 위한 토대를 제공할 수 있도록 그것(지표면)을 부식토와 광물이 풍부한 상태로 유지하는 데 달려 있다. 토양이 이러한 원료를 잃거나 다량의 오염 물질이 그것(토양)에 유입되면 그 상황은 붕괴한다. 인간이 지표면 아래로 가서, 이 시스템의 일부로 변하지 않은 광물이나 다른 화합물을 끄집어내면, 문제가 뒤따른다. 납과 카드뮴의 채굴이 이것의 예이다. 석유 또한 인간에 의해 지구의 내부에서 채굴되어 지표 생태계에 유입된 물질이다. 비록 그것(석유)이 식물로부터 형성되지만, 그로 인해 생기는 고도로 환원된 탄소 화합물은 살아 있는 원형질에 유독한 경우가 많다. 암을 유발할 수 있는 석유 생성 물질인 '폴리염화 바이페닐'의 경우에서처럼, 몇몇 경우에는 심지어 매우 적은 양일 때도 이러하다.

요지문

- The situation is disrupted **if** the soil loses these raw materials or **if** great quantities of contaminants are introduced into it. 〈빈칸, 조건(if)〉: 요지
- **When** man goes beneath the surface of the earth and drags out minerals or other compounds that did not evolve as part of this system, then problems follow. 〈조건(when)〉: 요지

어휘

- ecological 생태학적
- disrupt 붕괴시키다, 방해하다
- compound 화합물; 합성하다
- mining 채굴, 광업
- petroleum 석유
- cancer 암
- contaminant 오염물질

---

8   정답 ④ (➜ accept)

해석

want-should 갈등의 결과는 우리의 미래 자아가 선택할 것이라고 생각하는 것뿐만 아니라 우리가 미래 자아에 얼마나 가깝게 느끼는지에 의해 영향을 받는다. want-should 갈등은 근본적으로 현재 자아의 욕구를 충족시키는 선택(wants)과 미래 자아에 이익을 주는 선택(shoulds) 사이의 거래와 관련된다. 그 결과, 우리가 미래 자아와 심리적으로 연결되어 있다고 느끼지 않을 때, 우리는 이 자아에 이익이 되는 행동

을 하는 것에 덜 관심을 가질 것이며, 따라서 should 선택을 피할 것이다. 실제로, 최근 생겨난 연구 흐름은 미래 자아로부터 더 단절감을 느낄수록 사람들이 더 참을성 없다는 것을 시사한다. 예를 들어, 사람들은 (그들의 정체성과 신념을 바꾸지 않을 것 같은 사건보다는) 인생을 바꾸는 사건을 경험할 것을 예상할 때 더 높은 비율로 더 크고 더 늦은 보상보다 더 작고 더 이른 보상을 선호한다. 그 이유는 인생을 바꾸는 사건들이 그들의 현재 자아에 대한 모습과 미래 자아에 대한 모습 사이에 더 큰 단절을 유도하기 때문이다. 더 일반적으로, 사람들은 그들의 정체성이 시간이 지남에 따라 상당히 변할 것이라고 들었을 때, 그들은 즉각적인 혜택(wants)을 포기하고(➜ 받아들이고) 더 큰 미뤄진 혜택(shoulds)을 버릴 가능성이 더 높다. 반면에 멀리 내다보는 의사 결정은 사람들이 미래 자아와 더 가깝게 느끼도록 함으로써 촉진된다.

요지문

- **when** we do not feel psychologically connected to our future self, we should be less interested in taking actions to benefit this self and thus shy away from *should* options. 〈조건(when)〉➜ 요지
- **when** people are told that their identity will change considerably over time, they are more likely to accept immediate benefits (*wants*) and forsake larger deferred benefits (*shoulds*). 〈조건(when)〉➜ 요지

어휘

- tradeoff 교환, 균형, 절충안
- shy away ~을 피하다
- induce 유발하다, 권유하다
- forsake 버리다, 포기하다
- farsighted 선견지명의, 원시의
- facilitate 촉진하다

---

9   정답 1. ③ , 2. ④(➜ fuel)

해석

여러분은 자기 자신의 삶의 내레이터이다. 각 경험을 묘사하는 어조와 관점이 그 내레이션과 관련된 감정을 만들어 낸다. 예를 들어, "이건 어려워.", "내가 살아남을 수 있을지 모르겠어.", 또는 "일이 안 좋게 되어갈 것 같아."라고 계속해서 가정하는 자신의 모습을 알게 된다면, 여러분은 불안한 감정을 만들어 낼 것이다. 이제는 여러분의 사고방식을 재구성할 때다. 이러한 내레이션의 기저에는 여러분의 경험에 틀을 씌우고 그것에 의미를 부여하는 신념이 존재한다. 여러분은 매우 다양한 자동적 사고를 일부는 의식적으로, 일부는 무의식적으로 만들어 낸다. 예를 들어, 불안감을 완화하는(➜ 기름을 붓는) 자동적 사고는 이런 식으로 흘러간다: 여러분이 방에 들어가서 처음 보는 사람 몇 명을 보고, 자신에게 말한다. "이런, 나는 이거 싫어. 이건 좋지 않아." 자동적 사고는 새롭고 긍정적인 경험을 우울하게 만드는 나쁜 습관이다. 만약 여러분이 새로운 무언가를 하기 전에 항상 스트레스를 받고

불안감으로 가득하다고 스스로에게 말한다면, 그 새로운 경험은 그 불안에 의해 오염될 것이다.

요지문

· **It's time** to restructure the way you think.
· **If** you tell yourself that you are always stressed or full of anxiety before doing something new, that new experience will be tainted by that anxiety.

어휘

·perspective 관점   ·restructure 재구성하다
·underlying 기저의   ·automatic 자동의

10   정답 ②

해석

욕망이 결과와 상충되는, 단순해 보이는 가리키는 과업에 직면했을 때, 침팬지들은 원하는 보상이 바로 옆에 있는 상황에서 자신에게 이익이 되는 예리한 인지 전략을 보여주는 것이 불가능하다는 것을 알게 된다. 그렇지만, 그것을 대신하는 상징 시스템이 이용될 때 그러한 과업이 숙달된다. 한 연구에서, 침팬지들은 단순한 선택에 직면했다. 맛있는 음식물이 담겨 있는 두 개의 접시가 제시되었는데, 각 접시에는 서로 다른 수의 맛있는 먹이가 들어 있었다. 침팬지가 더 많은 수의 맛있는 먹이가 들어 있는 접시를 가리키면, 그것은 옆 우리에 있는 동료 침팬지에게 주어지며, 실망한 실험대상 침팬지는 더 적은 양을 받게 되었다. 수백 번 되풀이하여 시도해 본 후에도, 침팬지들은 더 큰 보상을 가리키는 것을 억제하는 것을 배우지 못했다. 그렇지만, 이 동일한 침팬지들은 이미 단순한 숫자의 상징 개념을 학습한 상태였다. 실제 보상을 대체하는 것으로서 그 숫자들이 접시에 놓였을 때, 침팬지들은 처음에 작은 숫자를 가리켜서, 자신을 위해 더 큰 보상을 얻는 것을 금방 배웠다.

요지문

· such tasks are mastered **when** an alternative symbol system is employed. 〈빈칸, 조건(when)〉 ➜ 요지
· **When** those numbers were placed on the plates as a substitute for the actual rewards, the chimps promptly learned to point to the smaller numbers first, thereby obtaining the larger rewards for themselves. 〈조건(when)〉 ➜ 요지

어휘

·treat 특별한 선물, 대접   ·adjacent 인접한, 가까운
·withhold 억제하다, 보류하다   ·substitute 대신하는 것, 대체물

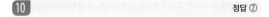

Code **06**   의문문

예시   정답 ①

해석

우리가 어느 정도의 과학적 그리고 기술적 발전을 이룬 후에, 더 이상의 발전은 더 쉬워지는가 혹은 더 어려워지는가? 직관적으로, 어느 쪽이든 될 수 있을 것처럼 보이는데, 두 가지 경쟁하는 영향이 있기 때문이다. 한편으로는, 우리는 '거인의 어깨에 서 있는데,' 즉 이전의 발견이 미래의 발전을 더 쉽게 만들 수 있다. 다른 한편으로는, 우리는 '낮게 매달려 있는 과일을 따는데,' 즉 우리는 쉬운 발견을 먼저 해서 남아 있는 것들은 더 어렵다. 여러분은 바퀴를 한 번만 발명할 수 있고, 일단 그러고 나면, 비슷하게 중요한 발명을 찾기란 더 어렵다. 이 두 영향 모두 중요하지만, 데이터를 보면 지배하는 것은 바로 후자의 영향이다. 대체로, 과거의 발전은 미래의 발전을 더 어렵게 한다. 혁신의 역사를 살펴봄으로써 이것을 질적으로 아는 것은 쉽다. 물리학을 고려해 보라. 그의 '기적의 해'인 1905년에, 알버트 아인슈타인은 물리학에 대변혁을 일으켰는데, 광전 효과, 브라운 운동, 특수 상대성 이론, 그리고 그의 유명한 공식 E=mc²을 기술하였다. 그는 그 당시 26살이었고, 특허 사무원으로 일하며 이 모든 것을 했다. 아인슈타인의 시대와 비교하여, 이제 물리학에서 발전은 이루기가 훨씬 더 어렵다.

요지문

· After we make some amount of scientific and technological progress, does further progress get easier or harder? 〈의문문〉 ➜ 제목
· Overall, past progress makes future progress harder. 〈대답〉 ➜ 요지

어휘

·intuitively 직관적으로   ·overall 전체적으로
·revolutionize 혁신을 일으키다
·photoelectric effect 광전 효과   ·special relativity 특수 상대성
·equation 공식, 방정식

1   정답 ④

해석

최초의 성공적인 충수 절제술이 1735년 영국 군의관에 의해 시행되었다고 하지만, 1880년대가 되어서야 그 수술이 의학 학술지에 기술되고 의과 대학에서 교육되었다. 그것은 아주 오래된 질병에 대해 반가운 해결책이었고 세기의 전환기 무렵에는 매우 흔해져서 유럽과 미국의 많은 외과 의사들이 꽤 괜찮은 액수의 돈을 벌었다. 의사였다 정치인이 된 독일인

Rudolf Virchow는 1902년 그가 죽기 바로 전에 "사람이 충수 없이 살 수 있다는 게 사실인가요?"라는 질문을 받았다. 비록 그가 여러 해 동안 의사로 일하지는 않았지만, Virchow는 그 분야의 발전에 관한 최신 정보를 알고 있었다. 점점 높아지는 그 수술의 인기를 알고 있었기 때문에, 그는 재치 있게 발언했다. "사람은 그렇습니다만, 외과 의사는 아닙니다."

요지문

· Shortly before ~ "**Is it true that a human being can survive without an appendix?**" 〈의문문; 질문〉
· Aware of ~ , he wittily remarked: **Human beings, yes, but not surgeons**. 〈의문문; 대답〉
➡ Yes, human being can survive without an appendix. But surgeons can not survive without an appendix.

어휘

· army surgeon 군의관
· procedure 수술
· practice medicine 의사로 일하다
· remark 발언하다

2   정답 ①

해석

여기 한 가지 재미있는 생각이 있다. 만일 빙하가 다시 형성되기 시작한다면, 그것들은 이제는 이용할 훨씬 더 많은 물, 즉 존재하지 않아서 마지막 대륙 빙하에 물을 공급하지 못했던 Hudson만(灣), 오대호, 캐나다의 수십만 개의 호수를 가지고 있어서, 매우 훨씬 더 빠르게 커질 것이다. 그리고 그것들(의 형성)이 다시 진행하기 시작한다면 우리는 정확히 무엇을 할 것인가? 그것들을 티엔티(TNT)나 아마 핵미사일로 폭파할 것인가? 의심할 바 없이 우리는 그렇게 하겠지만, 이것을 고려해 보라. 1964년에, 북미에서 기록된 것 중 가장 커다란 지진이 2천 개의 핵폭탄에 상당하는 것인 20만 메가톤의 응집된 힘으로 알래스카를 뒤흔들었다. 거의 3천마일 떨어진 텍사스에서 물이 수영장 밖으로 철벅철벅 튀었다. 앵커리지의 어떤 거리는 20피트 가라앉았다. 그 지진은 2만 4천 제곱 마일의 황무지를 황폐시켰는데, 그 황무지의 많은 부분이 빙하로 덮여 있었다. 그리고 이 모든 힘이 알래스카의 빙하에 어떤 영향을 미쳤는가? 아무런 영향도 미치지 못했다.

요지문

· And if they did start to advance again, **what exactly would we do**? 〈의문문〉 ➡ 제목
· And **what effect did all this might have on Alaska's glaciers?** 〈의문문〉 ➡ 제목
· **None.** 〈대답〉 ➡ 요지

어휘

· glacier 빙하
· re-form 다시 형성되다
· fuel 연료를 보급하다
· ice sheet 대륙 빙하, 빙상
· blast 폭파하다
· might (강력한) 힘
· wilderness 황무지
· glaciate 빙하로 뒤 덮다

3   정답 ③

해석

글쓰기의 가장 큰 위험 중 하나는 단어 선택이나 구두점과 관련한 가장 사소한 선택조차 부당해 보일 수 있는 방식으로 때때로 청중이 여러분에 대해 편견을 갖게 할 수 있다는 것이다. 예를 들어, 부정사를 분리하는 것을 금지하는 옛날 문법 규칙을 다시 보라. 학생들에게 부정사를 분리(지금 바로 이 문장에서 행해진 것)하지 말라고 수십 년 동안 말한 후에, 지금 대부분의 작문 전문가들은 분리된 부정사가 문법적으로 끔찍한 일이 '아니'라는 점을 인정한다. 여러분이 시의회에 도서관을 위한 보안 요원을 고용할 필요를 납득시키려고 하는 의견서를 작성했고, 여러분이 납득시키고 싶어 하는 사람들인 시의회 의원 중 절반이 자신들의 8학년 문법 교사가 부정사를 분리하는 것에 대해 경고한 내용을 기억한다고 하자. 여러분이 도입부에서, 공공기물 손상의 위험 때문에 도서관 사서는 희귀 서적 자료실에 방문객과 '항상 동행해야' 한다고 할 때 그들은 어떻게 반응할까? 지금은 규칙이 아닌 것을 그들이 자동으로 떠올린 것 때문에 여러분이 그들의 관심을 얼마나 많이 갑작스럽게 잃었는가? 다른 말로 하면, 올바르게 글을 쓰면서도 여러분의 언어 능력에 대한 독자의 생각에 불쾌감을 주는 것이 가능하다.

요지문

· **How will they respond** when you tell them, ~, that librarians are compelled "to always accompany" visitors to the rare book room because of the threat of damage? 〈의문문〉 ➡ 제목
· **How much of their attention have you suddenly lost** because of their automatic recollection of what is now a nonrule? 〈수사의문문〉 ➡ 요지
· It is possible, **in other words**, to write correctly and **still offend your readers' notions of your language competence.** 〈in other words〉 ➡ 요지

어휘

· prejudice 편견을 갖게 하다
· split 분리하다, 나누다
· composition 작문
· position paper 의견서, 성명서
· council 의회
· offend 불쾌하게 하다

4   정답 ④

해석

서구 문화에서 남성적 역할을 하는 것은 전통적으로 독립성,

단호한 태도, 지배와 같은 특성을 요구해왔다. 여성은 더 보살피고 남을 잘 헤아리는 것으로 기대된다. 이런 남성과 여성의 역할은 보편적인가? 성별간의 생물학적인 차이가 필연적으로 행동에서의 성별 차이로 이어지는가? 1935년에 인류학자인 Margaret Mead는 뉴기니 섬의 세 부족 사회의 사람들이 취하고 있는 성 역할을 비교했는데, 그녀의 관찰은 확실히 시사하는 바가 많다. Arapesh 부족에서 남성과 여성 모두는 우리가 여성 역할로 간주할 만한 것의 역할을 하도록 배웠다. 그들은 상호협조적이고 비공격적이었고 다른 사람들의 요구를 잘 헤아렸다. Mundugumor 부족의 양성 모두는 공격적이고 다른 사람들에게 정서적으로 둔감하도록 길러졌는데, 이것은 서구 기준에서 남성적 행동 유형이다. 마지막으로 Tchambuli 부족은 서구 유형의 정반대인 성 역할 발달 유형을 보여주었다. 남성들은 수동적이고 정 서적으로 의존적이며 사교적으로 감수성이 뛰어났고, 반면에 여성들은 지배적이고, 독립적이고 자기 주장이 강했다.

요지문

· Are these masculine and feminine roles universal? 〈의문문〉
  ➡ 제목
· Could biological differences ~ to gender differences in behavior? 〈의문문〉 ➡ 제목

어휘

· assertiveness 단호한 태도　　　　· dominance 지배

5　　　　　　　　　　　　　　　정답 ⑤

해석

영화는 지배적인 문화를 지지하고 시간이 지남에 따라 그것을 재생산하는 수단의 역할을 한다고 말할 수 있다. (C) 그러나 영화가 하는 일의 전부가 적절한 삶에 대한 문화적 지시와 처방을 전달하는 것뿐이라면 관객들이 왜 그러한 영화가 즐겁다고 느끼는지에 대한 질문이 제기될 수 있다. 우리 중 대부분은 그러한 교훈적인 영화에 싫 증이 나게 될 것이고, 아마도 그것들을 소련 그리고 다른 독재 사회에서 흔했던, 문화적 예술 작품과 유사한 선전으로 보게 될 것이다. (B) 이 질문에 대한 간단한 답은 영화가 책임 있는 행동에 관한 두 시간짜리 국민 윤리 교육이나 사설을 제시하는 것 이상을 한다는 것이다. 그것들은 또한, 우리가 결국 만족스럽다고 느끼는 이야기를 한다. (A) 나쁜 사람들은 보통 벌을 받고, 낭만적인 커플은 진정한 사랑에 이르는 길에서 만나는 장애물과 어려움에도 불구하고 거의 항상 서로를 만나게 되며, 우리가 소망하는 세상의 모습이 영화 속에서 대개 결국 세상의 모습이 된다. 우리가 왜 그렇게 많이 영화를 즐기는지를 설명해 주는 것은 바로 영화의 이 이상적인 측면임이 틀림없다.

요지문

· (C) why audiences would find such movies enjoyable ➡ (B) this question

어휘

· more often than not 대개, 대체로　 · wind up 결국 ~로 끝나다
· account for ~을 설명하다　　　 · civics lesson 국민 윤리 교육
· editorial 사설　　　　　　　　 · directive 지시, 명령
· prescription 처방　　　　　　　 · propaganda 선전

6　　　　　　　　　　　　　　　정답 ①

해석

왜 우리는 종종 무언가를 다르게 생각하지 않을까? 그 이유는 우리가 하는 대부분의 것에 대하여 창의적일 필요가 없기 때문이다. 예를 들어서 우리는 고속도로에서 운전하거나, 엘리베이터를 타거나, 혹은 식료품점에서 줄서서 기다릴 때 창의적일 필요가 없다. 생활에서의 일에 관해서라면 우리는 습관의 동물이다. 대부분의 우리의 활동에 대하여 이러한 일상적인 과정은 꼭 필요한 것이다. 그러한 것이 없다면 우리의 삶은 혼란에 빠질 것이고 우리는 많은 것을 완수하지 못할 것이다. 오늘 아침에 일어나서 칫솔의 형태에 대해 곰곰이 생각하고 토스트의 의미에 대해 의문을 가지기 시작한다면 당신은 아마 직장에 출근하지 못할 것이다.

요지문

· Why don't we think differently more often? 〈의문문〉 ➡ 제목
· The reason is that we do not need to be creative for **most of what we do.** 〈대답〉 ➡ 요지

어휘

· freeway 고속도로　　　　　　　 · routine 되풀이 되는 일
· indispensable 필수불가결한　　　 · contemplate 심사숙고하다

7　　　　　　　　　　　　　　　정답 ⑤

해석

요전 날 나는 한 여자가 "물론 그는 성공했지. 그것은 그의 유전자 속에 있지."라고 말하는 것을 들었다. 나는 반바지를 입고 있었기 때문에 그녀가 나에 대해 말하고 있지 않다는 것을 알았다(genes와 jeans의 발음이 같기 때문에 유머러스하게 shorts를 쓴 것임). 그리고 나는 그녀가 틀렸다는 것도 알았다. 성공은 우리의 유전자 속에 있지 않다. 성공한 사람들의 자녀들이 모두 스스로 성공하는 것은 아니다. 많은 아이들이 자신을 도와줄 것을 모두 갖고 있는데 결국 완전히 실패자가 된다. 그들은 그들의 부모가 성공하는 데 도움이 되었던 것들을 하나도 하지 않는다. 성공한 부모로부터 태

어나는 성공하지 못한 사람들의 숫자는 유전자가 성공과 관련이 없다는 증거이다. 당신은 유전자는 바꿀 수 없지만 당신이 모방하는 사람들은 바꿀 수 있다. 선택은 당신에게 달려 있으니, 가장 훌륭한 사람들을 모방하는 것이 어떤가? 흉내 내고 모방할 위대한 사람들이 수백 명이 있다. 그들은 자신이 성공하도록 도움을 주었던 것에 대한 멋진 충고를 갖고 있다. 그것을 메모하여 바지 주머니에 넣고 갖고 다녀라. 그러면 성공은 비록 당신의 유전자 속에 있지 않더라도 당신 바지 안에 있을 것이다.

요지문

- why not imitate the best? 〈수사의문문〉 ➤ 요지
- Jot down notes and carry them around in your pants pocket, and then success will be in your jeans, **even if** it's not in your genes. 〈양보구문〉 ➤ 요지

어휘

- gene 유전자
- jot down 메모하다, 적어 두다
- shorts 짧은 바지

 8 정답 ④ (➤ resulted in)

해석

'장소'의 가치는 왜 그렇게 중요한가? 역사적 관점에서 볼 때, 1700년대까지 직물 생산은 지리적으로 특정한 지역 내에서 이용 가능한 섬유, 예를 들면, 면, 양모, 실크, 아마 섬유를 사용하는 수작업 공정이었다. 지역 간 무역은 이러한 섬유들과 그 섬유들로 만들어진 관련 직물의 가용성을 증가시켰다. 1차 산업혁명과 그 뒤에 이어진 제조 섬유에서의 기술 발달은 섬유와 직물이 더 이상 '장소에 구애받지' 않게 되었다는 사실을 증가시켰다. 제품이 어디서, 어떻게, 또는 누구에 의해 만들어졌는지에 대해 거의 또는 전혀 관련 없이 직물들과 직물들로 만들어진 제품들을 패션 회사들은 만들었고 소비자들은 얻을 수 있었다. 이것이 소비자와 그들이 매일 사용하는 제품 간의 단절, 이러한 제품을 만드는 데 필요한 기술과 자원에 대한 이해와 평가의 상실, 그리고 제품 창조에 필요한 인간과 천연 자원에 대한 연관된 경시 등을 반박했다(➤ 초래했다). 따라서 '장소'의 가치를 새롭게 하는 것은 회사와 소비자를 특정 장소의 사람과 지리, 문화와 다시 연결한다.

요지문

- Why is the value of place so important? 〈의문문〉 ➤ 제목
- renewing a value on place reconnects the company and the consumer with the people, geography, and culture of a particular location. 〈대답〉 ➤ 요지

어휘

- textile 직물
- flax 아마 섬유

- subsequent (뒤에) 이어지는
- appreciation 평가
- disconnect 단절
- disregard 경시, 무시

9 정답 ②

해석

우리가 정치적 리스크라고 부르는 것의 많은 부분은 사실 불확실성이다. 이것은 내란에서부터 몰수, 규제상의 변화에 이르기까지 모든 유형의 정치적 리스크에 적용된다. 신용, 시장 또는 운영 리스크와는 달리 정치적 리스크는 비체계적이고, 그래서 전형적인 통계적 관점에서 처리하기가 더 어려울 수 있다. 테러리스트들이 미국을 다시 공격할 확률은 얼마나 되는가? 지진이나 허리케인과는 달리, 정치 행위자들은 리스크 관리자들이 만든 장벽을 넘어서기 위해 끊임없이 적응한다. 기업들이 몰수의 리스크를 줄이기 위해 국제적 보증이나 법적 계약을 통해 해외 투자를 체계화할 때, (사업) 소재국 정부는 은밀히 진행되는 몰수나 규제상의 차별과 같은, 증명하기 매우 힘들고 법적으로 비용이 많이 드는 새로운 형태의 방해를 모색한다. 리스크를 관찰하면 리스크 자체가 변한다. 충격이 크지만 확률은 낮은 사건들을 줄이는 방법들이 있다. 그러나 이러한 리스크에 대한 분석은 과학일 수 있는 만큼이나 예술일 수 있다.

요지문

- Much of what we call political risk is in fact uncertainty. 〈빈칸〉 ➤ 요지
- What is the probability that terrorists will attack the United States again? 〈수사의문문〉 ➤ 요지

어휘

- regulatory 규정하는, 규제상의
- obstruction 방해, 방해물
- corporation 기업
- creeping 은밀한

 10 정답 ⑤

해석

왜 목욕 후 손발의 피부가 주름질까? 그리고 왜 손발만일까? 그것의 겉모양에도 불구하고, 여러분의 피부는 여러분이 목욕한 후 오그라들고 있는 것이 아니다. 사실, 그것은 팽창하고 있는 것이다. 손가락, 손바닥, 발가락, 그리고 발바닥의 피부는 물에 흠뻑 적셔진 후에야 주름이 진다. 환경으로부터 우리를 보호하고 우리의 손과 발의 피부를 복부나 얼굴의 그것(피부)보다 더 억세고 더 두껍게 만드는 두껍고, 무감각하고, 거친 피부층인 피부 각질층은 그것이 물을 흡수할 때 팽창한다. 이 팽창은 주름 생성 효과를 일으킨다. 그러면 왜 몸의 다른 부분의 피부 또한 물에 흠뻑 적셔졌을 때 주름지지 않을까? 사실, 그것은 그렇게 되지만, 이 덜 빽빽하게 채워진 부위에는 그것이 나타나기 전에 수분이 흡수될 더 많은 공간

이 있다. 우리가 접촉한 한 의사는 물에 흠뻑 젖은 장화에 발이 오랫동안 잠겨 있는 군인들은 그 덮여있는 부위 전체에서 주름지는 것을 보일 것이라고 말했다.

요지문

- So why doesn't **the skin** on other parts of the body also wrinkle when soaked? 〈의문문: 질문〉
- Actually, **it** does, 〈의문문: 대답〉

어휘

- shrink 오그라들다, 움츠리다
- layer 층
- wrinkle 주름, 주름지다
- sole 발바닥
- stomach 위, 복부

Code 07 특정 명사

예시

정답 ①

해석

달리는 사람에 관한 연구는 사회적 통념에 이의를 제기하고 발에 작용하는 지면 반발력과 발이 지면에 부딪히고 난 후에 다리 위로 몸을 통해 전달되는 충격은 달리는 사람이 매우 말랑말랑한 지표면에서 매우 단단한 지표면으로 옮겨갔을 때 거의 달라지지 않았다는 것을 알아냈다. 결과적으로 연구자들은 점차 달리는 사람은 자신이 달리고 있는 지표면의 경도나 경직도에 대한 자신의 인식을 바탕으로 발이 땅에 닿기 전에 다리의 경직도를 잠재의식적으로 조정할 수 있다고 믿기 시작했다. 이 견해에 따르면, 달리는 사람은 매우 단단한 지표면에서 달리고 있을 때는 충격력을 흡수하는 푹신한 다리를 만들고 물렁한 지형에서 움직일 때는 단단한 다리를 만든다. 그 결과 다리를 통해 전해지는 충격력은 아주 다양한 지표면 유형에 걸쳐서 놀랄 만큼 비슷하다. 통념과는 반대로, 콘크리트 위를 달리는 것은 푹신한 모래 위를 달리는 것보다 다리에 더 해롭지는 않다.

요지문

- Research with human runners **challenged** conventional wisdom and found that the ground-reaction forces at the foot and the shock transmitted up the leg and through the body after impact with the ground varied little ~ . 〈challenged 위장 단서명사〉 ➔ 요지
- **Contrary to** popular belief, running on concrete is not more damaging to the legs than running on soft sand. 〈Contrary to 위장 단서명사〉 ➔ 요지

어휘

- challenge 이의를 제기하다
- ground-reaction forces 지면 반발력
- stiffness 경직도, 뻣뻣한 정도
- soak up ~을 흡수하다
- hardness 경도(硬度), 단단함
- yielding 물렁한, 유연한

 1 정답 ④ (➔ constant)

해석

흔히 인터넷 소셜 네트워크를 통해 친구의 범위를 확장할 수 있다고 한다. 하지만, 최근의 연구에 따르면, 과거에 그랬던 것처럼 (지금도) 사회적 교제가 제한되어 있다고 한다. 약 20년 전, 영국의 인류학자 Robin Dunbar는 영장류 뇌의 크기와 사회적 교제 수의 상관관계를 관찰했다. 그는 인간이 100명에서 200명 정도의 친구들과 꾸준한 교제를 감당할 수 있다고 결론지었으며, 150명이 우리 인간의 표준 Dunbar 수가 되었다. Dunbar는 계속해서 이 수는 인류 역사 내내 변해(➔변함없어) 왔다고 말했다. 예를 들어, 학문의 하위 전문 분야들이나 기업 내의 근로 집단과 같은 다른 집단에서 뿐만 아니라, 선사시대의 수렵-채집 집단도 규모가 150을 초과할 때는 나뉘어졌다.

요지문

- **Common wisdom** says that Internet social networking allows us to expand our circle of friends. 〈위장 단서명사〉 ➔ 요지의 반대
- **However**, a recent study says we're as limited in our social contacts as we ever were. ➔ 요지

어휘

- surpass 능가하다, 초과하다
- subspecialty 부차적 전문분야

 2 정답 ①

해석

의사소통에 있어서 거의 잘 이해되지 않는 역설 중의 하나는 단어가 어려우면 어려울수록 설명은 더욱더 짧아진다는 것이다. 한 단어에 더욱더 많은 의미를 집어넣을수록 그 생각이 전달되게 하는 데는 더욱더 적은 단어가 필요하게 된다. 과장된 말을 이해하지 못하는 사람들은 그 말에 대해 분개하고, 물론 그 말은 아주 종종 명료하게 하기보다는 혼란스럽고 관심을 끄는 데 사용된다. 그러나 이것은 언어의 잘못이 아니다. 그것은 의사소통 도구를 잘못 사용하는 사람의 거만이다. 풍부한 어휘를 습득하는 가장 좋은 이유는 그것으로 인해 당신이 장황하지 않도록 하는 것이다. 진정으로 교육을 받은 사람이라면 간결하고 깔끔하게 자신을 표현할 수 있다. 예를 들어, 만약 당신이 'imbricate'라는 단어를 모르거나 사용하지 않는다면, '지붕 위의 타일, 물고기의 비늘 혹은 꽃밭

침처럼 규칙적으로 배열된, 부분적으로 겹친 모서리가 있는' 이라고 누군가에게 말해야 한다. 한 단어로 될 수 있는 것을 말하기 위해 스무 개 이상의 단어를 쓰게 된다.

요지문
· One of the little understood **paradox**es in communication is that the more difficult the word, <u>the shorter the explanation</u>. 〈단서명사〉 ➔ 요지
· The best reason for acquiring a large vocabulary is that it <u>keeps you from being long-winded</u>. 〈빈칸〉 ➔ 요지

어휘
· get the idea across 생각을 이해시키다
· big words 과장된 말, 호언장담　　· resent 분개하다, 원망하다
· arrogance 오만, 거만　　· long-winded 길고 지루한, 장황한
· genuinely 진실로　　· tersely 간결하게
· trimly 깔끔하게　　· imbricate 비늘[기와] 모양으로 겹쳐진
· overlap 부분적으로 겹치다　　· arrangement 배열, 배치
· sepal 꽃받침

3　정답 ①

해석
많은 음악가와 비음악가 둘 다에게 있어서 음표가 휴지(休止)보다 더 중요하다는 것은 흔한 오해이다. 이것은 놀라운 것이 아닌데, 그 이유는 음악을 음표 사이의 조용한 순간보다는 멜로디를 만들어내는 소리와 연관시키는 것이 자연스럽기 때문이다. 휴지(休止)는 조용하기 때문에, 사람들은 종종 비어있는 순간을 중요하지 않다고 잘못 해석한다. 그러나 만약 노래가 휴지(休止) 없이 오직 음표로만 이루어져 있다면 무슨 일이 일어날지 상상해보라. "휴지(休止)는 당신이 알고 있는 그대로일 것이다"(*말장난이 의도됨)라는 사실과는 별도로, 음악에 있어서 기준점이나 식별할 수 있는 중추가 없는 소리의 벽이 있을 것이다. 그 이유는 소리들 사이의 공간이 작품의 기준이 되는 선과 대조를 제공하며, 음악에 구조와 질감을 주기 때문이다. 사실, 휴지(休止)의 완전한 박자는 맹렬한 음표의 완전한 박자보다 더 많은 음악을 담을 수 있다는 것은 경력 있는 음악가들 사이에서는 흔한 격언이다.

요지문
· It is a **common misconception** among many musicians and non-musicians alike that <u>notes are more important than rests</u>. 〈위장 단서명사〉 ➔ 양보
· Because rests are silent, **people often** misinterpret these <u>empty spaces as unimportant</u>. ➔ 양보
  But, imagine what would happen if a song was made up of only notes, and no rests. ➔ 요지

어휘
· note 음표　　· pun 말장난
· reference point 기준점　　· discernible 식별할 수 있는
· measure 박자, 가락, 소절　　· blistering 맹렬한

4　정답 ②

해석
스포츠 저널리즘의 전문적 지위에 관해서, 특히 인쇄 매체에서, 매우 역설적인 것이 있다. 기자들이 설명하고 논평하는 통상적으로 자신이 맡은 일을 이행할 때, 스포츠팬들이 스포츠 경기에 관한 기자들의 설명을 열심히 찾아보는 반면, 여러 형식으로 스포츠를 취재하는 그들의 더 폭넓은 저널리스트의 역할에서 스포츠 저널리스트는 동시대의 모든 작가 중에서 가장 눈에 띄는 이들 가운데 있다. '유명인급' 스포츠 저널리스트 중 엘리트 계층의 생각은 주요 신문사들이 많이 원하고, 그들의 돈을 많이 버는 계약은 저널리즘의 다른 '부문'에 있는 동료들의 선망 대상이 된다. 그러나 스포츠 저널리스트는 스포츠는 스포츠 저널리스트들이 하는 일의 가치를 묵살하는 말로 여전히 쉽게 건네지는 '뉴스 매체의 장난감 부서'라는 (이제는 상투적인 문구의 지위에 이르는) 옛말과 더불어 그들의 독자 수나 급여 액수의 크기에 상응하는 그들 전문성에서의 지위를 누리지 못한다. 이렇게 스포츠 저널리즘을 진지하게 여기기를 꺼리는 것은 스포츠 신문 작가들이 많이 읽히면서도 거의 존경받지 못하는 역설적인 결과를 낳는다.

요지문
· There is something deeply **paradoxical** about the professional status of sports journalism, especially in the medium of print. 〈단서명사〉 ➔ 요지
· Yet sports journalists do not have a standing in their profession that corresponds to the size of their readerships or of their pay packets, ~. 〈양보; Yet〉 ➔ 요지
· This reluctance to take sports journalism seriously produces the **paradoxical** outcome that sports newspaper writers are much read but little admired. 〈단서명사〉 ➔ 요지

어휘
· contemporary 동시대의　　· discipline 부문, 분야
· cliche 상투적인 문구　　· dismissal 묵살
· reluctance 꺼림

5　정답 ③

해석
일반적으로 실수와 실패는 인간의 모든 설계들을 못 쓰게 만든다. 실제로 자동차 엔진 부품 중 단 하나만이라도 고장 나

면 당신은 견인트럭을 불러야 할 것이다. 마찬가지로 컴퓨터 회로의 배선에 있어서 작은 실수 때문에 컴퓨터 전체를 내버려야 할 수 있다. 하지만 자연계는 다르다. 지구 역사 전체에 걸쳐서 300만에서 1억에 이르는 종이 사라졌다고 추측되며, 이는 올해 어딘가에서 3에서 100에 이르는 종이 사라질 것임을 의미한다. 그러나 그러한 자연의 멸종은 거의 해를 끼치지 않는 것 같다. 수백 만 년 이상 동안 생태계는 실수와 잘못에 대한 놀라울 정도의 무감각을 발휘하여, 수만 종을 파멸시켰던 유카탄에 떨어진 운석의 충격 같은 극단적인 사건에서도 살아남았다.

요지문

- Errors and failures **typically** corrupt all human designs.
  ➜ 양보

  (But) The assumption that the same is true for natural systems is a **common wisdom**. ➜ 요지
- the ecosystem has developed an amazing insensitivity to errors and failures, ~. 〈빈칸〉 ➜ 요지

어휘

- corrupt 타락시키다. 못 쓰게 하다
- tow truck 견인트럭
- extinction 멸종
- ecosystem 생태계

 **6** 정답 ④

해석

가장 널리 퍼져 있고 아쉽게도 잘못된, 환경에 대한 근거 없는 통념 중 하나는 시골이나 잎이 우거진 교외에서 '자연과 가까이' 사는 것이 최고의 '친환경적인' 생활 방식이라는 것이다. 반면에 도시들은 귀중한 자원을 빨아먹는 인공적이고 혼잡한 장소로서 자주 생태 파괴의 주요 원인으로 비난받는다. 그러나 사실들을 살펴보면, 그것은 전혀 진실이 아니다. 시골과 대부분의 교외의 생활 양식은 출근하고, 식료품을 사고, 아이들을 학교와 활동에 데리고 가기 위해 연료를 소모하고 배기가스를 뿜어내면서 매주 자동차 안에서 오랜 시간 동안 있는 것을 포함한다. 반면에 도시 거주자들은 일터, 상점, 학교로 걸어가거나 대중교통을 선택할 수 있다. 도시 밖에서 발견되는 더 큰 마당과 집들도 또한 에너지 사용, 물 사용, 토지 사용 측면에서 환경적인 대가를 치르게 한다. 이는 대부분의 도시 거주자들이 도시 생활에 지쳐서 시골에서 정착하기로 하는 경향을 보여준다. 지구의 미래가 더 많은 사람들이 밀집한 공동체들 속에 모이는 것에 달린 것은 분명하다.

요지문

- One of the most widespread, and sadly mistaken, environmental **myths** is that living "close to nature" out in the country or in a leafy suburb is the best "green" lifestyle.

어휘

- ecological 생태계[학]의, 생태상의
- exhaust 배기가스
- transit 대중교통

 **7** 정답 ③

해석

일부 사람들은 바쁘건 그렇지 않건 간에 보통 늦는 경향이 있다. 늦지 않기 위해 해야 되는 모든 것은, 어떤 상황에서도 정각에 오는 것이 그 어떤 다른 고려의 내용보다 우선될 것임을 결심함으로써 동기 부여의 상태를 바꾸는 것이다. 빨리! 비행기를 잡기 위해 뛰거나 약속에 늦는 일은 결코 없을 것이다. 평생 지각을 해 온 사람으로서, 그것이 나 자신을 고친 방법이다. 신속함이 가장 중요하다는 결심을 한 후로 나는 다음과 같은 질문에 자동적으로 답이 나옴을 발견했다: "치과 가기 전에 잡무 하나를 더 처리할 수 있을까?" "공항으로 지금 출발해야 하나?" 답은 언제나 no와 yes이다. 정각에 오기로 결심하는 것은 우리의 삶을 엄청나게 원활하게 만들어 줄 것이며, 또한 우리 가족, 친구, 동료들의 삶도 그렇게 만들어 줄 것이다.

요지문

- To stop being late, all one has to do is change the motivation by deciding that in all circumstances being on time is going to have **first priority** over any other consideration. 〈단서명사〉 ➜ 요지
- Having made the decision that promptness was now of major importance, I found that answers came automatically to such questions ~. 〈빈칸〉 ➜ 요지

어휘

- priority 우선순위
- promptness 신속. 시간엄수
- thriftiness 검소함

8 정답 ①

해석

플라톤에서 데카르트에 이르는 철학자들의 영향을 받은 서양의 일반 통념은 개인, 특히 천재들에게 창의력과 독창성이 있다고 믿는다. 사회적, 문화적 영향과 원인은 최소화되거나 무시되거나 고려로부터 완전히 배제된다. 사상은, 그것이 독창적이든 종래의 것이든 개인과 동일시되며, 개인이라는 특별한 존재와 개인이 하는 특별한 것은 그 사람의 유전자와 두뇌에서 그 기원을 찾는다. 여기서 '요령'은 개개의 인간이 사회적 구성 그 자체이며 그들이 생애 동안 접해온 사회적, 문화적 영향의 다양성을 구현하고 반영한다는 것을 인식하는 것이다. 우리의 개인성이 부인되는 것이 아니라, 특정한 사회적, 문화적 경험의 산물로 여겨지는 것이다. 뇌 그 자

체가 사회적인 것이며, 구조적으로, 그리고 그것의 사회 환경에 의한 연결성 수준에서 영향을 받는다. '개인'은 '나'가 문법적 환상인 것과 마찬가지로 법적, 종교적, 그리고 정치적 허구이다.

요지문

· **Conventional wisdom** ~, credits individuals and especially geniuses with creativity and originality. 〈위장 단서명사〉 ➔ 요지의 반대

· (But) The "trick" here is to recognize that individual humans are social constructions themselves, ~. ➔ 요지

어휘

· minimize 최소화하다
· construction 구성물
· collectivity 집단성
· eliminate 배제하다
· embody 구현하다, 구체화하다
· acknowledgement 인정, 시인

9 　　　　　　　　　　　　　　　　　　　　정답 ⑤

해석

많은 회사가 활동과 성과를 혼동한다. 그 결과, 그들은 판매 주기 동안 수행해야 하는 활동의 형태로 획기적인 일을 제시하는 과정을 기획하는 실수를 범한다. 판매원들은 효과적인 일보다는 보상받은 일을 하는 데 비범한 재능이 있다. 만약 당신의 과정에 '제안 제출하기'나 '임의의 권유 전화 걸기'와 같은 활동이 있다면, 그것은 그저 당신의 아랫사람들이 할 일이다. 전화가 잘못된 고객에게 갔거나 아무 성과를 보지 못했어도 그것은 문제가 아니다. 제안이 구매 결정의 적절한 시점에 제출되지 않았거나 부적절한 정보를 포함했더라도 그것은 문제가 아니다. 과정이 활동을 요구했을 뿐이고, 활동은 그것[과정]으로 인한 것이었다. 판매원들은 요구받은 일을 한 것이다. 그들은 "콩 심은 데 콩 나고 팥 심은 데 팥 나지요. 그것은 우리의 문제가 아니라 이 바보 같은 과정 때문이에요."라고 당신에게 말하기를 즐길 것이다.

요지문

· As a consequence, they make the **mistake** of designing a process that sets out milestones in the form of activities ~.

어휘

· set out ~을 제시하다
· genius 비범한 재능, 천재
· cold call (상품 판매를 위한) 임의의 권유 전화
· go nowhere 아무 성과도 못보다
· milestone 획기적인 일[사건]
· dumb 바보 같은

해석

외부로부터 생물학을 보고 있는 물리 과학자들의 글에서 자주 나타나는 한 가지 오해는 환경이 진화가 진행됨에 따라 새로운 정보를 제공할 수 없는 정적인 독립체로 그들에게는 보인다는 것이다. 그러나 이것은 결코 사실이 아니다. 정적이기는커녕 오히려 환경은 끊임없이 변하고 있으며 진화하는 개체군에게 새로운 도전을 제공하고 있다. 고등 생물의 경우, 환경의 가장 중요한 변화는 다른 생물의 동시대 진화에 의해 생성된 변화이다. 발가락이 다섯 개 달린 발로부터 말발굽으로 진화하면서 말은 탁 트인 평야를 빠르게 질주할 수 있었다. 그러나 그러한 질주는 포식자에 의해 쫓기지 않는 한 말에게 득이 되지 않는다. 달리기를 위한 말의 효율적인 기제는 육식성 포식자가 동시에 더 효율적인 공격 방법을 발달시켰다는 사실이 없었다면 결코 진화하지 않았을 것이다. 결과적으로, 서로 다른 종류의 생물 간의 생태적 관계에 기초한 법칙은 진화와 그것이 발생시킨 생물의 다양성을 이해하는 데 선택적(➔ 필수적)이다.

요지문

· One **misconception** that often appears in the writings of physical scientists ~ is that the environment appears to them to be a static entity, ~. 〈위장 단서명사〉 ➔ 요지의 반대

· Consequently, laws based upon ecological relationships among different kinds of organisms are essential for understanding evolution and the diversity of life ~ . ➔ 요지

어휘

· static 정적인
· by no means 결코 ~이 아닌
· ecological 생태적인, 생태학의
· entity 독립체
· carnivorous 육식성의

Code **08**　　조동사(+명령)

예시 　　　　　　　　　　　　　　　　　　　정답 ①

해석

Elinor Ostrom은 공유지의 문제에 대한 안정적인 제도적 해결책을 가져오는 데 중요한 몇 가지 요인이 있음을 알게 되었다. 예를 들어, 그녀는 자원의 이용 및 관리 규칙의 영향을 받는 행위자에게 규칙을 변경하는 결정에 참여할 권리가 있어야 한다고 지적했다. 그러한 이유로 이용자의 행동을 감시하고 통제하는 사람 또한 이용자이고, 이용자이거나 모든 이용자에 의한 위임을 받았어야 한다. 이것은 중요한 통찰인데,

이용자가 개인적 책임을 지는 지역적인 해결책에 비해 국가 권력에서 나오는 공유지 문제에 대한 중앙 (정부) 지향적 해결책의 전망이 열악하다는 것을 그것이 보여주기 때문이다. Ostrom은 또한 민주적 의사결정 과정의 중요성과 모든 이용자에게 그들 사이의 문제와 갈등을 해결하기 위한 지역 포럼에 참여할 권한이 주어져야 한다고 강조한다. 중앙, 지방 및 지역 차원의 정치 기관들은 이용자가 자체 규정을 고안하고 독립적으로 준수할 수 있도록 해야 한다.

요지문

- the actors affected by the rules for the use and care of resources **must** have the right to participate in decisions to change the rules. 〈빈칸, 단서조동사〉 ➜ 요지
- all users **must** be given access to local forums for solving problems and conflicts among themselves. 〈단서조동사〉 ➜ 요지
- Political institutions at central, regional, and local levels **must** allow users to devise their own regulations and independently ensure observance. 〈단서조동사〉 ➜ 요지

어휘

· prospect 전망　　　　　· centrally directed 중앙(정부) 지향적인
· state power 국가 권력　　· assume (책임 등을) 지다.
· regulation 규정　　　　　· observance 준수

1　　　　　　　　　　　　　　　　　　　　　　정답 ④

해석

필요한 인건비와 필요한 시간을 단지 곱함으로써, 비용 견적은 시간 견적으로부터 도출된다. 많은 기술들이 관여된 조정 문제를 조심하라. 예를 들어서, 한 대기업이 전기 모터를 제거하기 위해서 다음의 직원을 요구하는 정책을 갖고 있다고 하자. 덮개를 제거하기 위한 양철공, 전기 공급을 끊기 위한 전기 기사, 대의 빗장을 여는 기계 설치공, 그리고 대로부터 모터를 제거하는 한 두 명의 노동자. 이런 상황은 모든 네 개의 작업이 함께 예정되어야 하기 때문에, 비효율성과 높은 인건비로 가득 차 있는데, 네 번째 사람이 일을 하고 있는 동안 적어도 세 명의 사람들은 지켜보게 된다. 그 비용은 원래의 비용보다 적어도 네 배일 것이며, 그 작업을 하는 한 사람이 정시에 나타나지 않는다면 종종 더 커질 것이다.

요지문

- all four trades **must** be scheduled together, with at least three people watching while the fourth is at work.

어휘

· estimate 견적　　　　　· tinsmith 양철공
· electrician 전기기사　　· millwright 기계 설치공

· unbolt 빗장을 풀다　　　　　· mount 대

2　　　　　　　　　　　　　　　　　　　　　　정답 ②

해석

미래를 위해 계획을 세우려면, 뇌가 이전 경험의 특정 요소를 받아들여, 어떤 실제적인 과거 경험이나 현실을 있는 그대로 모방하지 않는 방식으로 재구성할 수 있는 능력을 지니고 있어야 한다. 그것을 달성하려면 유기체는 내적 표상, 즉 외부 세계의 모델을 만들어 내는 단순한 능력을 넘어서야 한다. 그것(유기체)은 이러한 모델을 조작하고 변형하는 능력을 습득해야 한다. 우리는 영장류의 인지력의 근본적인 독특한 특징 중의 하나인 도구 제작이 이 능력에 의존한다고 주장할 수 있는데, 왜냐하면 도구는 자연 환경 속에 이미 만들어진 형태로 존재하지 않고, 만들어지려면 상상되어야 하기 때문이다. '미래의 이미지'를 만들어 내고 보유하는 신경 기제는 도구 제작을 위한, 따라서 인간 문명의 시작을 위한 필수적인 전제조건이었다.

요지문

- the brain **must** have an ability to take certain elements of prior experiences and reconfigure them in a way that does not copy any actual past experience or present reality exactly. 〈단서조동사〉 ➜ 요지
- To accomplish that, the organism **must** go beyond the mere ability to form internal representations, the models of the world outside. 〈단서조동사〉 ➜ 요지
- It **must** acquire the ability to manipulate and transform these models. 〈빈칸, 단서조동사〉 ➜ 요지

어휘

· reconfigure 재구성하다　　　　　· prerequisite 전제조건

3　　　　　　　　　　　　　　　　　　　　　　정답 ④

해석

창의성에 관해 알려지지 않은 사실 중 하나는, 그것이 아주 특이한 재능에 관한 것이라기보다는 생산성에 관한 것이라는 점이다. 쓸모 있는 몇몇 아이디어를 발견하기 위해서 여러분은 그렇지 못한 많은 것들을 시도할 필요가 있다. 그것은 순전히 숫자 게임이다. 천재들이 반드시 다른 창조자들보다 성공률이 더 높은 것이 아니라, 그들은 그저 더 많이 하는 것에 불과하고, 또 여러 가지 다양한 것들을 한다. 그들은 더 많은 성공을 하고 실제로 더 많은 실패를 한다. 그것은 팀과 회사에도 해당된다. 나쁜 아이디어를 많이 만들어내지 않으면서도 좋은 아이디어를 많이 만들어내는 것은 불가능하다. 창의성에 관한 중요한 것은, 처음에는 당신이 어떤 아이디어가 성공하고 어떤 아이디어가 실패할 것인지를 알 수 없다는

것이다. 그래서 여러분이 할 수 있는 유일한 것은 다음 아이디어로 이동할 수 있도록 더 빨리 실패하려고 하는 것이다.

요지문

- it **isn't** about wild talent **so much as** it is about productivity. 〈빈칸, 상관구문〉 ➜ 요지
- To find a few ideas that work, you **need to** try a lot that don't. 〈단서조동사〉 ➜ 요지
- It's impossible to generate a lot of good ideas **without** also generating a lot of bad ideas. 〈강조구문; 이중부정〉 ➜ 요지

어휘

- not A so much as B A라기 보다는 B   · sensitivity 민감성

---

4   정답 ①

해석

가사를 쓰는 것은, 만약 기악곡으로 남겨진다면 막연한 채로 있을 무언가의 의미를 만드는 것을 의미한다. (그리하여) 표현 수준의 변화가 생긴다. 그것이 곡을 쓰는 많은 사람들에게 '가사'가 가장 어려운 말처럼 보이는 이유 중 하나이다. 이런 장면을 상상해 보라. 곡을 쓰는 사람이 피아노나 기타로 코드를 활용하여 독창적으로 영감을 불러일으키는 감정과 분위기를 만들어 낸다. 우리의 곡을 쓰는 사람은 이 분위기에 잘 어울리는 멜로디를 만들어 낸다. 그런 다음 가사가 필요한 순간이 오고, 이는 곧 특정화됨을 의미한다. 슬프거나 행복하게 들리는 이 코드의 진행은 이제 일반적인 슬픔이나 행복을 '특정한' 인간적 상황으로 향하게 해야 한다. 가사는 (가사 없이) 순전히 음악만 있는 정서적 연상들이 구체적인 인간의 관심사와 사건으로 한정되는 부분이다. 그것은 마치 한 매체에서 다른 매체로 바뀐 한 편의 번역 작품과도 같다. 막연한 음악적 분위기는 가사에 의해 하나의 맥락, 하나의 목소리, 하나의 인간 드라마로 초점이 맞춰진다.

요지문

- This sad- or happy-sounding chord progression **must** now direct its general sadness or happiness to a particular human situation. 〈단서조동사〉 ➜ 요지
- A lyric is the place where the emotional suggestions of pure music are defined as concrete human concerns and events. 〈빈칸〉 ➜ 요지

어휘

- lyric 가사, 서정시   · undefined 막연한, 확실하지 않은
- translation 번역

---

5   정답 ①

해석

대중이 미디어를 통해 보게 되는 인공 지능(AI)의 획기적 발전, 예를 들어 인간을 상대로 거둔 멋진 승리나 로봇이 사우디아라비아의 시민이 된 것 등의 광경은 세계의 연구실에서, 실제로 일어나는 일들과는 별로 관련이 없다. 연구실 안에서, 연구는 수많은 생각 하기와 대화하기, 화이트보드에 수학 공식 쓰기를 포함한다. 아이디어들이 끊임없이 생성되고, 버려지며, 재발견되고 있다. 좋은 아이디어, 즉 진짜 획기적 발전은 흔히 그 당시에는 눈에 띄지 않다가, 나중에서야, 아마도 누군가가 더 알맞은 때에 그것을 재발명하면, 인공 지능에 있어 실질적인 발전의 기초를 제공한 것으로 이해될 수 있다. 아이디어를 시험해 보는데, 처음에는 기본적인 직관이 옳음을 보여주기 위해 간단한 문제에, 그런 다음에는 그것이 얼마나 잘 확장되는지를 확인하기 위해 더 어려운 문제에 시험해 본다. 흔히 하나의 아이디어는 그것만으로는 성능에 있어 실질적인 향상을 제공하지 못하고, 또 다른 아이디어가 나타나 그 둘의 조합이 가치를 입증할 수 있도록 기다려야 한다.

요지문

- an idea will fail by itself to provide a substantial improvement in capabilities, and it **has to** wait for another idea to come along so that the combination of the two can demonstrate value.

어휘

- stunning 기절할만큼의, 멋진   · breakthrough 획기적 발전

---

6   정답 ⑤

해석

한 연구에서는 수백 명의 참가자들이 단편 영화를 본 후 이를 다른 참가자들과 함께 토론하도록 하였다. 참가자들 중 절반의 사람들은 스스로가 외향적이거나, 똑똑하거나, 행복한 것처럼 보이도록 하는 '인상 관리 목표'를 부여받았다. 토론이 끝난 후 참가자들은 자기 자신과 그들이 대화를 나눈 사람들의 여러 성격적 특징에 대해 평가했다. 인상 관리 목표를 부여받은 사람들은 자신이 보여주도록 요청된 특성에 대해서는 함께 대화한 사람들에게 상당히 낮은 점수를 부여했다. 그러나 다른 특성들에 대해서는 그러하지 않았다. 이것은 사람들이 자신에 해당하는 어떤 특성을 과장하는 것에 초점을 맞출 때, 우리가 무의식적으로 다른 사람이 가지고 있는 해당 특성에 대한 기준을 올려서, 다른 사람들의 특성이 대부분 그 기준에 미치지 못하게 되기 때문에 생길 수 있다는 것을 기억하라. 그러므로 여러분이 인상을 주고 싶어 하는 누군가가 여러분만큼 활기차거나, 친절하거나, 적극적

으로 보이지 않는 이유만으로 그들이 정말로 그러하지 않다고 가정하지 말아야 한다. 이는 당신이 다른 사람에게 주고 싶어 하는 인상이 바로 그 게임의 규칙을 바꿀 수 있기 때문이다.

요지문

* **Keep** in mind that this can happen because when we focus on exaggerating a particular trait in ourselves, we unconsciously increase the standard for that trait in others — and they usually fall short.

어휘

· outgoing 외향적인
· trait 특성
· exaggerate 과장하다

7 　　　　　　　　　　　　　　　　정답 ①

해석

힘든 하루를 보내고 난 후 당신은 어떻게 긴장을 풀고 생각을 정리하는가? 안락의자에 앉아 쉬거나 위로해 주는 노래를 듣거나 가볍고 재미있는 이야기를 읽는 것 모두가 편안한 수면을 준비하는 좋은 방법이 될 것이다. 그러나 당신의 지친 감각을 쉬게 할 때 후각을 잊지 말라. 몇몇 향은 당신을 안정감으로 충만하게 해 줄 수 있으며, 연구 결과 라벤다와 바닐라, 그리고 풋사과는 불안을 줄이고 수면을 유도하는 데 도움이 되는 가장 좋은 향들에 속한다고 알려져 있다. 당신은 이 향으로 만든 향유를 목 뒤나 손목 안쪽에 발라 사용할 수 있다. 더 좋은 방법은 물속에 이 향유를 녹인 채로 따뜻한 물에서 목욕을 즐기는 것이다. 잠들기 전 심신의 안정 효과를 위해 천연 바닐라 향을 곁들인 뜨거운 두유를 즐기는 것도 괜찮다.

요지문

* as you ease your exhausted senses, **do not forget** your sense of smell.

어휘

· wind down 긴장을 풀다
· soothe 위로하다
· tranquility 안정감
· induce 유도하다
· indulge in 즐기다
· dissolve 녹이다
· soy milk 두유

8 　　　　　　　　　　　　　　　　정답 ④

해석

이용 가능한 저장 용량의 과잉은 우리가 외부 기억 장치와 관련한 우리 행동의 초기 설정을 잊어버리기에서 기억하기로 바꾸는 것을 쉽게 만들어 준다. 우리는 작업 중인 다양한

형태의 문서를 하드 디스크에 저장한다. 디지털 카메라를 생각해 보라. 당신이 찍은 사진을 하드디스크에 올리기 위해 카메라를 컴퓨터에 연결하면, 당신에게 대개 선택권이 주어진다. 당신은 어떤 이미지를 올릴지 선택하거나 혹은 당신의 컴퓨터가 자동으로 모든 이미지를 카메라에서 복사하도록 할 수 있다. 아마도 언제든지 그것들(이미지)을 나중에 살펴보고 자신이 좋아하지 않는 이미지는 삭제할 수 있다는 마음을 달래주는 생각으로 안심하면서, 변함없이 대부분의 사람들은 후자를 선택한다. 경제적으로 말하면 이것은 이치에 맞는다. 한 사람이 이미지 하나를 보고 그것을 보존할지 말지를 결정하는 데 단지 3초가 걸리고 그녀가 현재 평균 임금 대비 자신의 시간 가치를 평가한다고 가정하면, 결정을 하는 데 걸리는 시간만의 '비용'은 저장하는 비용을 초과한다. 잊어버리기, 선택을 하는 데 걸리는 그 3초가 사람들이 사용하기에는 너무나 값비싸졌다.

요지문

* The overabundance of available storage capacity makes it easy for us to shift our behavioral default regarding external memory from forgetting to remembering. **Consider** digital cameras: 〈명령(예시) 앞 문장〉 ➤ 요지
* Assuming it takes only three seconds for a person to look at an image ~, and that she values her own time at a current average wage, the "cost" of the time alone that it takes to decide exceeds the cost of storage. 〈빈칸 문장〉 ➤ 요지

어휘

· storage capacity 저장 용량
· default 초기 설정
· invariably 변함없이, 언제나

9 　　　　　　　　　　　　　　　　정답 ①

해석

Queensland 대학의 심리학 교수인 John Douglas Pettigrew는 뇌가 그것(외부 세계)을 '주변의'와 '외부의', 요컨대 '가깝다'와 '멀다'라는 별개의 부분들로 나눔으로써 외부 세계를 다룬다는 것을 알아냈다. 주변 공간은 팔이 닿는 범위 내에 있는 모든 것, 즉 여러분의 손을 사용함으로써 당장 여러분이 통제할 수 있는 것들을 포함한다. 이것은 지금 당장 실제의 세계이다. 외부 공간은 그 외 모든 것을 가리키는데, 즉 3피트든 3백만 마일 밖이든 여러분이 자신의 팔이 닿는 범위를 넘어서서 움직이지 않으면 만질 수 없는 모든 것이다. 이것은 가능성의 영역이다. 그러한 정의들이 자리 잡힌 상태에서 뻔하지만 유용한 또 하나의 사실이 따라온다. 즉, 외부 공간에서의 모든 상호 작용은 미래에 일어나야만 한다는 것이다. 또는, 달리 말하면, 거리는 시간과 연관되어 있다. 예를 들어 만약 여러분이 복숭아를 원하지만 가장 가까운 것이 모

퉁이 가게의 상자에 있다면, 여러분은 지금 그것을 즐길 수 없다. 여러분은 오직 미래에 즉 그것을 사 간 후에 즐길 수 있다.

요지문

- With those definitions in place, another fact follows, obvious but useful: any interaction in the extrapersonal space **must** occur in the future. 〈단서조동사〉 ➜ 요지
- Or, to put it another way, distance is linked to time. 〈빈칸 문장〉 ➜ 요지

어휘

- peripersonal 주변의
- extrapersonal 외부의
- realm 영역
- definition 정의
- to put it another way 달리 말하자면

10 　　정답 ③

해석

많은 자원을 보유한 풍족한 서식지와 자원을 거의 보유하지 못한 부족한 서식지, 두 개의 서식지가 있고, 영토권이나 싸움이 없어서 각 개체가 자원 소비율로 측정되는 더 높은 이익을 얻을 수 있는 서식지를 자유롭게 이용할 수 있다고 상상해 보라. 경쟁자가 없다면, 한 개체는 단순히 두 서식지 중 더 나은 곳으로 갈 것이고, 이것은 처음 도착한 개체들이 할 것이라고 우리가 가정하는 것이다. 하지만 더 늦게 도착하는 개체는 어떨까? 더 많은 경쟁자들이 풍족한 서식지를 차지함에 따라, 자원이 고갈될 것이고, 추가로 오는 개체들은 수익성이 낮아질 것이다. 결국 자원의 양은 부족하지만 경쟁이 덜한 질이 더 낮은 서식지를 차지함으로써 그 다음에 도착하는 개체들이 더 잘 살 수 있는 지점에 이르게 될 것이다. 그 후에, 두 서식지는 채워지게 될 것이고 그 결과 개체의 수익성은 각각의 서식지에서 같아질 것이다. 다시 말해, 경쟁자는 서식지 질과 관련해 자신의 분배를 틀림없이 조정하고 그 결과 각 개체가 같은 비율의 자원 획득을 누리게 된다.

요지문

- Thereafter, the two habitats **should** be filled so that the profitability for an individual is the same in each one. 〈단서조동사〉 ➜ 요지
- In other words, competitors **should** adjust their distribution in relation to habitat quality so that each individual enjoys the same rate of acquisition of resources. 〈빈칸, 단서조동사〉 ➜ 요지

어휘

- habitat 서식지
- territoriality 영토권
- exploit 이용하다, 착취하다
- profitability 수익성

- adjust 조정하다

Code 09 　특정 형용사

예시 　　정답 ③

해석

생명선 기반시설은 한 국가의 경제와 삶의 질을 유지해주는 매우 중요한 시스템이다. 현대 경제는 물품, 사람, 그리고 정보를 안전하고 믿을만하게 이동해 줄 수 있는 능력에 의존한다. 생명선 시스템의 다수가 재난 복구에서 중대한 역할을 한다는 것이 그것들(생명선 시스템)의 중요성을 더해 주고 있다. 결과적으로, 자연과 과학기술의 광범위한 위험에 직면해서 한 국가의 기반시설에 의해 제공되는 서비스의 흐름이 방해받지 않고 계속되는 것은 정부와 사업(체) 그리고 일반 대중에 게 최고로 중요하다. 시스템과 서비스의 연계성은 기반 시설에 대한 어떤 논의에서도 대단히 중요하다. 지진에 뒤이어 즉각적으로 염려되는 것이 (예들 들면, 고속도로, 배관, 전송 케이블과 같은) 하드웨어의 작동이지만 대중들에게 진짜 손실이 되는 것은 사실상 이러한 시스템들이 제공해주는 서비스의 상실이다. 그러므로 위험으로부터 이러한 시스템들을 보호함에 주된 우선권은 서비스의 지속성을, 또는 적어도 (서비스의) 빠른 복구를 확보하는 것이다.

요지문

- Consequently, it is **of the utmost importance** ~ that the flow of services provided by a nation's infrastructure continues unimpeded in the face of a broad range of natural and technological hazards. 〈단서형동사〉 ➜ 요지
- Therefore, **a high priority** in protecting these systems from hazards is ensuring the continuity, or at least the rapid restoration, of service. 〈빈칸, 단서명사〉 ➜ 요지

어휘

- utmost 최고도의
- at large 전체로서, 일반적으로
- unimpeded 방해받지 않는
- hazard 위험
- transmission 송신

1 　　정답 ④

해석

원주민 문화의 한 가지 두드러진 측면은 부족의 구성원이 태어날 때 자연의 일부의 영혼과 정체성을 취한다는 '토테미즘'의 개념이다. 지구와 지구의 풍요를 자신의 고유한 일부로 보는 이 견해는 환경을 학대하는 것을 분명히 배제하는

데, 이것은 자신을 파괴하는 것이 될 뿐이기 때문이다. 토템은 물체 그 이상의 것이다. 그것들은 영적제사, 구전 역사, 그리고 영혼의 과거 여행길 기록들이 다른 사람들과 교환될 수 있고 신화로 전환될 수 있는 의식용 오두막집의 조직을 포함한다. 그 주된 동기는 부족의 신화를 보존하고 모든 개인의 기원을 자연 속에서 병합하고 공유하는 것이다. 원주민들은 자신들의 조상대대의 기원과 연결된 토템들의 위계, 자신들을 지구와 하나 되게 놓아주는 우주론, 그리고 생태적 균형을 존중하는 행동 패턴을 통해 환경과 자신과의 관계를 하나의 조화로운 연속체로 간주한다.

요지문

• One **remarkable** aspect of aboriginal culture is the concept of "totemism," where the tribal member at birth assumes the soul and identity of a part of nature. 〈단서형용사〉 ➜ 요지

• The aborigines see their relationship to the environment as a single harmonious continuum, ~. 〈빈칸〉 ➜ 요지

어휘

· totemism 토템신앙   · rule out 배제하다, 제외시키다
· lodge 오두막   · consolidation 강화, 통합
· incompatible 양립할 수 없는
· self-contained 자급자족의, 독립된

2 정답 ②

해석

미래에 대한 예측은 항상 어렵지만 한 가지는 확실히 할 수 있다. 사람들은 이종(異種) 문화 간의 의사소통이 필수적인 수많은 상호작용 속에서 스스로를 발견할 것이다. 그러한 예측에는 몇 가지 이유가 있다. 몇 가지 이유에는 비즈니스 세계에서 해외 업무로 인해 생기는 계약의 증가, 다른 나라에서 시간을 보내는 대학생들의 이동, 여행객들 사이에서 해외여행의 증가 등이 포함된다. 다른 이유들은 크고 복잡한 어떤 한 나라에서의 소수민족 차별 철폐 조치, 이주자와 난민의 이동, 2개 언어 병용 교육 프로그램, 소수 민족 집단이 '용광로'의 한 부분이 되는 목표로부터 멀어지는 움직임과 같은 사회적인 변화와 관련된다. 그러므로 사람들이 미래에 만나려고 꾀하는 사람들의 문화와 의사소통상의 관습을 연구하는 것은 필수적이다.

요지문

• People will find themselves in large numbers of interactions where intercultural communication skills will be **essential**. 〈단서형용사〉 ➜ 요지

• Therefore, it is **essential** that people research the cultures and communication conventions of those whom they propose to meet in the future. 〈단서형용사〉 ➜ 요지

어휘

· prediction 예언   · interaction 상호 작용[영향]
· refugee 피난자, 난민, 망명자
· bilingual education 2개 언어 병용 교육
· ethnic minority 소수 민족 집단   · melting pot 용광로, 도가니

3 정답 ③

해석

인류 문화의 고고학 기록을 살펴볼 때, 우리는 그것이 엄청나게 불완전하다는 것을 고려해야 한다. 인류 문화의 많은 측면은 고고학자들이 낮은 고고학적 가시성이라고 말하는 것을 지니고 있는데, 이것은 그것들이 고고학적으로 식별하기 어렵다는 것을 의미한다. 고고학자들은 문화의 유형적인 (혹은 물질적인) 측면, 즉 도구, 음식, 구조물처럼 다루고 사진을 찍을 수 있는 것들에 초점을 맞추는 경향이 있다. 문화의 무형적 측면을 재구성하는 것은 더 어려워서, 우리는 유형적인 것에서 더 많은 추론을 끌어내야 한다. 예를 들어, 고고학자들이 석기와 음식 유물로부터 기술과 식습관을 식별하고 그것에 관한 추론을 도출하기는 비교적 쉽다. 같은 종류의 물질적인 유물을 사용하여 사회 체계와 사람들이 무엇을 생각하고 있었는지에 관한 추론을 도출하는 것은 더 어렵다. 고고학자들은 그렇게 하지만, 쓸모없는 것으로 인식되는 물리적 유물로부터 신념 체계에 관한 해석에 도달하는 것과 관련된 더 많은 추론이 어쩔 수 없이 있어야 한다.

요지문

• When examining the archaeological record of human culture, one **has to** consider that it is vastly incomplete. 〈빈칸, 단서조동사〉 ➜ 요지

• Archaeologists do it, but there are **necessarily** more inferences involved in getting from physical remains recognized as trash to making interpretations about belief systems. 〈단서형용사〉 ➜ 요지

어휘

· visibility 가시성   · tangible 유형의
· intangible 무형의   · remains 유물, 유적

4 정답 ①

해석

환경이 의미 있는 내적 과정을 돕는 데 중요한 역할을 하기 때문에, 주관적 경험과 환경은 '결합된 시스템'으로 작용한다. 이 결합된 시스템은 자체로 하나의 완전한 인지 시스템으로 볼 수 있다. 이런 방식으로 주관적 경험은 외부 환경으

로 확장되고 그 반대의 경우도 마찬가지여서, 제도적 법률과 장비와 같은 규율 객체를 지닌 외부 환경은 우리의 주관적 경험과 해결책에 영향을 미치는 정신적 제도가 된다. 주관적으로 가지고 있는 믿음이 사회적으로 공유될 때 그 믿음은 객관성의 지위를 얻는다. 즉, 우리가 엄격한 의료 합리주의자, 혹은 현실적인 관료, 혹은 데이터 기반의 과학자로 훈련되어 있다고 해도, 연구에 따르면 우리의 결정은 다양한 제도적 관행의 영향을 받는다. 그것에는 관료적 구조와 절차, 의료 기관의 건축 설계, 법정 재판에서 증거 규칙과 허용되는 질문의 구조, 유치원과 슈퍼마켓의 공간 배치, 그리고 우리의 감정을 다루기 위해 고안된 다양한 관습과 관행이 포함된다.

요지문

- Because **the environment** plays a significant role in aiding meaningful internal processes, subjective experience and the environment act as a 'coupled system.' 〈단서형용사(significant)〉 ➡ 요지
- **the external environment** ~ becomes **mental institutions** that affect our subjective experience and solutions. 〈빈칸〉 ➡ 요지
- even if we are trained as hard-nosed health care rationalists, or no-nonsense bureaucrats, or data-driven scientists, research has shown that our decisions are influenced by various **institutional practices**. 〈양보구문(even if)〉 ➡ 요지

어휘

· disciplinary 규율의   · institutional 제도적인, 제도상의
· hard-nosed 엄격한, 냉철한   · no-nonsense 현실적인

---

5   정답 ⑤

해석

우리는 우리의 의식을 현재, 과거, 미래로 분리하는 것이 허구이며 또한 이상하게도 자기 지시적인 틀이라는 것을 이해하는데, 여러분의 현재는 여러분 어머니 미래의 일부였고 여러분 자녀의 과거는 여러분 현재의 일부일 것이라는 것이다. 시간에 대한 우리의 의식을 이러한 전통적인 방식으로 구조화하는 것에는 일반적으로 잘못된 것이 전혀 없으며 그것은 흔히 충분히 효과적이다. 그러나 기후 변화의 경우, 시간을 과거, 현재, 미래로 분명하게 구분하는 것은 심하게 (사실을) 오도해왔으며 가장 중요하게는 지금 살아 있는 우리들의 책임 범위를 시야로부터 숨겨왔다. 시간에 대한 우리의 의식을 좁히는 것은 사실 우리의 삶이 깊이 뒤얽혀 있는 과거와 미래의 발전에 대한 책임으로부터 우리를 단절시키는 길을 닦는다. 기후의 경우, 우리가 사실을 직면하면서도 우리의 책임을 부인하는 것이 문제가 아니다. 문제는 시간을 나눔으로써

현실이 시야로부터 흐릿해지고 그래서 과거와 현재의 책임에 관한 질문이 자연스럽게 생겨나지 않는 것이다.

요지문

- the sharp division of time into past, present, and future has been desperately misleading and has, most **importantly**, hidden from view the extent of the responsibility of those of us alive now. 〈단서형용사〉 ➡ 요지
- In the climate case, it is **not** that we face the facts but then deny our responsibility. 〈부정문(not); 비판〉 ➡ 요지의 반대
  (Rather,) It is that the realities are obscured from view by the partitioning of time, ~ . 〈긍정문(Rather); 대안〉 ➡ 요지

어휘

· consciousness 의식   · self-referential 자기 지시적인
· framework 틀   · conventional 전통적인
· partition 나누다, 분할하다

---

6   정답 ⑤

해석

20세기 미국에서 평균 수명은 거의 30년이 늘어났다. 그러한 증가는 대부분 의료의 발전 때문이라기보다는 공중 보건의 발전 때문이며, 법적 개입이 이러한 발전에 결정적인 역할을 했다. 예를 들어, 어린이들이 학교에 입학하기 전 예방 접종을 받아야 한다는 (법적인) 요구 사항은 예방 접종으로 막을 수 있는 질병의 발생을 줄이는 데 중심적인 역할을 했다. 천연두와 소아마비는, 한때 두려움의 대상이었고 치명적인 질병이었지만, 서반구에서 퇴치되었고(천연두는 전 세계적으로 퇴치되었다), 새로 홍역에 걸린 환자 수는 1950년 30만 명 이상에서 2000년 100명 이하로 떨어졌다. 또한, 1960년대 중반에 시작된 차량 및 도로에 관한 안전 법규를 폭넓게 도입함에 따라, 연간 주행 마일 수가 거의 300% 증가했음에도 불구하고, 고속도로 사망자 수는 1966년 대략 51,000명에서 2000년 42,000명으로 감소하였다.

요지문

- legal interventions played a **critical** role in these advances. 〈빈칸, 단서형용사〉 ➡ 요지
- For example, requirements that children be vaccinated before they attend school played a **central** role in reducing occurrence of vaccinepreventable diseases. 〈단서형용사〉 ➡ 요지

어휘

· credit (공적, 명예 등을) ~에 돌리다 · vaccinate 예방 접종을 하다
· smallpox 천연두   · hemisphere (지구, 천체의) 반구

274

7 정답 ⑤

해석

쇄신과 개혁은 나아가기 위해 되돌아가는 능력에 항상 의지한다. 이 과정의 핵심은 개혁된 관행이 구성될 수 있는 모형에 대한 마음속 탐색이다. 건축가는 오랫동안 바로 그와 똑같은 모형으로서 원시 오두막에 기대어왔다. 그것은 건축의 제1원리들에 가능한 한 가까운 접근을 제공하는 것으로 여겨지는 구조물이지만, 이 구조물에 대한 흔적은 그것을 찾는 건축가의 마음의 눈을 제외하고는 어디에도 존재하지 않는다. 그럼에도 불구하고, 원시 오두막이 물리적인 현실에 존재하지 않는다고 해도 현재 관행의 쇄신을 위한 그것의 중요성은 전혀 감소하지 않는다. 바라는(혹은 요구되는) 사물이 낙원에 있고 현재의 어떤 지도도 그것의 위치를 나타내지 않는다면, 그것에 도달하는 것은 꿈과 소망을 통해서만 가능할 것이다. 그것의 복원은 필연적으로, 영원히 도달할 수 없는 곳에 있는 존재하지 않는 물체를 본떠서 만든 유사물에 근거한 해석일 것이다. 그곳에 도달하는 것은 불가능하지만, 그럼에도 불구하고 낙원으로 되돌아가는 것은 여전히 기억에게는 합당한 목표로 남아 있으며, 여전히 사례를 통해 지금 여기에 그 약속을 지킬 수 있다.

요지문

· **Key** to this process is a search within one's own mind for a model according to which reformed practice can be organized. 〈단서형용사〉 ➜ 요지
· Reconstructions of it will **necessarily** be interpretations based on resemblances modeled after a nonexistent object forever beyond our reach. 〈빈칸, 단서형용사〉 ➜ 요지
· **Even though** it is impossible to get there, returning to paradise nonetheless remains a reasonable destination for the memory, still able, by way of example, to fulfill its promise to the here and now. 〈양보구문(Even though)〉 ➜ 요지

어휘

·renewal 쇄신　　　　　　·architect 건축가

8 정답 ②

해석

지적 탐구의 이상이자 지식의 발전을 위한 전략으로서, 과학적 방법은 본질적으로 오류의 유용성을 보여주는 기념비이다. 우리 대부분은 우리의 믿음을 입증하려고 노력하는 것에 자연히 끌리는데, 우리가 그것들의 타당성을 굳이 조사하려 해야만 (조사하는) 정도까지 그러하다. 그러나 과학자들은 반증에 자연히 끌리며, 개인으로서는 아니더라도 공동체로서, 그들은 자신의 믿음이 그릇됨을 입증하려고 한다. 따라서 가설의 본질적인 의미를 규정하는 특징은 그것이 틀리다고 입증될 가능성을 가진다는 것이며(이는 그것(가설)이 반드시 검증 가능할 수도 있어야 하고 검증되기도 해야 한다는 이유이다.) 이론의 본질적인 의미를 규정하는 특징은 그것이 아직 틀리다고 입증되지 않았다는 것이다. 그러나 중요한 부분은 아무리 많은 증거가 그것(이론)이 옳음을 증명하는 것 같더라도, 아무리 많은 전문가가 그것을 지지하더라도, 아무리 큰 대중의 지지를 그것이 받더라도, 그것은 그렇게 될 수 있다는 것이다. 사실, 어떤 주어진 이론도 틀리다고 입증'될 수 있을' 뿐만 아니라, 조만간 그것은 아마도 그렇게 될 것이다. 그리고 그것이 그렇게 될 때, 그 경우는 그것(과학)의 실패가 아닌, 과학의 성공을 나타낼 것이다. 이것은 과학 혁명의 중대한 통찰력이었는데, 지식의 발전은 새로운 통찰과 발견들 앞에서 붕괴하는 현재 이론에 달려 있다.

요지문

· As an ideal of intellectual inquiry and a strategy for the advancement of knowledge, the scientific method is **essentially** a monument to the utility of error. 〈단서형용사〉 ➜ 요지
· This was the **crucial** insight of the Scientific Revolution: that the advancement of knowledge depends on current theories collapsing in the face of new insights and discoveries. 〈빈칸, 단서형용사〉 ➜ 요지

어휘

·gravitate (중력에) 끌리다　　·validity 타당성
·falsification 반증, 위조　　　·disprove 반증하다, 논박하다

9 정답 ①

해석

현대 번역가들과 교사들이 스토아 철학을 비판하는 것 중 하나는 반복의 정도이다. 예를 들어, Marcus Aurelius는 그의 글이 다른 앞선 스토아 철학자들의 글과 닮았기 때문에 독창적이지 않다고 학자들에 의해 무시되었다. 이러한 비판은 핵심을 놓친다. Marcus 시대 이전에도 Seneca는 철학자들 사이에 많은 차용과 중복이 있다는 것을 잘 알고 있었다. 그것은 진정한 철학자들이 원저자라는 것에 관심을 두지 않고 오직 효과가 있는 것에만 관심을 두었기 때문이다. 더 중요한 것은, 그들은 말로 한 것이 행동으로 한 것보다 덜 중요하다고 믿었다는 점이다. 그리고 이것은 그때처럼 지금도 사실이다. 원한다면 위대한 철학자들의 모든 말을 가져다가 자신의 취향에 맞게 사용해도 된다(그들은 죽었으니 개의치 않는다). 원하는 대로 맘껏 수정하고 개선하라. 그것을 실제 세계의 실제 여건에 맞게 적용하라. 여러분이 자신이 말하고 쓴 것을 참으로 이해하고 있다는 것, 자신이 진정으로 독창적이라

는 것을 증명하는 방법은 <u>그것들을 실행에 옮기는 것</u>이다.

요지문

· More **important**, they believed that what was said mattered **less than** what was done. 〈단서형용사, 비교구문〉 ➡ 요지

· The way to prove that you truly understand what you speak and write, that you truly are original, is to <u>put them into practice</u>. 〈빈칸〉 ➡ 요지

어휘

· dismiss 무시하다
· academic 교수, 학구적인
· original 독창적인
· overlap 중복, 겹치다
· adjustment 조정
· put into practice 실행하다

10   정답 ②

해석

아인슈타인의 상대성 이론이나 바흐의 서곡은 둘 다 생존이 이루어지게 하는 것은 아니다. 그러나 그 각각은 우리가 우세해왔던 것에 핵심적인 인간 능력의 완벽한 예이다. 과학적 재능과 실제 세계의 난제 해결 간 연결성이 더 명백할 수도 있지만, 유추와 은유로 추론하는 정신, 색과 질감으로 표현하는 정신, 멜로디와 리듬으로 상상하는 정신은 더 번성하는 인지적 영역을 가꾸는 정신이다. 이것은 모두, 창을 만들고, 요리를 발명하고, 바퀴를 이용하고, 이후 B 단조 미사곡을 쓰고, 더욱 후에는 공간과 시간에 대한 우리의 경직된 시각을 깨기 위해 우리 종족이 필요한 생각의 유연성과 직관의 유창성을 개발하는 데 예술이 당연히 필수적이었다고 말해주는 것이다. 수십만 년에 걸쳐, 예술적 노력은 우리의 상상력을 양성하고 혁신을 위한 강력한 능력을 불어넣기 위한 안전한 활동 무대를 제공하는, 인간 인지의 놀이터였을지도 모른다.

요지문

· minds that reason with analogy and metaphor, ~ are minds that cultivate a more flourishing cognitive landscape. 〈빈칸〉 ➡ 요지

· Which is all just to say that the arts may well have been **vital** for developing the flexibility of thought and fluency of intuition that ~ . 〈단서형용사〉 ➡ 요지

어휘

· metaphor 은유
· fashion 만들다
· harness 이용하다
· infuse 주입하다, 불어넣다
· potent 힘센, 유력한
· faculty 능력, 기능

Code **10**   인과(+비유)

                 정답 ④

해석

단세포 생물의 시대는 약 35억 년간 지속되었으며 지구 역사의 대부분을 지배했다. 그러나 약 5억 년 전 캄브리아 폭발 동안 짧은 기간에 주요 동물군을 포함한 다양한 다세포 생물이 나타났다. 유사하게, 미적분법은 수학에 있어 캄브리아 폭발이었다. 일단 그것이 도래하자 놀랍도록 다양한 수학 분야들이 진화하기 시작했다. 그것들의 계보는 미적분법을 바탕으로 한 그것들의 이름인 미분기하학, 적분방정식, 해석적 정수론에서처럼 '미분의', '적분의', '해석적'과 같은 형용사에서 보여질 수 있다. 이러한 수학의 진보한 계통들은 다세포 생물의 많은 계통들 및 종들과 같다. 이 비유에서(마찬가지로), 수학에서의 미생물들은 가장 초기의 주제인 수, 형태, 문장제이다. 단세포 생물처럼 그것들은 그 역사의 대부분 동안 수학의 장을 지배했다. 그러나 350년 전 미적분법의 캄브리아 폭발 후 새로운 수학의 생명 형태들이 번성하기 시작했고, 그것들은 그 주변의 경관을 바꾸었다.

요지문

· These advanced branches of mathematics are **like** the many branches and species of multicellular life. 〈비유; 전치사〉

· **In this analogy,** the microbes of mathematics are the earliest topics: numbers, shapes, and word problems. 〈비유; 연결사〉

어휘

· unicellular 단세포의
· multicellular 다세포의
· differential geometry 미분기하학
· integral equations 적분방정식

1   정답 ③

해석

인간에게 있어서 생체 시계는 우리의 수면 각성 주기뿐만 아니라 혈압, 체온, 호르몬, 배고픔, 그리고 갈증의 일상적 변화의 원인이 된다. 우리가 내부 시간으로 경험하게 되는 이러한 생물학적 리듬은 아마도 수백만 년의 진화 과정을 통해서 발달한, 수면보다 더 앞선 것이다. 밖에서 무슨 일이 일어나든 상관없이, 한랭 전선이 다가오든 혹은 구름이 햇빛을 가리든 간에, 그것은 대략 24시간을 주기로 생리적인 변화와 행동의 변화가 일어나는 것을 쉽게 한다. <u>그렇기 때문에 사람들이 표준 시간대를 가로질러 여행을 할 때에 시차로 인한 피로감을 경험하게 된다.</u> 그들의 내부 시계는 계속해서 자신

들이 도착한 장소가 아니라, 자신들이 떠나온 장소에 맞추어서 작동되며, 그 둘을 재조정하는 데는 얼마간의 시간이 걸린다. 가장 놀라운 것은 우리의 내부 생체 시계가 환경적 신호에 의해서 재조정될 수 있다는 것이다. 우리가 지구의 반대쪽에서 엄청나게 다른 낮과 밤 주기의 일정에 적응하도록 우리의 생체 시계에 요구할 때에 며칠 동안 시차로 인한 피로감을 느낄 수 있으나, 그것은 그렇게 할 수 있다.

요지문

- They facilitate physiological and behavioral changes on a roughly twenty-four-hour cycle ~. 〈이유〉
- **That is why** people experience jet lag when traveling across time zones. 〈That is why + 결과〉
- Their internal clocks continue to run in accordance with the place ~. 〈대명사: people ➔ Their〉

어휘

·jet leg 시차증(여행시차로 인한 피로감)	·time zone 표준 시간대
·sleep-wake cycle 수면-각성 주기	·evolution 진화
·in accordance with ~에 맞추어서	·readjust 재조정하다

 2 　　　　　　　　　　　　정답 ②

해석

컴퓨터에 기반을 둔 디지털 기록 보관소는 저장 공간의 측면에서 더 효율적이고, 검색 측면에서도 일반적으로 더 빠르다. 그러나 우리 중 많은 사람들이 여전히 물리적인 사물을 다루는 것에 대한 무언가가 마음을 달래주고 만족스럽게 해준다고 여긴다. 물리적 유형의 서류철과의 경험을 떠올려 보라. 여러분은 다른 서류철과는 다르게 생기고, (그 안에 있었던 것이나 위에 쓰여 있던 것과는 완전히 별도로)그 안에 무엇이 있었는지에 대한 여러분의 기억을 떠올려 주는 오래된 낡은 서류철을 가지고 있었을지 모른다. 물리적인 사물들은 컴퓨터 파일과는 달리 서로 다르게 보이는 경향이 있다. 모든 (컴퓨터)비트들은 똑같이 만들어진다. 정크 메일을 만드는 당신 컴퓨터 속에 있는 바로 그 똑같은 0들과 1들이 Mahler의 5번 교향곡과 Monet의 수련의 숭고한 아름다움도 만들어낸다. 그 매개물 자체에는 메시지에 대한 단서를 전달해 주는 것이 전혀 없다. 매우 그러하기 때문에, 만약 여러분이 이것들 중 어떤 것의 디지털 표시를 본다면, 여러분은 아마 그 0들과 1들이 텍스트나 혹은 음악이 아닌 이미지를 나타내고 있었다는 것조차도 알지 못할 것이다. 한마디로 말해, 정보는 의미로부터 분리된다.

요지문

- In **the medium** itself, there is nothing that carries a clue to the message. 〈빈칸〉 ➔ 요지
- In a nutshell, **information** has become separated from meaning. 〈결론〉 ➔ 요지

어휘

·archive 기록보관소	·beat-up 써서 낡은
·so much so that 너무 그러하므로	

 3 　　　　　　　　　　　　정답 ③

해석

사람들은 시간이 지나면서 변하는데, 흔히 더 좋은 쪽으로 변한다. 성숙, 지혜, 인내, 그리고 다른 많은 장점은 삶의 경험이 조금씩 축적되는 것에서 나올 수 있다. 하지만 이런 자질이 천천히 발전해야만 하는가? 연구자 Timothy Carey와 동료들은 최근에, 통찰은 긍정적인 개인적 변화로 가는 지름길일 수 있다는 생각을 검토했다. 그들은 심리 치료를 막 끝낸 사람들과 구조화된 면접을 했다. '아하'의 순간에 대한 보고는 많았다. 한 면접 대상자는 자신이 변했던 '순간을 마음속에 그려볼' 수 있다고 말했고, 또 다른 면접 대상자는 "나는 실제로 그것의 소리를 들을 수 있었습니다."라고 말했다. 그들 중 많은 이들은, 배우자와 수영장에 있었을 때나 치료사와 특정한 만남을 하고 있던 때처럼, 깨달음을 얻었던 순간을 식별할 수 있었다. 몇몇 사람들은 전등이 켜지는 것, 버튼이 눌려지는 것, 딸깍하는 소리, 또는 "'핑'한 다음 내가 상황을 또렷하게 이해할 수 있는 것과 비슷했습니다."처럼, 친숙한 은유를 사용하여 '아하'를 묘사했다. 개인적인 성장은 더딘 과정일 필요가 없다. 의사이자 책의 저자인 Oliver Wendell Holmes, Sr.가 쓴 것처럼, '한순간의 통찰은 때로 한평생의 경험만큼의 가치가 있다.'

요지문

- **The bottom line is that** 〈결론〉 ➔ 요지
  personal growth **doesn't** have to be a glacial process. 〈상관; 비판〉
- **(Rather,)** As ~, **"A moment's insight is sometimes worth a life's experience."** 〈상관; 대안〉 ➔ 요지

어휘

·maturity 성숙	·gradual 단계적, 점진적
·accumulation 축적, 누적	·psychotherapy 심리요법
·metaphor 은유	·glacial 빙하의; 느린

 4 　　　　　　　　　　　　정답 ⑤

해석

파리 루브르 박물관에 있는 레오나르도의 유명한 회화인 모나리자는 존경을 요한다. 우리는 원 거장에 대해 경외심을 갖고 기교, 가치, 역사적 의미를 감상하도록 기대된다. 복제품을 당신의 TV 위에 놓아라. 그러면 이제 그것을 둘러싸고

있는 당신의 벽지와 거실을 제외하고는 언뜻 보기에 그 이미지가 원작의 이미지와 놀라울 만큼 유사해 보일 것이다. 그 위대한 예술 작품은 그 표상과 한때 그것이 방을 공유했던 다른 위대한 예술 작품과의 관계를 빼앗긴다. 우리가 감탄하고 진가를 인정하는 마음으로 주의 깊게 바라보려는 기대는 제거된다. 우리가 이미지를 바라보는 맥락은 우리가 어떻게 그 이미지에 반응하는가에 중대한 차이를 가져온다. 우리가 논의를 위해 이미지를 제시할 때 그 이미지를 본래의 맥락으로부터 떼어놓았다는 것을 기억해야 한다. 그러므로 본래의 맥락은 당신의 배경연구와 조사에 기록되어야 할 중요한 준거의 틀이다.

요지문

- When we present an image for discussion we must remember that we have removed it from its original situations or surroundings, which is **therefore** an important frame of reference that should be recorded in your background work or research. 〈결론〉 ➡ 요지

어휘

- appreciation 진가의 인정
- reference 기준, 참고, 관계

---

5   정답 ②

해석

어떤 영화 속에서든 악보는 영화 텍스트에 추가적인 층을 추가할 수 있는데, 그것은 보이는 연기를 단순히 흉내 내는 것을 넘어선다. 미래 세계에 관해 말하는 영화에서, 작곡가는 사운드 디자이너와 꼭 마찬가지로, 관객에게 알려지지 않은 새로운 세계를 창조할 수 있는 자유를 추가해 왔다. 그러나 사운드 디자이너와 달리, 작곡가는 흔히 이러한 새로운 세계를 반영하는 독특한 곡을 만들어 내는 것을 피하고, 친숙한 구조와 박자를 가진 악보를 흔히 제시한다. 이는 창의성과 시공간 감각을 저해할 가능성이 있지만, 사실 그것은 관객이 영화에 접근하는 데 도움이 된다. 알아볼 수 있는 악보를 통해 미래나 멀고 먼 은하계에 대한 비전은 알아볼 수 있는 맥락 안에 놓일 수 있다. 그러한 친숙함을 통해 관객은 편안한 공간에 놓이게 되고, 그러면 영화는 관객을 그들 자신의 것과 다른 세계에 관한 낯설지만 받아들일 수 있는 비전으로 인도할 수 있을 것이다.

요지문

- While it is possible that this may interfere with creativity and a sense of space and time, it in fact aids in viewer access to the film. 〈빈칸, 양보〉 ➡ 요지
- Such familiarity allows ~ **so that** the film may then lead the viewer to what is an unfamiliar, but acceptable vision of a world different from their own. 〈인과〉 ➡ 요지

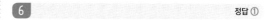

어휘

- layer 층
- composer 작곡가
- shy away from ~을 피하다
- interfere with ~을 저해[방해]하다
- galaxy 은하계

---

6   정답 ①

해석

흔히 댄스 플로어라고 불리는 꿀벌 군집의 입구는 군집의 상태와 벌집 밖의 환경에 관한 정보를 교환하기 위한 시장이다. 댄스 플로어에서의 상호 작용을 연구하는 것은 우리에게 지엽적인 정보에 반응하여 그것들 자신의 행동을 바꾸는 개체들이 어떻게 군집이 그것의 노동력을 조절할 수 있게 하는지에 대한 많은 예증이 되는 예들을 제공한다. 예를 들어, 물을 가져온 꿀벌들은 자신들의 벌집으로 돌아오자마자 자신들의 물을 벌집 안으로 넘겨주기 위해 물을 받을 벌을 찾는다. 만약 이 (물을 받을 벌을) 찾는 시간이 짧으면, 그 돌아오는 벌은 물이 있는 곳으로 데려갈 다른 벌들을 모집하기 위해 8자 춤을 출 가능성이 더 크다. 반대로, 이 찾는 시간이 길면 그 벌은 물을 가지러 가는 것을 포기할 가능성이 더 크다. 물을 받는 벌들은 자신들을 위해서든 다른 벌들과 애벌레들에게 전해주기 위해서든, 물이 필요할 때만 물을 받을 것이므로, 이러한 물을 넘겨주는 시간은 군집의 전반적인 물 수요와 상관관계가 있다. 따라서 (시간이 늘어나든 혹은 줄어들든 간에) 물을 넘겨주는 시간에 대한 개별적인 물 조달자의 반응은 군집의 수요에 맞춰서 물 수집(량)을 조절한다.

요지문

- **Thus** the individual water forager's response to unloading time (up or down) regulates water collection in response to the colony's need. 〈결론〉 ➡ 요지

어휘

- colony (꿀벌 등의) 군집, 집단
- illustrative 예증이 되는
- regulate 조절하다
- unload 넘겨주다, (짐을) 내리다
- waggle dance 8자 춤

---

7   정답 ⑤

해석

낯선 거리에서 길을 잃은 사람은 지역 주민으로부터 방향을 묻는 것을 종종 피한다. 우리는 지도와 나침반으로 참고 견딘다. 길을 잃었다고 인정하는 것은 어리석음을 인정하는 것처럼 느껴진다. 이것은 고정관념이지만, 많은 진실을 갖고 있다. 인문 과학에서 간과되는 커다란 문제에 대한 좋은 비유이기도 하다. 우리는 인간 본성의 어두운 대륙에서 길을 찾으려고 노력하고 있다. 우리 과학자들은 나머지 인류를 위해 버스를 운전하는 여행 가이드로서 돈을 받고 있다. 그들은

우리가 인간 마음에서의 길을 알고 있을 거라고 기대하지만, 우리는 모른다. 따라서 우리는 지역 주민들에게 방향을 묻지 않고, 아는 체 하려고 노력한다. 우리는 지리('이론')라는 첫 번째 원리로 그리고 우리 자신이 만든 지도('경험적인 조사')로 길을 찾으려고 한다. 길가는 지역 주민들로 붐비고, 그들의 두뇌는 지역의 지식으로 가득하지만, 우리는 길을 묻기에는 너무 거만하고 당황스럽다. 그래서 우리는 관광객들을 즐겁게 하고 계몽할 과학적인 경치를 어디에서 찾을지에 관해서 연속적인 가설을 만들고 버리면서 원을 그리며 주행한다.

요지문

Guys lost on unfamiliar streets **often avoid asking for directions from locals.**

· It's also a good **metaphor** for a big overlooked problem in the human sciences. 〈비유〉 ➔ 요지

어휘

· tough out 곤란을 참고 견디다   · compass 나침반
· grain 기미, 낱알   · metaphor 비유, 은유
· vista 풍경, 경치   · enlighten 계몽하다

 8 정답 ②

해석

어떤 사람들은 당신이 인간의 본성을 변화시킬 수 없다고 믿고, 그래서 그들은 진화하는 인간의 의식이라는 개념을 단지 보증되지 않은 이상주의라고 생각한다. 그러나 인간 본성이란 무엇인가? 사전은 본성이 내재적인 특성이나 사람 또는 사물의 기본적인 구성 즉, 그것의 본질이라고 정의한다. 그러나 한 사람의 내재적인 특성이나 본질이 정말로 변하는가? 우리는 다음과 같은 하나의 비유적인 질문을 함으로써 이 중요한 쟁점에 대한 통찰을 얻을 수 있다. 씨앗이 나무로 성장할 때 그것의 내재적인 특성은 변하는가? 전혀 그렇지 않다. 나무가 되기 위한 잠재력은 언제나 씨앗 안에 내재되어 있다. 씨앗이 나무로 성장할 때 그것은 씨앗의 고유한 본성 속에 항상 내재되어 있는 잠재력이 실현되는 정도의 변화만을 나타낸다. 마찬가지로 인간의 본성은 변하지 않는다. 하지만 나무가 될 잠재력을 지닌 씨앗처럼 인간의 본성은 정지 상태에 있는 것이 아니라 잠재적 가능성들의 연속체이다. 우리 인간은 기본적인 본성의 변화 없이 원시적인 상태에서 문명화된 상태로 성장할 수 있다.

요지문

When a seed grows into a tree, it represents only **a change in the degree to which its potential, always inherent in its original nature, is realized.**

· **Similarly**, ~, human nature is not a static thing but **a spectrum of potentials.**

어휘

· unwarranted 보증되지 않은   · analogous 비유적인

9 정답 ③

해석

권리는 의무를 수반하지만, 의무가 권리를 수반할 필요는 없다. 우리 자녀에 대한 부모의 의무는 그들의 법적 권리를 훨씬 넘어선다. 구조의 의무도 권리와 일치될 필요가 없다. 우리는 연못에 빠진 아이에 반응하는데 이는 아이의 권리가 아니라 아이의 곤경 때문이다. 많은 의무를 창출하는데 성공한 사회는 권리에만 의존하는 사회보다 더 관대하고 조화로울 수 있다. 권리에 대한 의무의 관계는 공공 지출에 대한 과세의 관계와 같으며 그것은 힘든 부분이다. 서구의 유권자들은 공공 지출에 대한 논의가 공공 지출의 혜택과 그것의 자금 조달 방식의 균형을 맞춰야 한다는 것을 대부분 알게 되었다. 그렇지 않으면 정치인들은 선거 기간에 더 많은 지출을 약속하고 세입보다 많은 선거 후의 초과 지출은 인플레이션에 의해 해결된다. 새로운 의무가 추가 세입과 유사하듯이, 권리의 창출은 추가 지출과 유사하다. 그 권리는 아마 적절하겠지만 이것은 그에 상응하는 의무에 대한 공공의 논의에 의해서만 판단될 수 있다.

요지문

· Just as **new obligations** are similar to **extra revenue**, so the creation of rights is similar to extra spending. 〈비유〉 ➔ 요지

· The rights may well be appropriate, but this can only be determined by a public discussion of the **corresponding obligations.** 〈빈칸〉 ➔ 요지

어휘

· obligation 의무   · taxation 과세

 10 정답 ①

해석

우리가 우리의 생각을 언어로 '표현하고' '나타낸다'고 말하는 것이 옳지만, 표현을 하고 있는 것(언어)과 표현되고 있는 것(생각) 사이에 구조적 유사성이 있다고 가정하는 것은 큰 실수일지 모른다. Robert Stalnaker는 자신의 책 'Inquiry'에서 '숫자들'의 표현으로 한 가지 비유를 보여 준다. 숫자 9는 '12-3'으로 '표현될' 수 있지만, 결과적으로 12, 3, 또는 '빼기'가 숫자 9의 '구성 요소들'은 아니다. 우리는 생각과 그것의 언어적 표현을 치약과 튜브에서 그것이 '나오는 것'과 비교할 수 있다. 치약을 표현한 결과가 길고 가는 원통형의 물건이라는 것이 치약 그 자체가 길거나, 가늘거나, 아니면 원통형이라는 것을 의미하지는 않는다. 마찬가지로 생각은 특

정 언어 구조를 지닌 진술로 소리 내어 표현될지 모른다. (하지만) 결과적으로 생각 그 자체가 그러한 구조로 되어 있다는 것은 아니다. 예를 들어 내가 과일 그릇을 보면서 그 그릇 안에 사과와 오렌지가 들어 있다고 생각한다고 가정해 보라. 내 눈앞에 있는 물체들에는 과일 몇 조각과 그릇이 포함되지만, '~와'라는 단어에 상응하는 어떤 물체도 세계나 나의 시각 이미지에 존재하지 않는다.

요지문

That the result of ~ does not entail that **toothpaste itself is long, thin, or cylindrical.** 〈비유〉
· Similarly, a thought *might* get expressed out loud ~ with a particular linguistic structure. 〈양보〉
(But) It does not follow that **the thought itself has such a structure**. 〈요지〉

어휘

· analogy 비유 · It follows that ~ 결과적으로 ~이 되다
· constituent 구성 요소 · verbal 언어적인, 언어의
· out loud 소리 내어 · statement 진술, 언급

부록 01   순서

 예시   정답 ④

해석

규범은 사람들이 다른 사람들의 행동에 순응하는 결과로 집단에서 생겨난다. 따라서 규범의 시작은 한 사람이 특정 상황에서 자신이 그래야 한다고 생각하여 특정 방식으로 행동할 때 발생한다. (C) 그런 다음 다른 사람들은 여러 가지 이유로 이 행동에 순응할 수도 있다. 최초의 행동을 한 사람은 다른 사람들이 이런 종류의 상황에서 자신이 행동하는 것처럼 행동해야 한다고 생각할 수도 있다. (A) 따라서 그 사람은 지시하는 방식으로 규범 진술을 말함으로써 그들에게 행동을 지시할 수도 있다. 다른 방식으로는 몸짓과 같은 것으로 순응이 요망된다는 것을 전달할 수도 있다. 게다가 자신이 원하는 대로 행동하지 않으면 그들에게 제재를 가하겠다고 위협할 수도 있다. 이렇게 하면 일부 사람들은 그 사람의 바람에 순응하고 그 사람이 행동하는 대로 행동할 것이다. (B) 그러나 다른 일부 사람들에게는 그 행동이 자신에게 지시되게 할 필요가 없을 것이다. 그들은 행동의 규칙성을 관찰하고 자신이 순응해야 할 것을 스스로 결정할 것이다. 그들은 이성적 또는 도덕적 이유로 그렇게 할 수도 있다.

논리적 단서

· 관사: **one** person ➔ (C) **The** person
· 대명사: (C) others ➔ (A) them
· 연결사: (A) may ➔ (B) But

어휘

· conform to ~에 순응하다, ~을 따르다
· prescribe 지시하다, 규정하다 · utter 말하다, 발화하다
· prescriptive 지시하는 · alternately 다른 방식으로
· conformity 순응

 1   정답 ④

해석

현대인에게 질병은 개인으로만 관련 있는 생물학적 현상이고 어떤 도덕적 함의를 지니지 않는다. 인플루엔자에 걸릴 때, 그는 이 사건을 세금 징수원이나 자신의 장모에 대한 자신의 행동 탓으로 결코 보지 않는다. (C) 원시인들 사이에서는, 그들의 초자연적인 생각 때문에, 지배적인 도덕적 관점이 질병에 대해 더 깊은 의미를 제공한다. 질병을 보내는 신들은 일반적으로 개인의 도덕적 범죄에 의해 분노한다. (A)

때때로 그들은 죄가 있는 사람 그 자신이 아니라, 오히려 (죄의) 책임이 확장되는 그의 친척이나 부족민 중의 한 명을 공격할지도 모른다. 따라서 질병, 질병을 일으켰을지도 모르는 행동, 그리고 질병으로부터의 회복은 전체 원시 사회에 매우 중요하다. (B) 사회적 부정행위에 대한 제재로서의 질병은 그와 같은 사회에서 질서의 가장 중요한 부분 중의 하나가 되었다. 많은 경우에 그것은 현대 사회의 경찰관, 재판관, 그리고 사제가 행하는 역할을 떠안는다.

논리적 단서
- 대명사: (C) The gods ➤ (A) they
- 동의어: (A) the whole primitive community ➤ (B) **such societies**

어휘
- implication 함의
- of vital concern 매우 중요한
- pillar (시스템·조직·신념 등의) 기본적인 부분
- contract (병에) 걸리다

 정답 ⑤

해석
식물은 영양분이 제한적일 때 미세하게 조정된 적응 반응을 보인다. 정원사는 노란 잎을 영양 부족과 비료가 필요하다는 신호로 인식할 수도 있다. (C) 그러나 식물에 보충하는 미네랄을 공급해 줄 관리자가 없다면, 그것은 더 먼 토양에서 구하러 다닐 수 있도록 뿌리를 증식하거나 길게 늘리고 뿌리털을 발달시킬 수 있다. 식물은 또한 영양 혹은 자원 가용성의 시간적 또는 공간적 변화의 역사에 대응하기 위해 자신의 기억을 사용할 수 있다. (B) 이 분야의 연구는 식물은 공간과 시간 모두의 측면에서 환경에서 자신의 위치를 지속적으로 인식한다는 것을 보여주었다. 과거에 다양한 영양소 가용성을 경험한 식물은 잎 생산 대신 뿌리 길이를 연장하는 데 에너지를 소비하는 것과 같은 위험을 감수하는 행동을 보이는 경향이 있다. (A) 반대로, 영양분이 풍부했던 이력을 가진 식물은 위험을 회피하고 에너지를 절약한다. 모든 발달 단계에서 식물은 성장, 생존, 번식에 에너지를 사용할 수 있도록 환경 변화나 불균형에 반응하는 동시에, 귀중한 에너지의 손상과 비생산적인 사용을 제한한다

논리적 단서
- 연결사: may ➤ (C) But
- 동의어: (C) Plants can also use their memory ~ ➤ (B) **this area**
- 연결사: (B) Plants that have ~ in the past ➤ (A) **In contrast**, plants with ~ abundance

어휘
- finely 미세하게
- unevenness 불균형
- supplemental 보충의
- patch 작은 땅, 지대
- risk averse 위험을 회피하는
- reproduction 번식
- proliferate 증식시키다
- temporal 시간의

 정답 ③

해석
문화는 우리가 의식적으로 고려하고 논의할 수 있는 방식뿐만 아니라 우리가 훨씬 덜 인식하는 방식으로도 작동한다. (B) 우리의 행동에 대해 설명을 제시해야 할 때, 우리는 우리가 처한 특정한 상황 하에 어떤 변명이 용인되는 것으로 판명될 수도 있는지를 의식적으로 이해한다. 그런 상황에서 우리는 특정 도구를 사용하는 것처럼 문화적 관념을 사용한다. (C) 우리는 스크루드라이버를 선택하는 것처럼 문화적 개념을 선택한다. 어떤 일은 십자 드라이버 헤드를 필요로 하지만 다른 일은 육각 렌치를 필요로 한다. 우리의 행동을 정당화하기 위해 대화에 어떤 생각을 넣든, 요점은 우리의 동기가 우리에게 만연하게 이용 가능하다는 것이다. 그것들은 숨겨져 있지 않다. (A) 하지만 우리는 어떤 경우에는 우리가 왜 어떤 주장을 사실이라고 믿는지 또는 어떤 사회적 현실이 존재하는 이유를 어떻게 우리가 설명할 것인지에 대해 훨씬 덜 알고 있다. 사회적 세계에 대한 관념은 우리가 특정한 관념의 출처에 대해서 혹은 심지어 우리가 그 관념을 갖고 있다는 것조차 반드시 알고 있지 않은 상태에서도 우리 세계관의 일부가 된다.

논리적 단서
- 관사/ 동의어: (B) cultural ideas ➤ (C) **the** cultural notion
- 연결사: (B)(C) consciously understand ~ ➤ (A) **however**, ~ less aware

어휘
- account 설명, 기술
- Phillips head 십자 홈이 있는 나사 머리
- Allen wrench 육각 렌치
- screwdriver 스크루드라이버

 정답 ⑤

해석
화석 기록은 진화의 증거를 제공한다. 화석이 전하는 이야기는 변화에 관한 것이다. 더는 우리와 함께하지 않는 생물들이 과거에는 존재했다. 말의 경우에서처럼 시간이 지남에 따라 공통의 조상으로부터 특정 특징의 변화를 보여주는 많은 화석에서 일련의 변화가 발견된다. (C) 진화가 일어났다는 것을 증명하는 것 외에도, 화석 기록은 또한 진화론에서 만들어진 예측에 대한 테스트를 제공한다. 예를 들어, 진화론은

단세포 생물이 다세포 생물 이전에 진화했다고 예측한다. (B) 화석 기록은 이 예측을 뒷받침하는데, 다세포 생물은 단세포 생물이 최초로 출현한 수백만 년 후의 지구 지층에서 발견된다. 그 반대가 발견될 가능성은 항상 남아 있다는 점에 주목하라. (A) 다세포 생물이 단세포 생물보다 먼저 진화한 것으로 정말로 밝혀진다면, 진화론은 거부될 것이다. 좋은 과학이론은 항상 거부의 가능성을 허용한다. 화석 기록에 대한 수많은 조사에서 그러한 경우를 발견하지 못했다는 사실은 진화론을 위한 논거를 강화한다.

논리적 단서

- 연결사: the fossil record provides ~ ➔ (C) the fossil record **also** provides ~
- 동의어: (C) the theory predicts that ~ ➔ (B) **this** prediction

어휘

·fossil 화석	·sequential 일련의
·countless 셀 수 없을 정도로 많은	·demonstrate 입증하다

5 정답 ⑤

해석

많은 경우, 친환경 제품은 주류 제품보다 더 높은 원료비를 수반한다. (C) 게다가 그런 제품에서 일반적인 제한 성분 목록과 디자인 기준이 친환경 제품을 주류 제품보다 핵심 성능 측면(예를 들어, 덜 효과적인 세척제)에서 더 열등하게 만들 수 있다. 결과적으로, 일부 제품의 더 높은 비용과 더 낮은 성능은 고객층의 오직 적은 부분만 유인해서, 조달, 제조, 유통에서 더 낮은 규모의 경제를 초래한다. (B) 친환경 제품이 성공하더라도 기업의 고수익 주류 제품을 잡아먹을 수 있다. 이런 부정적인 면을 고려하면, 성공적인 주류 제품으로 주류 소비자의 요구를 충족하는 기업들은 마치 뻔한 투자 결정처럼 보이는 것에 직면한다. (A) 그들은 현재 고객이 아닌 사람들의 요구를 충족할 수 있는 위험하고 수익성이 더 낮은 소량의 제품보다는, 다수의 고객 계층의 요구를 충족하는, 이미 알고 있고 수익성이 있는 다량의 제품에 돈과 시간을 투자하고 싶어 한다. 그런 선택을 고려하면, 이들 기업은 소규모 틈새 경쟁업체들에게 시장의 친환경 부문을 남겨두는 선택을 할 수 있다.

논리적 단서

- 동의어: Green products ➔ (C) **such** products
- 대명사: (B) companies ➔ (A) They

어휘

·populous 다수의, 인구가 많은	·niche (시장의) 틈새
·downside 부정적인 면	·ingredient 성분
·criterion 기준 (pl. criteria)	·dimension 차원

6 정답 ⑤

해석

한 회사가 조선업에 투자할지를 결정하고 있다. 만약 충분히 대규모로 생산할 수 있다면, 그것은 그 (사업상의) 모험이 수익성이 있을 거라는 것을 알고 있다. (C) 하지만 한 가지 핵심 투입 요소는 저가의 강철이고, 그것은 근처에서 생산되어야 한다. 그 회사의 결정은 결국 다음과 같이 된다. 만약 근처에 강철 공장이 있다면, 조선업에 투자하고, 그렇지 않으면 투자하지 마라. 이제 그 지역에 있는 잠재적 강철 투자자들의 생각을 고려해 보라. (B) 조선소가 유일한 잠재적 강철 소비자라고 가정하라. 강철 생산자들은 자신의 강철을 구매할 조선소가 있으면 자신이 돈을 벌 것이고, 그렇지 않으면 돈을 벌지 못하리라고 생각한다. 이제 우리는 경제학자들이 '복수균형'이라고 부르는 가능한 두 가지 결과를 갖게 된다. (A) '좋은' 결과가 있는데, 그 결과 내에서는 두 가지 투자 형태가 모두 이루어지고, 조선소와 제강업자 모두 결국 이득을 얻고 만족하게 된다. 균형이 이루어지는 것이다. 그다음에 '나쁜' 결과가 있는데, 그 결과 내에서는 (둘 중) 어떤 투자 형태도 이루어지지 않는다. 이 두 번째 결과 또한 균형이 이루어진 것인데, 왜냐하면 투자하지 않겠다는 결정이 서로를 강화하기 때문이다.

논리적 단서

- 관사, 동의어: A firm ➔ (C) **The** company
- 연결사: (B) **two** possible outcomes ➔ (A) *(For example,)* a "good" outcome ~ a "bad" outcome ~

어휘

·shipbuilding 조선(업)	·venture (사업상의) 모험
·shipyard 조선소	·steelmaker 제강업자
·figure 생각나다	·boil down to ~ 결국 ~이 되다

7 정답 ⑤

해석

오늘날, 자연과 도시/교외 공간의 통합에 대한 역사적인 생각들은 지속 가능한 도시 계획에 대한 다양한 해석의 모습으로 나타난다. (C) 그러나 이러한 접근 방식에서 사회 정의의 역할은 논란의 소지가 많이 남아 있다. 예를 들어, 경관 도시론은 매우 적은 자원 사용을 필요로 하고 다양한 종과 경관을 포함하면서 자연 서식지 설계를 옹호하는 비교적 최근에 등장한 계획 접근 방식이다. (B) 그러나 비판가들은 경관 도시론자들이 인간의 필요보다 미적, 그리고 생태적 관심사를 우선시한다고 주장한다. 대조적으로 신도시론은 1980년대에 대중화된 접근법이고 걸을 수 있는 거리, 고밀도 디자인, 그리고 복합 용도 개발을 장려한다. (A) 그러나 경관 도시론자들은 이러한 설계가 자연 환경을 우선시하지 않으며, 하천

의 우회와 자연 습지 파괴를 흔히 수반한다는 것을 알게 되었다. 또 다른 사람들은, 예를 들어 '정당한 지속 가능성'이나 '완전 도로(보행, 자전거 및 자동차 모두 안전하게 접근하고 이동할 수 있도록 설계된 도로)'를 주장하는 이들은 두 접근 방식 모두 지나치게 이상주의적이며, 사회적 역학 관계와 구조적 불평등의 현실에 충분한 주의를 기울이지 않는다는 것을 알게 되었다.

논리적 단서
· 동의어: various interpretations ➜ (C) **these** approaches
· 연결사: (C) For example ➜ (B) In contrast
· 대명사: (C) For example(**Landscape Urbanism**) ~ (B) In contrast(**New Urbanism**) ~ ➜ (A) **both** approaches

어휘
· sustainable 지속 가능한　　· prioritize 우선시하다
· advocate 주장하다, 옹호하다　· aesthetic 미적
· popularize 대중화시키다　　· controversial 논란의 소지가 있는

 8　　　　　　　　　　　정답 ⑤

해석
학습이 단순히 사실의 목록을 축적하는 문제라면, 우리가 이미 알고 있는 것을 조금 넘어서는 정보가 제공되거나 완전히 새로운 정보가 제공되더라도 아무런 차이가 없을 것이다. (C) 각 사실은 단순히 개별적으로 저장될 것이다. 그러나 연결주의 이론에 따르면, 우리의 지식은 활동 패턴으로 조직되며, 우리가 새로운 것을 배울 때마다 새로운 정보를 추가하면서 이전 자료를 유지하기 위해 기존 패턴을 수정해야 한다. (B) 새로운 정보가 약간만 새로운 것일 때, 즉 그것이 우리가 이미 알고 있는 것과 양립할 수 있어서, 새로운 지식을 수용하기 위해 기존 패턴을 약간만 조정하면 될 때 조정은 분명 가장 적다. (A) 그러나 완전히 새로운 것을 이해하려고 한다면, 우리는 이미 가지고 있는 패턴의 단위를 더 크게 조정해야 하는데, 이를 위해서는 우리 뇌의 수많은 연결 강도를 변경해야 하며, 이것은 어렵고 피곤한 과정이다.

논리적 단서
· 연결사: should ➜ (C) however
· 동의어: (C) modify the old patterns ~ ➜ (B) **The** adjustments
· 연결사: (B) clearly ➜ (A) however

어휘
· accumulate 축적하다, 쌓다　　· adjustment 조정
· accommodate 수용하다　　· modify 수정하다

 9　　　　　　　　　　　정답 ⑤

해석
전문가들은 에너지 효율을 증진하는 다수의 대책을 찾아냈다. 유감스럽게도 그중 많은 수는 비용 효율적이지 않다. 이것은 경제적 관점에서 에너지 효율을 위한 투자에 근본적인 필요조건이다. (C) 그러나 그러한 비용 효율성의 산정은 쉽지 않은데, 그것은 단순히 사적비용을 살펴보고 그것을 달성한 절감액과 비교하는 경우가 아니기 때문이다. (B) 고려해야 할 상당한 외부 효과가 있고 거시 경제적 효과도 있다. 예를 들어 총체적[집합적] 차원에서, 국가의 에너지 효율 수준을 높이는 것은 에너지 의존도, 기후 변화, 보건, 국가 경쟁력, 연료 빈곤을 줄이는 것과 같은 거시 경제적 문제에 긍정적인 영향을 미친다. (A) 그리고 이것은 개인적 차원에서 직접적인 영향을 미치는 데, 즉 가정은 전기 비용과 가스 요금을 줄이고 그들의 건강과 안락함을 증진할 수 있는 반면에, 회사는 자체 경쟁력과 생산성을 증대시킬 수 있다. 결국, 에너지 효율 시장은 일자리와 기업 창출을 통해 경제에 이바지할 수 있는 것이다.

논리적 단서
· 동의어: cost effective ➜ (C) **such** cost effectiveness
· 연결사: (B) For instance ~ . ➜ (A) And ~ . Finally ~ .

어휘
· measure 대책, 조치　　　　· externality 외부 효과
· take ~ into account ~을 고려하다
· macroeconomic 거시 경제의

 10　　　　　　　　　　정답 ⑤

해석
분명히, 도식적인 지식은 여러분의 이해를 이끌어주고 기억할 수 없는 것들을 재구성하게 하여 여러분에게 도움을 준다. (C) 하지만 도식적인 지식은 또한 인식과 기억에 오류를 조장하여 여러분에게 해를 끼칠 수 있다. 게다가, 도식에 의해서 발생하는 오류의 '유형'은 상당히 예측 가능하다. 도식이 여러분의 경험의 광범위한 유형을 요약하며 그래서 그것(도식)이 본질적으로 주어진 상황에서 무엇이 전형적이거나 평범한 것인지 여러분에게 말해 준다는 것을 명심하라. (B) 따라서, 도식에 대한 어떠한 의존이라 하더라도, 그것은 어떤 것이 '정상적'인 것인지에 대한 이러한 정보에 의해 형성 될 것이다. 따라서 어떤 상황이나 사건을 보면서 여러분이 알아차리지 못하는 것이 있으면, 여러분의 도식이 그 상황에서 일반적으로 무엇이 어울리는지에 관한 지식으로 이러한 '공백'을 채우도록 여러분을 이끌어줄 것이다. (A) 마찬가지로, 여러분이 기억할 수 없는 것이 있으면, 여러분의 도식이 그 공백을 그 상황에서 어떤 것이 일반적인 것인지에 대한 지식으로 채

워 줄 것이다. 결과적으로, 도식에 의존하는 것은 불가피하게 세상을 실제보다 더 '정상적인' 것으로 보이게 할 것이고, 과거를 실제보다 더 '규칙적인' 것으로 보이게 할 것이다.

논리적 단서

· 연결사: Clearly ➤ (C) But
· 동의어: (C) **tell you** what's typical or ordinary ~ ➤ (B) **this information** about what's "normal"
· 연결사: (B) if there are things ~ ➤ (A) **Likewise**, if there are things ~

어휘

· schematic 도식적인   · schema 도식, 스키마 (pl. schemata)
· promote 조장하다, 촉진하다   · perception 인식, 지각

부록 02   삽입

예시   정답 ④

해석

책이나 어떤 서면 메시지에서 오타가 발생하면 일반적으로 내용에 부정적인 영향을 미치며 때로는 (문자 그대로) 치명적이기도 하다. 예를 들어, 쉼표의 위치가 잘못 찍히는 것은 생사가 걸린 문제일 수 있다. 마찬가지로 대부분의 돌연변이는 그것이 발생하는 유기체에 해로운 결과를 가져오는데 이는 그것들이 생식 적합성을 감소시킨다는 것을 뜻한다. 그러나 때때로 유기체의 적합성을 상승시키는 돌연변이가 발생할 수 있는데, 이는 우연히 초판의 텍스트를 복사하지 못한 것이 더 정확하거나 최신의 정보를 제공할 수도 있는 것과 꼭 마찬가지이다. 그러나 논거의 다음 단계에서는 그 유사성은 깨진다. 유리한 돌연변이는 다음 세대에 더 많이 나타날 것인데 그 돌연변이가 발생한 유기체는 더 많은 자손을 낳을 것이고 돌연변이가 자손에게 전달되기 때문이다. 대조적으로, 우연히 초판의 오류를 바로잡은 책이 더 잘 팔리는 경향이 있을 메커니즘은 없다.

논리적 단서

· 동의어: A just as B ➤ the analogy

어휘

· fatally 치명적으로   · displacement (제자리에서 쫓겨난) 이동
· consequence 결과   · fitness 적합성
· offspring 자손   · transmit 전달하다

---

1   정답 ③

해석

과학은 때때로 승자독식 대회로 묘사되는데, 이는 2등이나 3등인 것에 대한 보상이 없다는 뜻이다. 이는 과학 대회의 본질에 대한 극단적인 견해이다. 과학 대회를 그렇게 설명하는 사람들조차도 그것이 다소 부정확한 설명이라고 말하는데, 반복과 입증이 사회적 가치를 지니고 있으며 과학에서는 일반적이라는 것을 감안할 때 그렇다. 또한 그것은 단지 소수의 대회만 존재한다는 것을 보여 줄 경우에 또한 부정확하다. 물론, 힉스 입자의 확인 또는 고온 초전도체 개발과 같은 몇몇 대회는 세계적인 수준으로 여겨진다. 하지만 다른 많은 대회에는 다양한 부분이 있고, 그런 대회의 수는 증가하고 있을 것이다. 예를 들어, 여러 해 동안 암에 대해 '하나'의 치료법만 있다고 생각되었지만, 암은 여러 가지 형태를 띠고 치료를 제공하기 위해 다양한 접근 방식이 필요하다고 이제 인식된다. 승자는 한 명이 아니라 여러 명이 있을 것이다.

논리적 단서

· 연결사: Yes ➤ But

어휘

· identification 확인   · superconductor 초전도체
· winner-take-all 승자독식의   · inaccurate 부정확한
· multiple 다양한, 복합적인

2   정답 ⑤

해석

아날로그 기술에서 디지털 기술로의 전환은 음악이 제작되는 방식에 크게 영향을 미쳤다. 무엇보다도, 소리의 디지털화, 즉 그것의 숫자로의 변환은 음악 제작자들이 기존의 작업을 되돌릴 수 있게 해 주었다. 다시 말해, 원본을 희생하지 않으면서 소리를 비틀고 구부려서 어떤 새로운 것으로 만들 수 있었다. 이러한 '되돌리기' 기능은 실수를 훨씬 덜 중대하게 만들어, 창작 과정을 촉발하고 일반적으로 더 실험적인 사고방식을 장려했다. 또한, 디지털로 변환된 소리는 물리적인 도구를 사용하기보다는 단순히 디지털 메시지를 프로그래밍함으로써 조작될 수 있어서, 편집 과정을 크게 간소화했다. 예를 들어, 예전에 편집 과정은 음성 녹음테이프를 물리적으로 자르고 합쳐 잇기 위해 면도기 칼날의 사용을 수반했지만, 이제 그것은 컴퓨터에 기반한 순서기 프로그램의 커서와 마우스 클릭을 수반했고, 그것은 분명 시간을 덜 소모했다. 디지털로 변환된 소리의 조작은 2진법의 정보를 재프로그래밍하는 것을 의미했으므로, 편집 작업은 1,000분의 1초의 정밀도로 수행될 수 있었다. 이러한 매우 작은 수준의 접근은 (무음 지점에서 트랙을 결합하는 것과 같은) 조작의 흔적을 숨기는 것을 더 쉽게 만든 동시에, 들릴 수 있고 실험적

283

인 방식으로 소리를 조작할 새로운 가능성을 내놓았다.

논리적 단서
- 동의어: millisecond precision ➔ **This** microlevel access

어휘
- ·manipulation 조작
- ·convert 변환하다
- ·precision 정밀도
- ·first and foremost 무엇보다도, 가장 중요하게
- ·digitization 디지털화
- ·conversion 변환
- ·undo 되돌리다
- ·momentous 중대한
- ·sequencer 순서기(전자 녹음 장비)

해석

특정 관행이 오랜 기간 반복되고 더 널리 공유됨에 따라, 그 관행이 구현하는 가치는 강화되고 재생산되며 우리는 그것들이 '제도화'된다고 말한다. 어떤 경우에는 이러한 제도화는 공식적인 면모를 갖추기도 하는데, 규칙과 프로토콜이 문서화되고 절차가 올바르게 지켜지도록 확실히 하고자 전문화된 역할이 만들어진다. 의회, 법원, 경찰 등 국가의 주요 기관이 일부 전문직과 더불어 이러한 공식적인 성격을 보여준다. 다른 사회 기관들, 아마도 대다수는 이와 같지 않을 것인데 과학이 그 예이다. 과학자들은 자기 학문의 실질적인 내용에 대해서는 훈련받겠지만, '좋은 과학자가 되는 방법'에 대해서는 공식적으로 교육받지 않는다. 대신, 마치 '착하게' 노는 법을 배우는 어린아이처럼 도제 과학자는 동료들로부터의 흡수, 즉 사회화를 통해 그 역할에 내재한 도덕적 가치에 대한 이해를 얻는다. 우리는 이러한 가치가 그 전문직에 관한 많은 것을 알려주는 가치와 더불어, 그 전문직 자체의 가치가 위협받고 있는 것과 꼭 마찬가지로 위협받고 있다고 생각한다.

논리적 단서
- 연결사: not ➔ Instead

they are **not** formally instructed in 'how to be a good scientist'.

Instead, ~ the apprentice scientist gains his or her understanding ~ by ~ socialization.

어휘
- ·absorption 동화, 흡수
- ·embody 구현하다
- ·reinforce 강화하다
- ·institutionalization 제도화
- ·protocol 프로토콜, 관례
- ·parliament 의회
- ·substantive 실질적인

해석

나무가 함께 자랄 때는 각 나무가 가능한 최고의 나무로 성장할 수 있도록 영양분과 물이 그것들 모두 사이에서 최적으로 분배된다. 만약 여러분이 경쟁자로 여겨지는 나무를 제거하여 개별 나무를 '도와주면' 나머지 나무를 잃게 된다. 그것들은 그루터기 외에는 무엇도 남아있지 않기 때문에 이웃 나무들에게 메시지를 보내지만, 소용이 없다. 이제 모든 나무가 그것 나름대로 자라 생산성에 큰 차이가 생긴다. 어떤 개체들은 당분이 줄기를 따라 확연히 흘러넘칠 때까지 미친 듯이 광합성을 한다. 그 결과, 그것들은 건강하고 더 잘 자라지만 특별히 오래 살지는 못한다. 이는 나무는 자신을 둘러싸고 있는 숲만큼만 강할 수 있기 때문이다. 그리고 지금 숲에는 많은 패자가 있다. 한때는 강한 구성원들의 지원을 받았을 약한 구성원들이 갑자기 뒤처진다. 그것들의 쇠락 원인이 위치와 영양분 부족이든, 일시적인 질병이든, 혹은 유전적 구성이든, 이제 그것들은 곤충과 균류의 먹이가 된다.

논리적 단서
- 대명사: Some individuals ➔ they
- 대명사: they aren't particularly long-lived ➔ This

어휘
- ·nutrient 영양분
- ·optimally 최적으로
- ·bubble 흘러넘치다
- ·trunk 줄기
- ·fall behind 뒤처지다
- ·fungus 균류, 곰팡이류 (pl. fungi)

해석

일상생활에서 우리는 어떤 사람들의 무리라도 하나의 집단으로 보는 경향이 있다. 그러나 사회 심리학자들은 이 용어를 더 정확하게 사용한다. 특히, 그들은 서로에게 상호 작용을 하고, 상호 영향력을 발휘하는 둘 이상의 사람들로 집단을 정의한다. 집단의 구성원들을 단순한 개인들의 집합으로부터 구별하는 것은 바로 공동의 목적을 위한 서로의 상호 작용 또는 상호 의존감이다. 예를 들어, Kenneth Hodge가 진술한 바와 같이, 매주 같은 날에 일을 마치고 우연히 수영을 하러 가는 사람들의 무리는 엄밀히 말하면 집단을 구성하지 않는데, 이러한 수영하는 사람들은 구조적인 방식으로 상호 작용하지 않기 때문이다. 대조적으로, 매일 아침 학교에 가기 전에 훈련을 하는, 경쟁을 하는 어린 수영 선수들은 공동의 목표(경기를 위한 훈련)를 공유할 뿐만 아니라 공식적인 방식(예를 들면, 미리 함께 워밍업을 함)으로 상호 작용하기 때문에 집단'이다'. '팀'을 정의하는 것은 바로 공동의 목표를 달성하기 위해 사람들이 함께 모이는 이러한 생각이다.

논리적 단서
- 대명사: social psychologists ➤ they
- 동의어: interact with, ~ each other ➤ **this** sense of mutual interaction or inter-dependence

어휘
- social psychologist 사회 심리학자
- mutual 서로의
- observe 진술하다, 말하다
- objective 목표

6
정답 ⑤

해석
각각의 새로운 기술의 물결은 보안을 향상할 뿐만 아니라, 사용자 편의성을 향상하려는 의도이지만, 때때로 이것들이 반드시 함께 진행되지는 않는다. 예를 들어 마그네틱 띠에서 내장형 칩으로의 전환은 거래(의 속도)를 약간 늦췄는데, 때로 바쁜 고객을 좌절시켰다. 서비스를 너무 부담스럽게 만들면, 잠재 고객은 다른 곳으로 갈 것이다. 이런 장벽은 여러 수준에서 적용된다. 비밀번호, 이중 키 확인, 지문, 홍채 및 음성 인식과 같은 생체 인식은 모두 잠재적인 사기꾼으로부터 계정 세부 정보를 숨겨 주는, 즉 여러분의 데이터를 비밀로 유지하는 방법이다. 하지만 그것들은 모두 불가피하게 계좌 사용에 부담을 가중한다. 자신의 돈에 접근하는 데 도입된 난관에 더해, 만약 의심스러운 사기가 감지되면, 예금주 본인이 그 의심스러운 거래를 했는지 묻는 내용의 전화 통화를 응대해야만 한다. 이것은 모두 어느 정도 도움이 되며, 실제로, 여러분의 은행이 여러분을 보호하기 위해 경계를 늦추지 않고 있다는 것을 알게 되어 안심이 될 수 있지만, 그러한 전화를 너무 많이 받게 되면 귀찮은 일이 된다.

논리적 단서
- 동의어: the phone call ➤ such calls

어휘
- hurdle 난관, 장애
- embedded 내장형의
- transaction 거래
- burdensome 부담스러운
- identification 식별
- biometrics 생체 인식
- reassuring 안심시키는
- tiresome 귀찮은, 성가신

7
정답 ④

해석
영화는 우리 현실의 숨겨진 윤곽을 보이게 만드는 능력 때문이 아니라 현실 자체가 가리고 있는 것, 즉 환상의 차원을 드러내는 능력 때문에 가치가 있다. 이것이 최초의 위대한 영화 이론가들이 영화를 사실주의 쪽으로 밀어붙였던 소리와 (색채와 같은) 다른 기술 혁신의 도입을 이구동성으로 비난한 이유이다. 영화는 전적으로 환상적인 예술이었기 때문에 이러

한 혁신은 완전히 불필요했다. 그리고 설상가상으로 그것들은 잠재적으로 영화를 현실의 묘사를 위한 단순한 전달 장치로 변형시키면서, 영화 제작자와 관객을 영화의 환상적인 차원에서 멀어지게 할 수 있을 뿐이었다. 무성 흑백 영화의 비현실주의가 지배하는 동안은 영화적 환상을 현실에 대한 묘사로 착각할 수 없었다. 그러나 소리와 색채는 바로 그러한 착각을 만들겠다고 위협하여 영화 예술의 바로 그 본질을 파괴했다. Rudolf Arnheim이 표현한 것처럼 "예술가의 창의적 힘은 현실과 묘사의 매체가 일치하지 않는 곳에서만 발휘될 수 있다."

논리적 단서
- 동의어: take filmic fantasies for representations of reality ➤ **such** an illusion
- 연결사: could ➤ But

어휘
- transform 변형시키다
- illusion 착각, 환상
- coincide 일치하다
- predominate 지배하다
- veil 가리다
- dimension 차원

8
정답 ④

해석
초기 인류는 매우 제한된 수의 물질, 즉 돌, 나무, 찰흙, 가죽 등 자연적으로 존재하는 물질에만 접근할 수 있었다. 시간이 흐르면서 그들은 자연적인 특성의 물질보다 더 우수한 특성을 가진 물질을 만들어 내는 기술을 발견했는데, 이 새로운 물질에는 도자기와 다양한 금속이 포함되었다. 게다가, 물질의 특성이 열처리와 여타 다른 물질의 첨가로 바뀔 수 있다는 것이 발견되었다. 이 시기에, 물질 이용은 주어진 상당히 제한된 물질 집합 중에서 물질의 특성에 근거하여 용도에 가장 적합한 물질을 결정하는 것을 수반하는 전적으로 선택의 과정이었다. 비로소 과학자들이 물질의 구조적 요소와 물질 특성의 관계를 이해하게 된 것은 비교적 최근에 이르러서였다. 대략 지난 100년 동안 획득된 이 지식으로 그들은 상당한 정도로 물질의 특성을 형성할 수 있게 되었다. 따라서 금속, 플라스틱, 유리, 섬유를 포함하여, 현대적이고 복잡한 우리 사회의 요구를 충족하는 상당히 특화된 특성을 가진 수만 가지의 다양한 물질이 생성되었다.

논리적 단서
- 동의어: understand the relationships ➤ **This** knowledge
- 연결사: scientists ➤ them

어휘
- pottery 도자기
- substance 물질
- utilization 이용, 활용
- application 용도

· approximately 대략   · fashion 형성하다, 만들다
· fiber 섬유

9
정답 ⑤

해석

진화에 있어서 잠이 하는 역할은 여전히 연구 중이다. 한 가지 가능성은 그것(잠)이 더 이상 긴급한 활동이 없을 때 신진대사를 줄이는, 동물에게 유리한 적응적 상태라는 것이다. 이것은 먹을 것이 거의 없고 적정한 체온을 유지하는 데 높은 신진대사 비용이 드는 겨울 동안의 겨울잠과 같은, 더 깊은 무활동 상태의 경우에 해당하는 것처럼 보인다. 그것은, 예를 들어, 먹잇감이 되는 동물이 어두워진 이후에 포식자를 피하기 위한 것처럼, 또한 일상 상황에도 해당될지도 모른다. 다른 한편으로는, 잠의 분명한 보편성, 그리고 고래목의 동물들과 같은 포유동물들이 한 번에 적어도 뇌의 한쪽에서는 잠을 유지하는 매우 고도로 복잡한 기제를 발전시켰다는 관찰 결과는 잠이 생명체에게 생명 유지와 관련된 어떤 도움(들)을 추가로 제공한다는 것을 보여 준다. 잠의 한 가지 측면은 환경에 대한 반응성이 감소하는 것이기 때문에 이것은 특히 그러하다. 이러한 잠재적인 대가가 치러져야 할 때조차도 잠이 보편적으로 나타난다면, 그것이 갖는 함의는 조용한, 깨어 있는 상태의 휴식만으로는 얻을 수 없는 중요한 기능을 그것(잠)이 갖고 있다는 것일 수도 있다.

논리적 단서

· 동의어: decreased responsiveness to the environment ➤ **this** potential price

어휘

· responsiveness 반응성, 민감성   · pressing 긴급한
· hibernation 겨울잠   · universality 보편성
· cetacean 고래류의 (동물)

10
정답 ④

해석

영업상의 비밀 법은 혁신을 촉진하는 것이 목표이지만, 특허 보호와는 매우 다른 방식으로 이 목표를 이룬다. 특허 취득의 장점에도 불구하고 많은 혁신가는 비밀 유지를 통해 자신의 혁신을 보호하는 것을 선호한다. 그들은 특허를 따는 데 있어서의 비용과 지연이 너무 크거나 비밀 유지가 투자를 더 잘 보호하고 수익을 증가시킨다고 믿을 수도 있다. 그들은 또한 그 발명품이 특허가 허용할 것보다 더 오랜 기간 최고로 활용될 수 있다고 믿을 수도 있다. 그러나 영업상의 비밀에 대한 어떤 특별한 법적 보호가 없다면, 비밀주의 발명가는 직원이나 계약자가 독점 정보를 드러낼 위험을 감수하게 된다. 일단 그 아이디어가 공개되면, 그것은 자유 시장 경제의 이면

규범에 따라 '공기처럼 자유롭게' 유출될 것이다. 이러한 곤경으로 인해 비밀 유지에 의존하려는 모든 발명가는 자신의 연구 시설 주변에 높고 통과할 수 없는 울타리를 치고 독점 정보에 접근할 권리를 가진 사람의 수를 크게 제한하는 데 과도한 양의 자원을 소비하게 될 것이다.

논리적 단서

· 연결사: might ➤ however
· 동의어: the proprietary information ➤ the idea

어휘

· secretive 비밀스러운   · disclose 드러내다, 폭로하다
· proprietary 독점의, 독점적인   · secrecy 비밀 유지
· inordinate 과도한   · impassable 통과할 수 없는

큰큰 01 ⎸ 예시+실험

예시
정답 ②

해석

1살의 나이에 사회인지의 혁명은 유아들의 생애 두 번째 해를 위한 발판을 설정하는데, 그때 그들은 모든 종류의 도구, 인공물, 그리고 기호의 사용을 모방하여 배우기 시작한다. 예를 들어, Meltzoff(1988)의 한 연구에서, 14개월 된 아이들은 한 어른이 허리를 구부리고 자신의 머리를 패널에 갖다 대어, 전등을 켜는 것을 관찰했다. 그들은 이 방식을 따라 했다. 유아들은 단순히 그들의 손으로 패널을 누르는 것이 그들에게 더 쉽고 자연스러웠을 것임에도 불구하고, 이 다소 이상하고 어색한 행동을 하기 시작했다. 이 행동에 대한 한 가지 해석은 유아들이 그 어른이 불을 켜는 목표를 가지고 있었고 그리고나서 그렇게 하기 위한 수단 하나를, 가능한 다른 수단들 중에서, 골랐다는 것과 만약 그들이 같은 목표를 가진다면, 그들은 같은 수단을 선택할 수 있다는 것을 이해했다는 것이다. 마찬가지로, Carpenter et al.(1998)은 16개월 된 유아들은 복잡한 행동의 연달아 일어남으로부터 의도적이라고 보이는 그런 행동들만 모방하여 배울 것이고, 뜻하지 않아 보이는 것들은 무시한다는 것을 알아냈다. 어린아이들은 단순히 다른 사람들의 팔다리의 움직임을 모방하는 것이 아니라, 그들은 세상에서 다른 사람들의 의도된 행동들을 재현하려고 시도한다.

요지문

· **Similarly**, Carpenter et al. (1998) found that 16-month-old infants will imitatively learn from a complex behavioral sequence only those behaviors that appear intentional, ignoring those that appear accidental. 〈예시(첨가)〉 ➔ 요지와 같은 내용

어휘
· revolution 혁명 · imitatively 모방하여
· followed suit 남을 따라하다 · illuminate 조명하다, 비추다
· et al. (사람들) 기타등등

1   정답 ①

해석
다음 100년을 예측하는 것의 어려움을 이해하기 위하여 우리는 1900년의 사람들이 2000년의 세상을 예측할 때 가졌던 어려움을 이해해야 한다. 1893년에 시카고에서 World's Columbian Exposition의 일환으로 74명의 유명 인사들은 향후 100년의 삶이 어떨지를 예측하도록 요청받았다. 한 가지 문제는 그들이 과학 진보 정도를 과소평가했다는 것이다. 예를 들어, 많은 이들이 우리가 언젠가는 대서양을 오가는 상업적 비행선을 가지게 될 것이라고 옳게 예측했지만, 그들은 그것이 기구(氣球)일 것이라고 생각했다. 상원의원 John J. Ingalls는 "시민들이 자신의 기구를 부르는 것이 지금 자기 마차를 부르는 것만큼이나 흔하게 될 것이다"라고 말했다. 그들은 또한 일관되게 자동차의 출현을 못 맞췄다. 우정장관 John Wanamaker는 향후 100년 동안에도 미국의 우편물은 역마차와 말에 의해 배달될 것이라고 말했다.

요지문
· **For example**, many correctly predicted that we would one day have commercial transatlantic airships, but they thought that they would be balloons. 〈예시〉 ➔ 요지와 같은 내용
· They **also** consistently missed the coming of the automobile. 〈예시(첨가)〉 ➔ 요지와 같은 내용

어휘
· appreciate 이해하다 · stagecoach 역마차

2   정답 ①

해석
1950년대 비평가들은 사실주의의 고상한 의식에 기초한 판단을 통해 대중문화의 산물들이 제공하는 '자연적인' 즐거움을 거부함으로써 스스로를 대중들과 분리시켰다. 예를 들어, Douglas Sirk가 만든 영화의 사회 비평, 자기 반영성, 그리고 특히 거리두기 효과를 옹호하는 대부분의 비평가들에게는, 연속극에 있지 않을까 하고 생각되는 '저속한' 즐거움에 대한 거부가 여전히 있다. 이런 거부는 다시, '훌륭한' 취향의 정당한 논리를 분명히 확보하기 위해 실제로는 비평가가 만들어

낸 아무 생각 없고 즐거움만 추구하는 군중의 이미지로부터 그를 분리하는 기능을 한다. 그것은 또한 여성취향과 주관성이라는 부정적인 개념을 강요한다. 대중문화의 비평들은 항상 사람들의 타락의 깊이를 나타내기 위해 여성성의 경멸적 이미지를 상기시키는 것 같다. 그런 다음 취향 만들기의 과정이 작용하여, 군중의 인지된 무취향적 즐거움과는 상반되는 미학적 입장의 구축을 통해서, 심미주의자들과 대중 사이에 위계 상의 차이를 만들어 냈다.

요지문
· 1950s critics separated themselves from the masses by rejecting the **'natural' enjoyment** afforded by products of **mass culture** through ~ . 〈긴 예시의 앞 문장〉 ➔ 요지
· For example, in most critics championing ~, there is still a refusal of the **'vulgar' enjoyments** suspected of soap operas. 〈예시〉 ➔ 요지와 같은 내용

어휘
· afford 제공하다 · refined 고상한
· champion 옹호하다 · critique 비평
· self-reflexivity 자기 반영성 · distance 거리를 두다
· subjectivity 주관성 · corruption 타락
· hierarchical 계층의, 계급의 · aesthete 심미주의자

3   정답 ⑤

해석
수십 개의 연구가 자기감독의 소모적인 성질을 증명해 왔다. 예를 들면, 결혼식 등록부를 작성하거나 새로운 컴퓨터를 주문하는 일과 같은 까다로운 선택과 거래를 하도록 요청받은 사람들은 힘든 선택을 하지 않았던 사람들보다 문제에 초점을 맞추고 해결하는 것을 더 못했다. 한 연구에서, 몇몇 사람들은 아픈 동물에 대한 슬픈 영화를 보는 동안 자신들의 감정을 억제하도록 요청을 받았다. 그 후, 그들은 눈물을 마음껏 흘리도록 허락된 사람들보다 더 적은 신체적인 인내를 보여주었다. 그 연구는, 우리는 폭넓은 다양한 상황, 즉 다른 사람들에게 주는 우리의 인상을 관리하는 것, 공포에 대처하는 것, 소비를 통제하는 것, "흰색 곰에 대해 생각하지 마"와 같은 단순한 지시에 집중하려고 노력하는 것, 그리고 수많은 다른 것들에서 자기 통제력을 소진시켜 버린다는 것을 보여준다.

요지문
· Dozens of studies have demonstrated the exhausting nature of self-supervision. 〈빈칸〉 ➔ 요지
· **The research shows** that we burn up self-control in a wide variety of situations: managing the impression we are making on others; coping with fears; ~. 〈실험 판단〉 ➔ 요지

어휘

- tricky 까다로운
- trade-off 거래
- wedding registry 결혼식 등록부

4

정답 ①

해석

농업을 습득하는 것과 그 후의 폐기는 지난 10,000년 동안에 걸쳐 반복적으로 일어났을지도 모르는 지역 상황에 대한 적응 전략으로 점차 인식되고 있다. 예를 들어, 태국 북부 출신의 현대 수렵-채집 집단인 Mlabri에 대한 최근 연구에서, 이 사람들은 이전에는 농부였지만, 약 500년 전에 농업을 포기한 것으로 밝혀졌다. 이것은 감소 중인 현대의 수렵-채집 문화 집단들 중 얼마나 많은 수가 실제로는 아마도 흉작, 식량 부족 또는 기후 변화로부터 시달린 후에야 더욱 유익한 생활 양식으로서 이차적으로 수렵-채집을 다시 채택했던 농부들의 후손이었는가에 대해 흥미로운 문제를 제기한다. 그러므로, 인간 사회의 '농업화'라고 불릴 수 있는 것의 과정은 적어도 국지적인 차원에서 보면 반드시 되돌릴 수 없는 것은 아니었다. 중서부 아메리카 원주민들로부터 아프리카 칼라하리의 !Kung족(族)에 이르기까지 전 세계의 수렵-채집 문화는 풍부한 사냥감, 기후 변화 등과 같은 요인에 대응하여 농업을 아마도 역사상 여러 차례 채택하고 그 후에 폐기했을 것이다.

요지문

- Therefore, the process of what may be termed the 'agriculturalization' of human societies was not necessarily irreversible, at least on a local level. 〈빈칸〉 ➡ 요지
- (For example,) Huntergatherer cultures across the world, from ~ to !Kung in the African Kalahari, have adopted and subsequently discarded agriculture, ~. 〈예시〉 ➡ 요지와 같은 내용

어휘

- subsequent 차후의, 결과로 일어나는
- agriculturalization 농업화
- Amerindian 아메리카 원주민
- discard 폐기하다, 버리다

5

정답 ②

해석

걱정은 모든 종류의 정신적인 활동에 해로운 영향을 준다. 그것은 어떤 면에서 실패로 돌아간 유용한 반응 — 예상된 위협에 대한 지나치게 열성적인 정신적 준비이다. 그러나 그러한 정신적 예행연습이 주의력을 빼앗아 다른 곳에 집중하려는 온갖 시도를 방해하는 진부한 일상에 사로잡힐 때, 그것은 파멸적인 인지적 정지상태가 된다. 걱정은 지적능력을

약화시킨다. 예를 들어 항공교통관제사와 같이 복잡하고 지적으로 힘들고 압박이 심한 업무에서는 만성적으로 많은 걱정을 하는 것은 그 사람이 결국 훈련이나 실전에서 실패할 것임을 거의 정확히 예언한다. 항공 교통관제사 훈련을 받는 1,790명의 학생들에 대한 연구에서 밝혀진 바와 같이, 걱정이 많은 사람들은 지능검사에서 더 우수한 성적으로 받았을 때조차도 통과하지 못할 가능성이 높다. 걱정은 또한 모든 종류의 학업을 방해한다. 36,000명 넘게 대상으로 한 126가지의 다른 연구는 걱정에 빠지기 쉬운 사람일수록 학업 성취도가 더 부진하다는 것을 발견했다.

요지문

- Anxiety undermines the intellect. 〈예시 나열〉 ➡ 요지
  In a complex, intellectually demanding ~, for example, having chronically high anxiety ~. [예시-1]
  Anxiety also sabotages academic performance of all kinds: [예시-2]
- The anxious are more likely to fail even given superior scores on intelligence tests, ~. 〈비교구문〉 ➡ 요지
- 126 different studies of more than 36,000 people found that the more prone to anxieties a person is, the poorer his or her academic performance is. 〈실험, 비교구문〉 ➡ 요지

어휘

- zealous 열광적인
- stale 진부한, 상해가는
- chronically 만성적으로
- static 공전상태, 정지상태
- intrude on ~에 끼어들다, 방해하다
- sabotage 고의로 방해하다

6

정답 ①

해석

작은 것에서 큰 것으로 규모가 커지는 것은 기본적인 요소가 변하지 않거나 보존되도록 유지하면서 흔히 단순함에서 복잡함으로의 진화를 수반한다. 이것은 공학, 경제학, 회사, 도시, 유기체, 그리고 어쩌면 가장 극적으로는 진화 과정에서 흔하다. 예를 들어, 대도시의 고층 건물은 소도시의 보통 가정집보다 상당히 더 복잡한 물체이지만, 역학의 문제, 에너지와 정보의 분배, 전기 콘센트, 수도꼭지, 전화기, 노트북 컴퓨터, 문 등의 크기를 포함한 건축과 디자인의 기본 원리는 모두 건물의 규모와 상관없이 거의 똑같이 유지된다. 마찬가지로, 유기체는 대단히 다양한 크기 그리고 놀랄 만큼 다양한 형태와 상호 작용을 가지도록 진화했는데, 그것은 흔히 증가하는 복잡성을 반영하지만, 세포, 미토콘드리아, 모세관, 그리고 심지어 나뭇잎과 같은 근본적인 구성 요소는 몸체의 크기, 혹은 그것들이 속한 체계 부류의 복잡함이 증가함에 따라 눈에 띄게 변하지는 않는다.

요지문

- Scaling up from the small to the large is often accompanied by an evolution from simplicity to complexity while maintaining basic elements unchanged or conserved.
- **For example**, ~, but the underlying principles of construction and design, ~, all remain approximately the same **independent of** the size of the building. 〈예시-1, 양보구〉 ➡ 요지
- **Similarly**, ~, **yet** fundamental building blocks ~ do not appreciably change with body size or increasing complexity of the class of systems ~. 〈예시-2, 양보〉 ➡ 요지

어휘

- scale up (크기나 규모가) 커지다 · skyscraper 고층 건물, 마천루
- outlet 콘센트, 출구 · water faucet 수도꼭지
- extraordinary 놀랄 만한, 대단한 · appreciably 눈에 띄게, 상당히

정답 ①

해석

뉴욕 타임즈는 '기다림은 왜 고문인가'라는 제목의 기사를 실었고, 그 기사는 줄 서기 분노에 대해 확실하게 설명해 주었다. 그것은 공정함에 관한 것이다. 누군가가 내 앞에서 끼어들 때 그 행위가 우리를 화나게 해서, 우리는 우리보다 나중에 온 사람들이 먼저 응대받지 못하는 것을 확실히 해 두기 위해 기꺼이 노력한다. 뉴욕 타임즈에서 언급한 것처럼, 몇 년 전 몇몇 이스라엘 연구자들이 다양한 유형의 줄에 대한 사람들의 선호도를 연구했다. 사람들은 하나의 선착순 줄에 서 있으려고 할까? 아니면 '병렬 줄 서기' 즉 슈퍼마켓에서 흔하며 개인들로 하여금 여러 개의 선착순 줄에서 기다리도록 하는 줄에서 기다리려고 할까? 사람들은 압도적으로 자신들이 선 줄이 선착순으로 되기를 원했으며, 그들은 이러한 종류의 정의감을 위해서 70 퍼센트 정도 더 오래 기꺼이 기다리고자 했다. 다시 말해, 사람들은 시간과 맞바꿔 보통 그 못지않게 중요한 어떤 것을 얻었다.

요지문

- When someone cuts in front of us, it upsets us, and we're willing to go a long way to make sure that people who arrive later than us don't get served before us. 〈예시〉 ➡ 요지와 같은 내용
- People overwhelmingly wanted their lines to be first-come, first-served, and they were willing to wait some 70 percent longer for this sort of justice. 〈실험결과〉 ➡ 요지와 같은 내용요지

어휘

- torture 고문 · first-come, first-served 선착순의
- humility 겸손 · go a long way 오래 견디다

8

정답 ①

해석

당신의 목표를 혼자만 간직하는 것은 실패에 대한 두려움을 완화시키는 데 도움이 되기는 하지만 그것은 또한 당신의 삶을 변화시키는 것을 회피하고 오랜 습관과 일상으로 되돌아가는 것을 쉽게 만든다. 이것은 심리학에서 얻은 몇 가지 중요한 발견들과 일치한다. 사람들은 공개적으로 약속을 하면 자신의 견해와 약속을 계속 고수하는 경향이 더 높아진다. 한 고전적인 연구에서 학생들은 받침에 그려진 몇 개의 선의 길이를 추정하고 자신들의 판단을 공개적으로 알리거나 아니면 혼자만 간직하도록 요구받았다. 참가자들은 자신들의 추측이 틀릴지도 모른다고 통보받자 공개했던 사람들은 누구에게도 말하지 않은 사람들보다 자신의 의견을 고수하는 경향이 훨씬 더 높았다.

요지문

- People are **more likely** to stick to their views and promises if they have made a public commitment. 〈실험판단, 비교〉 ➡ 요지
- When ~, those who had gone public were far **more likely** to stand by their opinion than those who had not told anyone. 〈실험결과, 비교〉 ➡ 요지(와 같은 내용)

어휘

- keep ~ to oneself 혼자만 간직하다
- in keeping with ~와 일치하는 · commitment 약속, 위탁, 헌신

9

정답 ④

해석

연구원들은 대학생 자원자들에게 판타지 형태의 경험(높은 굽이 달린 신발을 신고 멋있어 보이거나, 에세이 콘테스트에서 우승을 하거나, 시험에서 A학점을 받는 것)을 하는 생각을 하라고 요청하고 나서, 판타지가 실험 대상자와 현실에서 어떻게 일이 전개되는가에 끼친 영향에 대해 평가했다. 참가자들이 가장 긍정적인 결과를 상상했을 때, 혈압으로 측정한 그들의 에너지 수준은 떨어졌고, 그들은 보다 현실적이거나 심지어 부정적인 모습을 떠올렸던 사람들보다 실제 사건에서 더 나쁜 경험을 했다고 보고했다. 실험 대상자들의 실생활 경험을 평가하기 위해, 연구원들은 실험 대상자들 스스로가 설정했던 목표들의 목록과 그들이 실제로 성취했던 것을 비교하였고, 또한 자기 보고서에 의존했다. "우리가 그것에 대해 환상을 가질 때, 특히 (여러분이 아주 긍정적인 것에 환상을

289

가질 때), 그것은 거의 실제로 그것(환상한 것)을 경험하는 것과 같다"라고 그 연구의 공동 저자 중 한 명이 말했다. 그것은 마음을 속여서 목표가 달성되었다고 생각하게 만들고, '그 것을 추구하고 달성할 열정이 생길' 동기를 소진시킨다고 그녀는 설명한다. 실험 대상자들은 장애물을 무시하는 대신 극복할 방법을 상상하면서 더 나아질 수 있다.

요지문

- "When we fantasize about it — especially when you fantasize something very positive — it's almost like you are actually living it," ~. 〈실험판단〉 ➜ 요지
- That tricks the mind into thinking the goal has been achieved, draining the incentive to "get energized to go and get it," she explains. 〈빈칸〉 ➜ 요지(와 같은 내용)

어휘

- ·evaluate 평가하다
- ·envision 상상하다
- ·drain 소진시키다, 쏟아내다
- ·unfold 전개되다, 진행되다
- ·conjure 떠올리다, 상상하다
- ·surmount 극복하다

10  정답 ②

해석

욕망이 결과와 상충되는, 단순해 보이는 가리키는 과업에 직면했을 때, 침팬지들은 원하는 보상이 바로 옆에 있는 상황에서 자신에게 이익이 되는 예리한 인지 전략을 보여주는 것이 불가능하다는 것을 알게 된다. 그렇지만, 그것을 대신하는 상징 시스템이 이용될 때 그러한 과업이 숙달된다. 한 연구에서, 침팬지들은 단순한 선택에 직면했다. 맛있는 음식물이 담겨 있는 두 개의 접시가 제시되었는데, 각 접시에는 서로 다른 수의 맛있는 먹이가 들어 있었다. 침팬지가 더 많은 수의 맛있는 먹이가 들어 있는 접시를 가리키면, 그것은 옆 우리에 있는 동료 침팬지에게 주어지며, 실망한 실험대상 침팬지는 더 적은 양을 받게 되었다. 수백 번 되풀이 하여 시도해본 후에도, 침팬지들은 더 큰 보상을 가리키는 것을 억제하는 것을 배우지 못했다. 그렇지만, 이 동일한 침팬지들은 이미 단순한 숫자의 상징 개념을 학습한 상태였다. 실제 보상을 대체하는 것으로서 그 숫자들이 접시에 놓였을 때, 침팬지들은 처음에 작은 숫자를 가리켜서, 자신을 위해 더 큰 보상을 얻는 것을 금방 배웠다.

요지문

- such tasks are mastered when an alternative symbol system is employed. 〈빈칸〉 ➜ 요지
- When those numbers were placed on the plates as a substitute for the actual rewards, the chimps promptly learned to point to the smaller numbers first, ~. 〈실험결과, 조건(when)〉 ➜ 요지(와 같은 내용)

어휘

- ·treat 특별한 선물, 대접
- ·subject 연구 대상, 피실험자
- ·substitute 대신하는 것, 대체물
- ·proportional to ~에 비례하는
- ·adjacent 인접한, 가까운
- ·withhold 억제하다, 보류하다

 큼큼 02 〉 암시+병렬

예시 정답 ②

해석

1980년대 이후로, 동물원들은 그들의 동물에 대한 자연 서식지를 재현하려는 노력을 기울여, 콘크리트 바닥과 철제 창살들을 풀, 바위, 나무, 그리고 물웅덩이 등으로 대체했다. 이러한 환경들은 야생의 상태를 흉내 낸 것이 될 수 있으나, 야생동물들은 먹이, 피난처, 포식자로부터의 안전에 대해 염려할 필요가 없다. 이러한 상황은 처음에 언뜻 보기에는 별로 열악한 일이 아닌 것처럼 보일 수도 있는 반면에, 동물원의 동물들은 수많은 복잡한 문제점들을 겪게 된다. 그럼에도 불구하고, 그러한 복잡한 문제점들의 대부분은 동물들의 건강과 안전을 보장해주기 위해 즉시 해결되었다. 얼룩말은 끊임없이 두려움 속에서 살고 근처 맹수 전시관 안에 있는 사자의 냄새를 매일 맡으며 자신들이 벗어날 수 없음을 발견한다. 이주 혹은 겨울을 대비한 먹이 저장의 가능성이 없는데, 이러한 상황은 조류나 곰에게는 똑같이 분명한 파멸을 의미하는 것처럼 보인다. 요약하면, 동물원 생활은 동물의 가장 깊게 뿌리박힌 생존본능과는 전적으로 조화를 이룰 수 없다.

요지문

- **While** this may not seem like such a bad deal at first glance, the animals experience **numerous complications**. 〈양보절, 암시〉 ➜ 요지
- **The zebras** live constantly in fear, smelling the lions in the nearby Great Cats exhibit every day and finding themselves unable to escape. 〈예시-1〉
- There is no possibility of migrating or of storing food for the winter, which must seem to promise equally certain doom to **a bird or bear**. 〈예시-2〉

어휘

- ·complications 복잡한 문제
- ·utterly 전적으로
- ·settle 해결하다
- ·incompatible 양립할 수 없는

정답 ① (→ disadvantageous)

해석

가치에는 내재적인 것과 도구적인 것이라는 두 가지 범주가 있다. 내재적인 가치들은 우리가 그 이득이나 손실에 상관없이 옹호하는 것들이다. 가치로서의 애국심은 희생을 요구하고 때때로 개인의 행복에 관한 한 이익이 된다(→ 손해가 된다). 그럼에도 불구하고, 애국심은 내재적 가치이기 때문에 수백만 명의 사람들이 역사의 과정을 통해서 자신의 나라를 지키기 위해 죽었다. 대조적으로, 우리가 그 가치가 직접적으로 우리에게 이롭기 때문에 그것을 지지할 때 그 가치는 도구적이다. 한 나라가 경제 성장에 전념하고 이것 때문에 일과 생산성과 투자를 강조한다고 가정해보자. 만약 발전에 유리한 결정이 증대된 부 같은 경제적 속성의 도구적 가치에만 부합한다면 그 나라의 노력은 그만큼의 부가 얻어지자마자 쇠락하고 말 것이다. 그것이 내재적 가치가 지속적인 발달을 위해서 필수불가결한 이유이다.

요지문

· There are two categories of values: intrinsic and instrumental. 〈병렬암시〉
Intrinsic values are those we uphold regardless of the benefits or costs. [윤리적 가치]
In contrast, a value is instrumental when we support it because it ~. [도구적 가치]

· Patriotism, as a value, demands sacrifices and is **sometimes** disadvantageous ~. 〈양보〉

· **Nevertheless**, hundreds of millions of people have died to defend their country ~. 〈요지〉

어휘

· intrinsic 내재적인　　　　　· instrumental 도구적인

2　　　　　**정답 ②**

해석

명료함은 지도자가 흔히 얻기 어려운 것이다. 현재의 우려는 더 멀리 떨어져 있는 잠재적으로 더 큰 우려보다 더 커 보이는 경향이 있다. 몇몇 결정은 그 본질상 엄청난 복잡성을 제시하는데, 지도자가 성공하기 위해서는 그것의 많은 변수들이 특정한 방식으로 합쳐져야 한다. 이제 그 어느 때보다도 어려움을 가중시키는 것은 인간 공학자들이 정보 과부하라고 부르는 것으로, 그 경우 지도자는 자신의 생각을 흐트러뜨리고 혼란스럽게 할 뿐인 이메일, 회의, 통화를 통한 조언에 압도당한다. 그게 아니면, 지도자의 정보는 그저 단편적인 것일 수도 있으며, 이는 지도자가 공백을 추정으로 채우게 하는데, 때로는 그것을 추정으로 인식하지 못하면서 그렇게 할 수도 있다. 그리고 지도자의 가장 중요한 결정의 가치는 그 본질상

보통 명확하지 않다. 그보다는 그러한 결정에는 상충되는 이익에 중요성을 배정한 다음, 어떤 기준에 따라 어떤 것이 우위를 차지하는지 결정하는 과정이 포함된다. 그 결과는 판단에 따른 것, 회색의 미묘한 차이를 띤 것으로, 그것은 베토벤이 브람스보다 더 훌륭한 작곡가라고 말하는 것과 같다.

요지문

· Compounding the difficulty, now more than ever, is what ergonomists call information overload, where **a leader** is overrun with inputs ~.

· **Alternatively**, **the leader**'s information might be only fragmentary, which might cause her to fill in the gaps with assumptions ~. 〈대조(Alternatively)〉

어휘

· compound 가중시키다　　　· overrun 압도하다
· clarity 명료성　　　　　　· variable 변수
· competing 상충되는　　　　· criterion 기준(pl. criteria)
· predominate 우위를 차지하다　· shade 미묘한 차이

3　　　　　**정답 ④**

해석

모든 운동선수들은 스포츠에서 과제 개입 목표 또는 자아 개입 목표에 대한 내재된 선호가 있다. '과제 목표 성향 및 자아 목표 성향'이라고 불리는 이러한 성향은, 주로 운동선수들이 접하게 되는 사람들의 유형 그리고 그들이 처한 상황 때문에 어린 시절 내내 발달한다고 여겨진다. 아이들이 일관되게 자신의 노력에 따라 부모의 칭찬을 받고 코치로부터 개인의 향상에 대한 인정을 받으면, 그리고 자신의 실수로부터 배우도록 격려를 받으면, 그러면 그들은 과제 성향을 기르기가 쉽다. 성공은 숙달, 노력, 이해, 개인의 책임감과 관련되어 있다고 그들이 생각하는 것이 당연해진다. 스포츠에서 자신에게 본보기가 되는 사람의 행동 또한 이러한 발달에 영향을 미친다. 그러한 환경은 (오직) 이기는 것에 대한 보상, 최고의 성적에 대한 칭찬, 최선의 노력을 다했음에도 받는 비난 또는 미선발, 혹은 불균등한 인정을 건네는 스타일의 코치에 의해 아이들의 모습이 만들어지는 환경과는 크게 다르다. 이런 종류의 환경은 노력과 개인적인 수고가 아닌, 능력과 재능이 성공을 거둔다는 생각과 더불어 자아 성향이 커지는 것을 돕는다.

요지문

These predispositions, referred to as task and ego goal orientations **respectively**, are believed to develop throughout childhood largely due to the types of people ~. 〈암시(대조)〉

· If ~, then they are likely to foster a **task orientation**. It

becomes ~ that success is associated with mastery, effort, understanding, and personal responsibility.
· This kind of environment helps an **ego orientation** to flourish, along with the belief that ability and talent, not effort and personal endeavor, earn success.

어휘

· innate 내재된 · orientation (~을 지향하는) 성향
· consistently 일관되게, 지속해서 · foster 기르다, 육성하다

4 정답 ④

해석

수학과 음악에는 두 가지 필수적인 요소가 있다. 공식과 표현이다. 음악 공식은 잘 알려져 있는 데, 예를 들면 'A–B–A' 노래 형식 혹은 'I–IV–V–I' 화성 공식이다. 그러나 음악은 그러한 형식(공식)들로 축소될 수 없는데, 음악은 소리의 시공간 안에 그것들을 배치할 필요가 있고, 이러한 배치의 목표는 음악가의 표현 행위이다. 다시 말해서 연주자가 쓰여진 음표를 해석 할 때 그리고 작곡가가 공식을 악보적 표현으로 펼칠 때 음악은 공식을 표현으로 전환한다. 마찬가지로 수학자는 수학을 하는데, 불변의 공식을 따르기만 하는 것은 아니다. 그들은 방정식의 한 변에서 다른 변으로 기호를 이동시킨다. 수학은 매우 집중하여 상당히 규칙을 잘 따르는 행위에 의해 발전한다. 여러분이 그 기호들을 가지고 '놀지' 않는다면 결코 수학을 이해할 수 없을 것이다. 하지만 수학의 목표는 조작적 활동이 아니라, 그것은 여러분의 조작적 표현을 응축하는 공식의 완성이다. 그러므로 수학은 표현과 공식 사이의 움직임을 음악과 공유하지만, 그것은 음악의 과정과 정반대 방향으로 움직인다.

요지문

There are two fundamental components in **mathematics and music**: formulas and gestures. 〈암시(병렬)〉
· But music can**not** be reduced to such form(ula)s;
  (rather,) it needs to deploy them in its sounds' time and space, 〈상관〉 ➡ 요지
  In other words, music transfers formulas into gestures ~. <In other words> ➡ 요지
· However, the mathematical goal is not a manipulatory activity;
  (rather,) it is the achievement of a formula that ~ gestures. 〈상관〉 ➡ 요지
Mathematics, **therefore**, shares with music a movement between gestures and formulas, but it moves in the opposite direction of the musical process. 〈결론〉 ➡ 요지

어휘

· transfer 변경하다, 옮기다 · equation 균등화, 방정식
· manipulatory 조작하는 · collaboration 협력, 협업

5 정답 ③

해석

어떤 종이나 질병의 진화 역사는 어떤 다른 종류의 역사와 비슷하다. 일반적인 의미에서, 우리 조상이 얼마나 오래전에 요리나 다른 목적으로 불을 처음 사용하기 시작했는지 그리고 그 변화가 이후에 이어지는 어떤 진화적 영향을 미쳤을 수도 있는지 결정하기 위해 우리가 지금 할 수 있는 실험은 없다. 역사는 역사가 남긴 기록들을 검사함으로써만 조사될 수 있다. 고대의 모닥불에서 나온 (탄화로) 까맣게 된 뼈나 심지어 탄소 퇴적물도 그것들을 해독하는 법을 아는 사람들에게는 유익한 정보를 주는 기록이 될 수 있다. 마찬가지로 현재 현저히 다른 유기체들 사이의 관계를 밝히기 위해 단백질과 DNA의 화학적 구조를 해독할 수도 있다. 타임머신이 발명되기 전에는 우리가 과거로 가서 주요 특성들의 진화를 관찰할 수 없겠지만, 그렇더라도 우리는 단백질과 DNA 구조뿐만 아니라 화석, 탄소 흔적, 구조물, 그리고 행동 성향에 그것들이 남긴 기록으로 선사 시대의 사건들을 재구성할 수 있다. 심지어 우리가 어떤 한 특성의 역사를 재구성할 수 없을 때도, 우리는 흔히 그것이 자연 선택으로 형성되었다고 여전히 확신할 수 있다.

요지문

History can be investigated only by examining **the records it has left**. 〈암시(나열)〉
· **Charred bones or even carbon deposits** from an ancient campfire can be informative documents to people who know how to read them. [예시–1]
· **Likewise**, the chemical structure of **proteins and DNA** may be read to reveal relationships among now strikingly different organisms. [예시–2]

어휘

· deposit 퇴적물 · subsequent 이후에 이어지는
· protein 단백질 · fossil 화석

6 정답 ② (→ lost)

해석

일부 저명한 언론인은 보물 사냥꾼이 과거에 대해 많은 것을 드러낼 수 있는 가치 있는 역사적 유물을 축적해 왔기 때문에 고고학자는 보물 사냥꾼과 협업해야 한다고 말한다. 그러나 고고학자는 도굴꾼이 가치 있는 역사적 유물을 또한 가지고 있긴 하지만, 도굴꾼과 협력하도록 요구받지는 않는다. 이

윤 추구와 지식 탐구는 시간적 요인이라는 이유로 고고학에서 공존할 수 없다. 상당히 믿기 어렵지만, 보물 탐사 기업에 의해 고용된 한 고고학자는 난파선의 유물이 판매되기 전에 그것들을 연구할 수 있도록 고고학자에게 6 개월이 주어지기만 하면, 어떠한 역사적 지식도 발견되지(➔ 사라지지) 않는다고 말했다! 그와는 반대로, 해양고고학 연구소의 고고학자들과 조수들은 그들이 발굴한 서기 11 세기 난파선의 모든 발굴물의 목록을 만들 수가 있기까지 10 여 년의 기간 내내 보존이 필요했다. 그러고 나서, 그러한 발굴물을 해석하기 위해서 그들은 러시아어, 불가리아어, 그리고 루마니아어를 배워야만 했고, 그렇게 하지 않았다면 그들은 유적지의 실체를 결코 알지 못했을 것이다. '상업적인 고고학자'가 발굴물을 팔기도 전에 10 여 년 정도의 기간을 기다릴 수 있었겠는가?

요지문

The quest for profit and the search for knowledge **cannot coexist** in archaeology **because of the time factor.** 〈암시(대조)〉

* Rather incredibly, ~ as long as archaeologists are given **six months** to study shipwrecked artifacts before they are sold, no historical knowledge is lost!
* **On the contrary,** ~ needed **more than a decade** of year-round conservation before they could even catalog all the finds ~.

어휘

· archaeologist 고고학자   · accumulate 축적하다
· artifact (인공) 유물   · shipwreck 난파시키다

 정답 ②

해석

스포츠 저널리즘의 전문적 지위에 관해서, 특히 인쇄 매체에서, 매우 역설적인 것이 있다. 기자들이 설명하고 논평하는 통상적으로 자신이 맡은 일을 이행할 때, 스포츠팬들이 스포츠 경기에 관한 기자들의 설명을 열심히 찾아보는 반면, 여러 형식으로 스포츠를 취재하는 그들의 더 폭넓은 저널리스트의 역할에서 스포츠 저널리스트는 동시대의 모든 작가 중에서 가장 눈에 띄는 이들 가운데 있다. '유명인급' 스포츠 저널리스트 중 엘리트 계층의 생각은 주요 신문사들이 많이 원하고, 그들의 돈을 많이 버는 계약은 저널리즘의 다른 '부문'에 있는 동료들의 선망 대상이 된다. 그러나 스포츠 저널리스트는 스포츠는 스포츠 저널리스트들이 하는 일의 가치를 묵살하는 말로 여전히 쉽게 건네지는 '뉴스 매체의 장난감 부서'라는 (이제는 상투적인 문구의 지위에 이르는) 옛말과 더불어 그들의 독자 수나 급여 액수의 크기에 상응하는 그들 전문성에서의 지위를 누리지 못한다. 이렇게 스포츠 저널리즘을 진지하게 여기기를 꺼리는 것은 스포츠 신문 작가들이 많이 읽히면서도 거의 존경받지 못하는 역설적인 결과를 낳는다.

요지문

There is something deeply **paradoxical** about the professional status of sports journalism, especially in the medium of print. 〈암시(대조)〉

* The ruminations ~ of 'celebrity' sports journalists are **much sought after** by the major newspapers, ~.
* **Yet** sports journalists **do not have a standing in their profession** that corresponds to the size of their readerships or of their pay packets, ~.

This reluctance to take sports journalism seriously produces the **paradoxical** outcome that sports newspaper writers are **much read but little admired.** 〈암시(대조)〉

어휘

· account 설명   · contemporary 동시대의
· pay packet 급여 액수   · cliche 상투적인 문구
· dismissal 묵살   · reluctance 꺼림

 정답 ⑤

해석

수학은 그것이 매료시킬 수 있는 사람들을 끌어들일 것이지만, 과학에 대한 저항을 이겨내기 위해서는 아무 것도 하지 못할 것이다. 과학은 원리에 있어서는 보편적이지만 실제에 있어서는 극히 소수의 사람에게만 전달된다. 수학은 이른바 마찰이 없는 가장 고차원적인 유형의 소통 기술로 간주될 수 있는데, 수학과는 정반대 편에서 과학의 성과들은 말을 사용하지 않고 그 실제적 이득을 보여준다. 하지만 그러한 성과들은 양면적 성격을 갖는다. 과학으로서의 과학은 "말로 전달되지" 않는데, 이론적으로 말하자면 과학자들이 서로 의사소통할 때 모든 과학의 개념들은 수학화되는 것이고, 과학이 과학적 산물을 과학자가 아닌 사람들에게 나타낼 때 과학은 상술(설득력)에 의지할 필요도 없고 사실 의지할 수도 없다. 과학이 다른 사람들에게 말로 전달되면 그것은 더 이상 과학이 아닌 것이며, 그러한 과학자는 수학의 정확성을 약화시키는 선동자가 되거나 그런 일을 하는 선동자를 고용해야 한다. 그렇게 함에 있어서 과학자는 화려하면서 애매모호한 표현과 은유적 표현을 사용하기 위해서 수학적 정확성을 추구하는 자신의 욕구를 뒤집게 되고, 그리하여 자신에게 과학자라는 자격을 부여하는 지적인 행위의 규약을 어기게 된다.

요지문

those fruits are **ambivalent.** 〈암시(대조)〉
* Science as science does not speak; ~, and when science displays its products to non-scientists it need not, and

indeed is not able to, resort to salesmanship.

- *(In contrast,)* When science speaks to others, it is no longer science, and the scientist becomes or has to hire a publicist ~. In doing so, ~ violating the code of intellectual conduct ~.

어휘

- ·frictionless 마찰 없는
- ·dilute 약화시키다, 희석시키다
- ·rhetorical 수사법의, 화려한
- ·metaphor 은유적 표현

 정답 1. ② , 2. ⑤ (→ avoiding)

해석

이야기를 과대광고하는 것에 대한 기여를 피하는 한 가지 방법은 아무 말도 하지 않는 것이다. 그러나 그것은 대중과 정책 입안자에게 정보를 전하고/전하거나 제안을 제공해야 한다는 강한 책임감을 느끼는 과학자들에게는 현실적인 선택안이 아니다. 언론 구성원들과의 대화는 메시지를 알려지게 하고 아마 호의적인 인정을 받을 수 있다는 장점이 있지만, 오해를 일으키고 반복적인 해명이 필요하며 끝없는 논란에 얽힐 위험을 감수한다. 따라서 언론과 대화할지 여부는 아주 개인적으로 결정되는 경향이 있다. 수십 년 전에 지구과학자들이 언론의 흥미를 끄는 연구 결과를 발표하는 것은 드문 일이었고, 따라서 언론과의 접촉을 기대하거나 권장하는 것은 거의 없었다. 1970년대에는, 언론과 자주 대화하는 소수의 과학자들은 흔히 그렇게 한 것에 대해 동료 과학자들로부터 비난을 받았다. 지금은 상황이 아주 다른데, 많은 과학자가 지구 온난화와 관련 문제의 중요성 때문에 공개적으로 말해야 한다는 책임감을 느끼고 있으며 많은 기자도 이런 감정들을 공유하고 있기 때문이다. 게다가, 많은 과학자는 자신이 언론의 주목과 그에 따른 대중의 인정을 즐기고 있다는 사실을 알아 가고 있다. 동시에, 다른 과학자들은 기자들과의 대화를 계속 물리치며, 그렇게 함으로써 자신의 과학을 위해 더 많은 시간을 지켜 내고, 잘못 인용되는 위험과 언론 보도와 관련된 다른 불쾌한 상황을 감수한다(→ 피한다).

요지문

the decision of whether to speak with the media tends to **be highly individualized**. 〈암시(대조)〉

- ·The situation now is quite different, as many scientists feel a responsibility to speak out because of the importance of global warming and related issues, ~.
- ·**At the same time**, other scientists continue to resist speaking with reporters, thereby ~ avoiding the risk of being misquoted ~.

어휘

- ·clarification 해명
- ·controversy 논란

·unpleasantry 불쾌한 상황, 불쾌한 사건 ·coverage (언론의) 보도

10 정답 ①

해석

인간의 말은 다른 종의 울음소리와 여러 가지 면에서 다르다. 매우 중요한 한 가지 차이는 다른 모든 동물은 의사소통의 일반적인 원칙으로 하나의 메시지에 하나의 울음소리를 사용한다는 것이다. 이는 가능한 메시지의 수가 매우 제한적임을 의미한다. 새로운 메시지가 시스템에 포함되려면, 새로운 소리도 도입되어야 한다. 처음 몇십 개의 소리가 있고 난 후에는 새로운 독특한 소리를 만들어 내는 것뿐만 아니라 다음에 필요할 때를 위해 그것을 기억하는 것 또한 어려워진다. 인간의 말은 제한된 수의 소리를 결합하여 무제한적인 수의 메시지를 만들어 내는 원리를 기반으로 한다. 일반적인 인간의 언어에는 대략 30개 또는 40개의 독특한 말소리가 있다. 이 소리들을 연쇄적으로 결합하여 말 그대로 무제한적인 수의 단어를 만들 수 있다. 심지어 한 번에 한 단어로만 의사소통을 할 수 있는 어린아이도 다른 어느 동물이 활용하는 어떤 시스템보다 엄청 더 뛰어난 의사소통 시스템을 사용한다.

동물의 울음소리에서 각각의 울음소리는 서로 다른 메시지를 나타내므로 가능한 메시지의 수가 제한되는 반면, 인간의 언어는 한정된 수의 독특한 소리 집합을 사용하여 무한한 수의 메시지를 만들어 낸다.

요지문

Human speech differs from the cries of other species **in many ways**. 〈암시(대조)〉

- ·One very important distinction is that all other animals use one call for one message as the general principle of communication.
- ·*(In contrast,)* Human speech builds on the principle of combining a restricted number of sounds into an unlimited number of messages.

어휘

- ·literally 말 그대로
- ·infinitely 엄청, 대단히, 무한히
- ·superior 뛰어난, 우수한, 우월한
- ·utilize 활용하다

킁킁 03 동의어구

예시   정답 ③

해석

사람이 다른 사람을 필요로 한다는 것은 거의 새로울 게 없지만, Rousseau에게는 이러한 의존이 동료 관계나 심지어 사랑을 넘어 인간이 되는 바로 그 과정에까지 이르렀다. Rousseau는 사람은 태어나는 것이 아니라 만들어진다고, 모든 개인은 잠재성 꾸러미라고, 이 잠재성을 실현하기 위해서는 다른 사람의 적극적인 관여가 필요하다고 믿었다. 자기 계발은 사회적 과정이다. 자족은 불가능한 환상이다. 루소는 대부분 시간을 그것이 그렇지 않기를 열렬히 바랐는데, Robinson Crusoe는 좋아하는 책이었고, 그는 사회생활의 고통과 불확실성에서 벗어나기를 갈망했다. 그러나 그의 저작은 보기 드문 명료함으로 정서적 유대에 의해 개인이 형성되는 과정을 기록한다. "우리의 가장 달콤한 존재는 상대적이고 집단적이며, 우리의 진정한 '자아'는 우리 안에 있는 것이 전혀 아니다." 그리고 이러한 집단적 존재의 핵심은 친절인데, Rousseau는 이를 'pitié'라는 항목 아래에 분석하였고, 이는 '연민'으로 번역되지만, Hume과 Smith가 정의한 '공감'에 훨씬 더 가깝다.

요지문

- But his writings document with extraordinary clarity the shaping of the individual by his emotional attachments. 〈빈칸〉 ➡ 요지
- And **it is** kindness — ~ which translates as "pity" but is much closer to "sympathy" as Hume and Smith defined it — **that** is the key to this collective existence. 〈강조구문〉 ➡ 요지

어휘

- companionship 동료 관계
- self-development 자기 계발
- document 기록하다
- involvement 관여
- self-sufficiency 자족
- extraordinary 보기 드문, 뛰어난

1   정답 ⑤

해석

Oxford 사전의 정의를 보면, 탈진실이란 진실이 '존재하지 않는다'는 주장이 아니라, '사실이 우리의 정치적 관점에 종속되어 있다'는 주장이라는 것을 알게 된다. Oxford 사전의 정의는 탈진실이란 '무엇인가'에 초점을 두는데, 즉 때로는 감정이 사실보다 더 중요하다는 생각이다. 하지만 그다음 질문은 그에 못지않게 중요한데, 그것은 도대체 '왜' 이런 일이 일어나는가이다. 어떤 사람이 아무런 이유 없이 분명하거나 쉽게 확인할 수 있는 사실에 반대하는 게 아니며, 그 사람이 그렇게 하는 것은 그것이 자신의 이익에 부합할 때이다. 어떤 사람의 믿음이 '불편한 사실'에 의해 위협받을 때, 때로는 그 사실에 이의를 제기하는 것이 선호된다. 이것은 의식적인 수준이나 무의식적인 수준에서 일어날 수 있지만 (왜냐하면 때로는 우리가 납득시키려고 추구하는 사람이 우리 자신이기 때문에), 핵심은 사실에 대한 이러한 종류의 탈진실적 관계가 우리가 진실 그 자체보다 우리에게 더 중요한 어떤 것을 주장하려고 추구하고 있을 때에만 일어난다는 것이다.

요지문

- Someone does **not** argue against an obvious or easily confirmable fact for no reason; *(instead,)* he or she does so when it is to his or her advantage. 〈상관구문〉 ➡ 요지
- This ~ is that this sort of post-truth relationship to facts occurs only when we are seeking to assert something that is more important to us than the truth itself. 〈빈칸〉 ➡ 요지

어휘

- post-truth 탈진실
- confirmable 확인할 수 있는
- matter 중요하다
- preferable 선호되는

2   정답 ②

해석

자연에 대한 개념은 항상 문학적 진술이다. 이것은 유럽인들에게 대단한 통찰이라는 인상을 주지 않을 수도 있는데, 왜냐하면 유럽의 풍경은 너무나 많이 혼합되어 있기 때문이다. 그러나 새로운 (적어도 유럽인들에게는 '새로운') 세계에서, 그 차이는 유럽 정착민과 방문객뿐만 아니라 그들의 후손에게도 훨씬 더 분명해 보였다. 그런 이유 때문에, 그들은 후에 황야에 대한 감탄에서 표현을 찾을 수 있었던 인간과의 연관에 의해 통제되지 않는 원시 자연이라는 허황된 생각을 가지고 있었다. 생태학적 관계는 확실히 그 나름의 논리를 가지고 있었고, 이런 의미에서 '자연'은 인간의 개입과 무관하게, 자율적이지만 반드시 안정적이지는 않은 역동성을 가지고 있다고 볼 수 있다. 그러나 생태학적 상호작용의 맥락은 점점 더 인류에 의해 설정되어 왔다. 우리는 사자가 어떻게 또는 무엇을 먹는지는 정하지 못할 수도 있지만, 사자가 어디에서 먹이를 먹을지는 확실히 규제할 수 있다.

요지문

- But the context for ecological interactions has increasingly been set by humanity. 〈빈칸〉 ➡ 요지
- We **may** ~ how or what ~ **but** we certainly can regulate where the lion feeds. 〈양보〉 ➡ 요지

어휘
· statement 진술
· strike ~ as … ~에게 …이라는 인상[느낌]을 주다
· blend 혼합물
· distinction 차이, 구별
· descendant 후손
· wilderness 황야
· intervention 개입

3

해석

진화에 있어서 잠이 하는 역할은 여전히 연구 중이다. 한 가지 가능성은 그것(잠)이 더 이상 긴급한 활동이 없을 때 신진대사를 줄이는, 동물에게 유리한 적응적 상태라는 것이다. 이것은 먹을 것이 거의 없고 적정한 체온을 유지하는 데 높은 신진대사 비용이 드는 겨울 동안의 겨울잠과 같은, 더 깊은 무활동 상태의 경우에 해당하는 것처럼 보인다. 그것은, 예를 들어, 먹잇감이 되는 동물이 어두워진 이후에 포식자를 피하기 위한 것처럼, 또한 일상 상황에도 해당될지도 모른다. 다른 한편으로는, 잠의 분명한 보편성, 그리고 고래목의 동물들과 같은 포유동물들이 한 번에 적어도 뇌의 한쪽에서는 잠을 유지하는 매우 고도로 복잡한 기제를 발전시켰다는 관찰 결과는 잠이 생명체에게 생명 유지와 관련된 어떤 도움(들)을 추가로 제공한다는 것을 보여준다. 잠의 한 가지 측면은 환경에 대한 반응성이 감소하는 것이기 때문에 이것은 특히 그러하다. 이러한 잠재적인 대가가 치러져야 할 때조차도 잠이 보편적으로 나타난다면, 그것이 갖는 함의는 조용한, 깨어 있는 상태의 휴식만으로는 얻을 수 없는 중요한 기능을 그것(잠)이 갖고 있다는 것일 수도 있다.

요지문

· This is particularly true since one aspect of sleep is decreased responsiveness to the environment.
· If sleep is universal even when **this** potential price must be paid, the implication may be ~. 〈동의어〉

어휘
· hibernation 겨울잠
· predator 포식자
· apparent 분명한
· universality 보편성
· cetacean 고래목의 동물
· implication 함의

4

정답 ⑤

해석

문학은 그것이 독자에게 촉진하는 개인적 몰입 때문에 언어 학습 과정에 도움이 될 수 있다. 핵심 언어 교육 자료는 언어가 규칙 기반 체계이자 사회의미론적인 체계로서 어떻게 작동하는지에 중점을 두어야 한다. 매우 흔히, 학습 과정은 본질적으로 분석적이고 단편적이며, 개인의 수준에서는 상당

히 피상적이다. 상상력을 발휘하여 문학에 몰입함으로써 학습자는 주의의 초점을 외국어 체계의 더 기계적인 측면 너머로 전환할 수 있게 된다. 소설, 희곡, 혹은 단편 소설을 일정 기간 탐구하면, 그 결과로 독자는 그 글에 '깃들기' 시작한다. 그 독자는 책 속으로 빨려 들어간다. 개별 단어나 어구가 무엇을 의미할 수도 있는지 정확히 집어내는 것은 이야기 전개를 따라가는 것보다 덜 중요해진다. 독자는 사건이 전개되면서 무슨 일이 일어나는지 간절히 알아내고 싶어 하고, 그 독자는 특정 등장인물들과 친밀감을 느끼며 그들의 감정적 반응을 공유한다. 언어는 '투명'해지는데, 소설은 그 사람 전체를 그 자신의 세계로 끌어들인다.

요지문

· Literature can be helpful in the language learning process because of the personal involvement it fosters in readers. 〈빈칸〉 ➜ 요지
· **Very often**, the process of learning is essentially analytic, piecemeal, and, ~ superficial.
  (But) Engaging imaginatively with literature enables learners to shift the focus of their attention beyond the more mechanical aspects of the foreign language system. 〈양보〉 ➜ 요지

어휘
· core 핵심의
· piecemeal 단편적인
· superficial 피상적인
· engage with ~에 몰입하다
· pinpoint 정확히 집어내다
· unfold 전개되다, 펼쳐지다

5

정답 ⑤

해석

분노와 공감은 물질과 반물질처럼 같은 시간 같은 장소에 존재할 수 없다. 하나를 들여보내면 다른 하나는 내보내야 한다. 따라서 비난자를 공감 속으로 이동시킬 때, 여러분은 그 사람의 분노에 찬 폭언을 즉시 멈추게 한다. (C) 그렇다면 방어하는 쪽에 있는 사람은 어떤가? 처음에 이 인간 펀칭백은 자신이 그 무엇을 밖으로 잘 보여 주려 애써도 그 무지한 비난자가 그것을 보지 못하므로 좌절한다. 그 결과 공격당하는 사람은 대체로 조용한, 간신히 통제되고 있는 분노 상태에 있게 된다. (B) 그러나 갑자기 뜻밖에도 그 비난자는 방어자가 정말 얼마나 슬픈지, 얼마나 화가 나 있는지, 얼마나 겁먹었는지, 또는 얼마나 외로운지를 알게 되고, 자연스럽게 동맹자로 바뀐다. 방어자가 자신이 비난자에 의해 이해받고 있으며 서로가 같은 편이라고 느낄 때, 방어할 것은 아무것도 없다. 방어자의 벽이, 그리고 그 벽과 함께 입 밖에 내지 못한 그의 분노와 좌절이 사라진다. (A) 비난자에 대해 더는 '두려움이나 증오'를 느끼지 않게 됨으로써 오는 안도감으로 인해 엄청난 고마움이 물밀 듯이 자연스럽게 밀려오고, 기적적으

로 그 사람의 조용한 분노는 용서로 그리고 그것을 넘어 해결을 향해 기꺼이 일하고자 하는 의지로 바뀐다.

요지문

(B) The defender's wall, and with it his unspoken rage and frustration, disappears.

(A) The relief from no longer feeling "fear or hatred" toward the blamer spontaneously triggers a tremendous rush of gratitude ~. 〈동의어〉

어휘

· empathy 공감   · in one's tracks 즉시
· relief 안도(감)   · ally 동맹(자)

---

6 정답 ①

해석

여행은 생각의 산파이다. 움직이는 비행기, 배 혹은 기차 보다 내면적인 대화에 더 도움이 되는 장소는 거의 없다. 우리 눈앞에 있는 것과 우리가 머릿속에서 생각할 수 있는 사고 사이에는 대개 특이한 상관관계가 있다. 그것은 때때로 넓은 시각, 새로운 사고와 새로운 장소를 요구하는 넓은 사고이다. 미루기 쉬운 자아 성찰적 반성은 풍경의 흐름에 따라 촉진된다. 사고가 해야 할 일의 전부일 때 (인간의) 정신은 올바로 생각하는 것을 꺼릴 지도 모른다. 그 일은 농담을 해야 하거나 혹은 요구대로 말씨를 따라해야 하는 것처럼 무력하게 할 수도 있다. 정신의 일부에게 다른 일이 주어지거나 그것이 음악을 듣거나 가로수를 따라 걷는 일로 가득 채워질 때 사고는 향상된다.

요지문

· Few places are more conducive to internal conversations than a moving plane, ship, or train.
· Introspective reflections which are liable to stall are helped along by the flow of the landscape.

어휘

· midwife 조산사, 산파   · conducive to ~에 도움이 되는
· introspective 자기 성찰적인   · reflection 반성, 숙고
· be liable to ~하기 쉽다   · stall 지연하다, 미루다
· reluctant 꺼리는, 마지못해 하는   · paralyze 마비 상태로 만들다

---

7 정답 ③

해석

아무런 시도가 없으면 어떠한 실패도 없으며, 아무런 실패가 없으면 어떠한 굴욕도 있을 수 없다. 그러므로 이 세상에서의 우리의 자부심은 전적으로 우리가 스스로에게 되라고 그

리고 하라고 후원하는 것에 달려있다. 그것은 우리가 가상하는 잠재력에 대한 우리의 현실의 비율에 의해 결정된다. 그러므로 성공을 가식(목표)으로 나눈 것이 자부심과 같은 것이다. 이는 우리의 기대 수준의 모든 상승이 굴욕의 위험성의 상승을 가져오는 방식을 설명한다. 우리가 평범하다고 이해하는 것이 우리의 행복 가능성을 결정함에 있어서 중요한 것이다. 한편으로 우리는 보다 많은 것을 성취하려고 노력할 수 있고, 다른 한편으로 우리는 성취하기를 바라는 것들의 수를 줄일 수 있다. 후자의 접근방식이 갖는 장점은 다음과 같이 "가식을 포기하는 것이 만족감을 느끼게 하는 것만큼이나 행복한 위안이 된다."는 말에 들어 있다.

요지문

· It is determined by the ratio of our actualities to our supposed potentialities.
· Thus, success divided by pretensions equals self-esteem.

어휘

· humiliation 굴욕, 수치   · back 후원하다, 지원하다
· self-esteem 자부심   · actuality 현실, 실정
· potentiality 가능성, 잠재력   · entail 일으키다, 남기다, 수반하다,
· pretension 가식, 허세, 근거 없는 주장
· gratify 만족시키다, 기쁘게 하다

---

8 정답 ①

해석

도덕적 행위자로서의 인간의 가장 명백한 두드러진 특징은 이성적인 사고를 할 수 있는 능력이다. 이성적인 사고를 할 수 없는 사람들은 그들의 행동에 대해 도덕적인 책임을 질 수 없다고 우리 모두 받아들이기 때문에 이것은 어떤 유형의 도덕적 행위자로서의 인간에게 있어서도 논쟁의 여지가 없이 필요한 조건이다. 하지만 이렇게 논란의 여지가 없는 두드러진 특징을 넘어서면, (터무니없이 이상적인 것과는 대조적으로) 실제로 현재 살아 있는 도덕적 행위자로서의 인간 각자의 가장 두드러진 특징은 분명히 어떤 도덕적인 문제가 있는 상황에서도 도덕적 행위자로서의 인간이라면 누구든지 지니고 있는 다양한 견해를 제시한다는 사실이다. 즉, "도덕적 행위자로서의 인간이 다른 사람들에게 영향을 미치는 기본적인 방법은 무엇인가?"라는 질문에 대해 두루 적용되도록 만들어진 답은 없다. 오히려, 도덕적 행위자로서의 인간은 이러한 "다른 사람들"이 누구냐에 따라서 다른 방식으로 "다른 사람들"에게 영향을 미치기를 바란다.

요지문

· if we move ~, then the most salient feature ~ is surely the fact that every moral agent brings multiple perspectives to bear on every moral problem situation. 〈빈칸〉 ➤ 요지

- That is, there is **no** one-size-fits-all answer to the question "What are ~ others?"
  Rather, moral agents wish to affect 'others' in different ways depending upon ~. 〈상관〉 ➜ 요지

어휘
- salient 현저한, 두드러진
- moral agent 도덕적 행위자로서의 인간
- uncontested 명백한, 논쟁의 여지가 없는
- uncontroversial 논란의 여지가 없는
- flesh-and-blood 현재 살아 있는, 현실의
- one-size-fits-all 널리[두루] 적용되도록 만든

 정답 ③

해석

인류의 성공은 결정적으로 숫자와 관계에 좌우된다. 몇 백 명의 사람들이 정교한 기술을 유지할 수 없다. 호주가 아프리카로부터 아시아의 해안을 따라 동쪽으로 세력을 넓혔던 개척자들에 의해 45,000년 전에 식민지로 개척되었다는 것을 돌이켜 보자. 이러한 이주의 선발대는 숫자가 매우 적었음에 틀림이 없고 비교적 짐을 가볍게 해서 다녔음에 틀림없다. 그들은 홍해를 건널 당시의 동족들이 이용 가능했던 기술의 견본만을 가지고 있었을 것이다. 이는 그들(호주 원주민들)의 기술이 비록 그 뒤로 천 년이 넘게 꾸준히 발전했고 정교해졌지만, 왜 호주 원주민들의 기술에는 구세계의 매우 많은 특징들이 결여되어 있었는지에 대한 이유를 설명해 줄 수 있을 것이다. 예를 들어, 활과 투석기 같은 탄성 무기는 알려지지 않았고, 화덕 또한 그랬다. 그것은 그들이 '원시적'이어서 또는 그들이 정신적으로 퇴보해서도 아니다. 그것은 그들이 단지 기술의 일부분만 가지고 도착했고, 그 기술들을 훨씬 더 발전시키기에 충분히 조밀한 인구와 그로 인해 충분히 거대한 집단적인 뇌를 갖고 있지 않았기 때문이다.

요지문
- The chances are they had **only a sample of the technology** available to ~. **This may explain why** Australian aboriginal technology, ~, was lacking in so many features ~. 〈인과〉 ➜ 요지
- It was **not** that they were 'primitive' or ~; **(rather,)** it was that they had arrived with **only a subset of technologies** and did not have a dense enough population ~. 〈빈칸, 상관〉 ➜ 요지

어휘
- vanguard 선봉, 선두
- aboriginal 원주민의, 토착의
- elaborate 정교해지다, 정교하게 만들다
- ensuing 뒤이은, 다음의
- elastic 탄성의, 탄력 있는

- regress 퇴보하다

10 정답 ⑤

해석

주권 국가는 보통 그 시민들이 국경 너머의 그 어떤 기관으로부터도 간섭받지 않고 자신들의 일을 스스로 결정할 자유가 있는 국가라고 정의된다. (C) 하지만 공간적 자유는 (그리고 영토 범위의 제한은) 주권의 단지 한 가지 특징일 뿐이다. 시간적 자유가 (그리고 시간적 범위에 대한 제한이) 동등하게 중요하며 아마 더 근본적일 것이다. (B) 주권과 시민권은 최소한 동시대 권력으로부터의 자유만큼이나 과거로부터의 자유를 필요로 한다. 국민들이 과거에 그들의 조상들에 의해 채택된 행동 방침을, 또는 한때 그들이 전념했던 행동 방침조차 바꿀 능력이 없다면 그 어떤 국가도 자주적일 수 없을 것이다. (A) 공동체가 단절하기를 원할 수 있는 선조의 전통에 묶여 있는 한 어떤 시민도 그 공동체의 완전한 구성원이 될 수 없을 것인데, 이것은 Sophocles의 비극에서 Antigone의 문제이기도 하다. 주권과 시민권은 따라서 공간의 경계뿐만 아니라 시간의 경계 또한 필요로 한다.

요지문
- (C) Freedom in time (and limits on its temporal extent) is equally important and probably more fundamental.
- (B) Sovereignty and citizenship require freedom from the past at least as much as freedom ~.
- (B) No state could be sovereign if its inhabitants lacked the ability to change **a course of action adopted by their forefathers** in the past, ~.
- (A) No citizen could be a full member of the community so long as she was tied to **ancestral traditions** ~.

어휘
- territorial 영토의
- border 경계
- contemporary 동시대의
- inhabitant 주민, 거주자
- forefather 조상, 선조
- extent 범위, 정도

큼큼 04   연결사의 생략

예시 정답 ③

해석

교육은 최고의 모습에서는 단순한 지식 이상을 가르친다. 그것은 비판적 사고, 즉 행동하기 전에 멈추어 생각할 수 있는, 감정적 압박에 굴복하는 것을 피하는 능력을 가르친다. 이

것은 사고 통제가 아니다. 그것은 바로 정반대인 정신적 해방이다. 심지어 가장 지적으로 발달한 사람조차도 이 기능은 불완전할 것이다. 하지만 그것을 불완전하게나마 소유하는 것은 인접한 주변 환경, 가장 밝은색이나 가장 큰 소리에 끊임없이 반응하면서 '자극에 유도'되는 것에 대한 부담에서 사람을 벗어나게 한다. 휴리스틱 반응에 의해 유도되는 것, 즉 항상 본능과 감정에 따라 사는 것은 여러 면에서 매우 쉬운 삶의 방식인데, 사고는 특히 경험이 없는 사람들에게는 노력을 필요로 한다. 그러나 감정도 또한 지치게 하고, 단기적인 반응은 장기적으로 볼 때 건강과 생존에 가장 유익하지 않을 수도 있다. 우리가 편리함을 얻으려고 햄버거에 손을 뻗어 언젠가 우리의 목숨을 앗아갈지도 모르는 동맥 지방을 축적하는 것처럼, 우리가 감정에 의존하는 것은 우리에게 큰 해를 끼칠 수 있다.

요지문

- This is **not** thought control. *(Rather,)* It is the very reverse: mental liberation. 〈상관〉 ➡ 요지
- But even imperfect possession of it frees a person from the burden of being 'stimulus-driven', ~. 〈빈칸〉 ➡ 요지

어휘

- reverse 반대, 역
- heuristic 체험적인[스스로 발견하게 하는]
- for the sake of ~을 위해
- liberation 해방
- instinct 본능
- reliance 의존

1 　　　　　　　　　　　　정답 ②

해석

듣는 것보다 보는 것과 관련된 어떤 분야가 있다면, 그것은 과학이다. 서양 문화의 시각 편향을 강조하는 학자들은 자신들이 가장 선호하는 예로 과학을 지적하기조차 한다. 이미지, 그래프, 그리고 도표를 사용하지 않고 연구를 하는 것이 불가능한 것처럼 보이기 때문에, 그들의 관점에서 과학은 최상의 시각적 노력이다. 과학 역사학자들과 사회학자들은 보는 것 외에 듣는 것을 포함한 감각들이 지식의 발전에 있어 얼마나 중요했는지를 보여 주면서 이러한 주장을 최근에 바로잡았는데, (그것은) 특히 실험실 안에서 두드러졌다. 그들은 과학적 연구가 시각적 관찰 그 이상의 것을 포함한다는 점을 강조한다. 결과를 판독하는 것, 그래서 보는 것을 요구하는 것처럼 보일 뿐인 측정 도구의 도입은 과학자들의 다른 감각 사용을 배제하지 않았다. 도리어, 실험 환경에서의 과학적 연구는 흔히 신체 능력들을 필요로 하는데, 그것들 중 하나는 듣는 것이다. 그러나 과학 그 자체의 세계는 여전히 듣는 것을 보는 것보다 지식 생산으로 들어가는 덜 객관적인 입구로 여긴다.

요지문

- Because doing research **seems** impossible without using images, graphs, and diagrams, ~. 〈양보〉
- *(But)* Historians and sociologists of science have recently corrected this claim by showing ~. 〈요지〉

어휘

- bias 편향, 편견
- rule out ~을 배제하다
- par excellence 최상의
- objective 객관적인

2 　　　　　　　　　　　　정답 ⑤

해석

전문가들은 에너지 효율을 증진하는 다수의 대책을 찾아냈다. 유감스럽게도 그중 많은 수는 비용 효율적이지 않다. 이것은 경제적 관점에서 에너지 효율을 위한 투자에 근본적인 필요조건이다. (C) 그러나 그러한 비용 효율성의 산정은 쉽지 않은데, 그것은 단순히 사적비용을 살펴보고 그것을 달성한 절감액과 비교하는 경우가 아니기 때문이다. (B) 고려해야 할 상당한 외부 효과가 있고 거시 경제적 효과도 있다. 예를 들어 총체적[집합적] 차원에서, 국가의 에너지 효율 수준을 높이는 것은 에너지 의존도, 기후 변화, 보건, 국가 경쟁력, 연료 빈곤을 줄이는 것과 같은 거시 경제적 문제에 긍정적인 영향을 미친다. (A) 그리고 이것은 개인적 차원에서 직접적인 영향을 미치는 데, 즉 가정은 전기 비용과 가스 요금을 줄이고 그들의 건강과 안락함을 증진할 수 있는 반면에, 회사는 자체 경쟁력과 생산성을 증대시킬 수 있다. 결국, 에너지 효율 시장은 일자리와 기업 창출을 통해 경제에 이바지할 수 있는 것이다.

요지문

- (C) it is **not simply** a case of looking at private costs and comparing them to the reductions achieved.
- (B) *(But)* There are significant externalities to take into account and there are **also** macroeconomic effects. 〈상관; not simply A, but also B〉

어휘

- competitiveness 경쟁력
- externality 외부 효과
- macroeconomic 거시 경제의
- productivity 생산성
- take ~ into account ~을 고려하다

3 　　　　　　　　　　　　정답 ④

해석

남자가 여자 옷을 만든다는 생각에는 현대적인 것이 전혀 없는데, 우리는 과거 여러 세기 동안 그들이 그것을 하는 것을 보았다. 하지만 옛 시절에는 항상 고객 위주였고 그녀의 재

단사는 무명의 장인이었는데, 아마도 재능이 있었을 테지만 없었을지도 모른다. 그녀는 여느 후원자처럼 자기 자신의 생각이 있었고, 유행하는 옷의 본이 없었으며, 재단사는 아마도 다른 사람들이 입고 있는 것에 관한 도움이 되는 제안을 가지고 그저 그녀의 생각에 따랐다. 예술적인 남성 고급 여성복 디자이너의 매우 성공적인 부상과 함께 19세기 후반에 시작하여, 유명해진 것은 바로 디자이너였고, 고객은 그의 영감 어린 관심에 의해 치켜세워졌다. 남성 예술가와 여성을 위한 그들의 창작물에 대한 찬탄의 분위기 속에서, 의상 디자이너는 처음으로 같은 종류의 창작자로서 번영했다. 의상 제작은 공예에 불과하다는 옛 규칙 대신에, 예전에는 없던 <u>의상 디자인과 예술 사이의 현대적 연결</u>이 만들어졌다.

요지문

- **In the old days**, however, the client was always primary and her tailor was <u>an obscure craftsman</u>, perhaps talented but perhaps not.
- *(But)* Beginning **in the late nineteenth century**, with the hugely successful rise of the artistic male couturier, it was <u>the designer who became celebrated</u>, ~. 〈양보(3)〉

어휘

- craftsman 장인, 공예가
- celebrated 유명한
- institution 기관
- fashion plate 유행하는 옷의 본
- elevated 치켜세워진
- affordable 적정 가격의

 **정답 ②**

해석

눈을 카메라에 비유함으로써, 기초 생물학 교과서는 인식이 수반하는 것에 대한 잘못된 인상을 만들어 내는데 기여하고 있다. 단지 상 형성에 대한 물리학의 관점에서만 눈과 카메라는 공통된 것을 가지게 된다. 눈과 카메라 둘 다 외부 세계에서 온 빛을 상에 집중시키는 렌즈를 지니고 있고, 둘 다 초점과 그 상의 명도를 조절할 수 있는 수단을 가지고 있다. 눈과 카메라 둘 다 상이 맺어지는 빛에 민감한 막(각각 망막과 필름)을 가지고 있다. 하지만, 상 형성은 보는 것으로 나아가는 단지 첫 번째 단계에 불과하다. 눈과 카메라 사이의 피상적인 비유(유사성)는 둘 사이의 훨씬 더 근본적인 차이를 가리게 되는데, 그 차이는 카메라는 단지 상을 기록할 뿐이지만, 반면에 시각 체계는 그것을 해석한다는 점이다.

요지문

- *(Of course,)* **Both** eye and camera have a light-sensitive layer onto which the image is cast ~.
- **However**, image formation is only the first step towards seeing. 〈양보(3)〉

어휘

- liken 비유하다
- entail 수반하다
- layer 막
- misleading 오도하는
- adjust 맞추다, 조절하다
- obscure 가리다

---

5 **정답 ② (→ vulnerable)**

해석

제조업의 침체는 불가피하게 신보호주의 를 초래할 것이다. 폭풍우가 몰아칠 때 첫 번째 대응책은 바깥의 찬바람으로부터 자신의 정원을 보호해주는 담을 쌓도록 노력하는 것이다. 그러나 그러한 담들은 세계적 기준에 부합하지 못하는 기업들을 더 이상 보호하지 못한다. 그것은 그들을 좀 더 번성하게(→ 취약하게) 만들 뿐이다. 가장 좋은 예는 멕시코인데, 그 나라는 자국 경제를 외부 세계로부터 독립적으로 만드는 의도적인 정책을 가지고 있었다. 멕시코는 외국의 경쟁 상대를 몰아내는 보호주의라는 높은 벽을 쌓을 뿐 아니라, 자국 회사들이 수출하는 것을 사실상 금지함으로써 이것을 실행하였다. 순수한 멕시코만의 경제를 만들어 내고자 하는 이러한 시도는 실패하였다. 멕시코는 사실상 다른 나라로부터 수입에 점차 의존하게 되었다. 멕시코는 결국 외부 세계에 자신을 개방할 수밖에 없었다.

요지문

- such walls **no** longer <u>protect businesses</u> that do not meet world standards.
- *(Rather,)* It will only make them <u>more vulnerable</u>. 〈상관; not A. Rather, B.〉

어휘

- deliberate 의도적인
- forbid 금지하다

---

6 **정답 ⑤**

해석

음식과 거처에 필요한 기본적인 최소한의 범위를 벗어나는 돈은 목적에 대한 수단에 불과하다. 하지만 아주 흔히 우리는 수단을 목적과 혼동하여 돈(수단)을 위해서 행복(목적)을 희생한다. 우리 사회에서 아주 흔히 그렇듯이, 물질적 부유함이 궁극적인 목적의 위치로 높여질 때에 이렇게 하기 쉽다. 이것은 물질적 부의 축적과 생산이 그것 자체로서 잘못된 것이라고 말하는 것이 아니다. 물질적 풍요는 사회뿐만 아니라 개인이 더 높은 수준의 행복을 얻을 수 있도록 도와줄 수 있다. 재정적 안정은 우리가 의미 있다고 생각하지 않는 일로부터 그리고 다음 번 월급에 대해서 걱정해야 하는 것으로부터 우리를 해방시켜 줄 수 있다. 더욱이, 돈을 벌고자 하는 욕구는 우리에게 도전 정신을 심어 주고 영감을 줄 수 있다. 그렇다고 하더라도, 가치가 있는 것은 돈 '그 자체로서'가 아니라 그것이 잠재적으로 더 긍정적인 경험을 만들어 낼 수 있다는 사실이다. 물질적 부유함이 본질적으로 그리고 그 자체로서 의미를 만들어 내거나 감정적인 풍요로움을 반드시 가져오는 것은 아니다.

요지문

· Moreover, the desire to make money **can** challenge and inspire us.
· **Even so**, it is not the money per se that is valuable, but ~.
〈양보; Nevertheless = Even so〉

어휘

· elevate 들어 올리다　　　　·ultimate 궁극적인
· accumulation 축적, 쌓음

 7　　　　　　　　　　　　　　　정답 ①

해석

진정한 이해는 불가피하게 상황에 대한 지식을 요구한다. 동물원에서 방문객들은 큰 동물이 우리의 창살 뒤에서 걸어 다니는 것을 목격할 것이다. 그들은 그 동물과 그 동물의 놀라운 골격 그리고 근사한 털가죽을 관찰하며 감탄할 것이다. 그러나 방문객들이 그 우리 앞에서 아무리 오랜 시간을 보낸다 하더라도 그들은 결코 진정으로 그 동물을 이해할 수는 없을 것이다. 진정한 이해는 그 동물을 그 동물의 자연적인 환경에서 볼 때 그리고 결과적으로 그 동물의 존재가 그 동물의 환경에 영향을 미치는 방식으로 볼 때야 올 수 있다. 과학을 충분히 이해하기 위해서는 과학은 과학이 기능하는 사회 내에서 고려되어야 한다. 과학은 진공 속에서 실행되지 않는다. 과학은 사회적 구조 속에 깊이 내재하고 있으며, 살과 피가 있는 동물이 자신의 환경에 영향을 주고 또 그것에 의해 영향을 받는 것처럼 과학과 사회도 또한 상호 간에 서로에게 영향을 준다.

요지문

· True understanding ~ from seeing the creature in **its natural surroundings and, in turn, the ways** ~.
· **(Likewise,)** To fully understand science, it must be considered within **the society** ~. 〈비유〉
· Science is **not** conducted in a vacuum.
· **(Rather,)** It is embedded within **a social fabric**, and just as a flesh-and-blood beast ~. 〈상관〉

어휘

· telling 효과적인　　　　　　·pace 걸어 다니다
· magnificent 근사한, 장엄한　·embedded 깊이 내재하는
· fabric 구조, 직물　　　　　　·flesh 살

8　　　　　　　　　　　　　　　정답 ⑤

해석

우리는 항상 다음 휴일, 물건 사기, 또는 음식 체험이 있는지 살피면서 기분을 좋게 해 주는 경험을 찾아낸다. 행복에 대한 이런 접근은 비교적 최근의 것인데, 그것은 우리의 삶을 물질적으로 즐거움을 주는 것으로 채워 넣기도 하고 우리의 고통을 우리가 제어할 수 있다고 느끼기도 하는 우리의 능력에 좌우된다. 오늘날 우리가 알고 있는 진통제는 비교적 최근의 발명품이며, 물질적 안락에 대한 접근은 이제 훨씬 더 큰 비율의 전 세계 사람들의 손이 닿는 곳에 있다. 이런 과학 기술과 경제 발전은 상당한 문화적 영향을 미쳐서 우리가 우리의 부정적인 경험을 문제로 간주하게 하고 그 해결책으로 우리의 긍정적인 경험을 극대화하게 하였다. 하지만 이를 통해 우리는 인생에서 행복한 것이 단지 즐거움에 관련된 것만은 아니라는 것을 잊게 되었다. 안락감, 만족감 그리고 충족감이 행복의 특효약이었던 적은 한 번도 없었다. 오히려, 행복은 우리가 가장 상처받기 쉽거나 혼자이거나 고통을 겪는 그런 순간에 자주 발견된다. 행복은 거기, 이런 경험의 가장자리에 있고, 우리가 '그런' 종류의 행복을 언뜻 보게 될 때, 그것은 강력하고 뛰어나며 강렬하다.

요지문

· Comfort, contentment and satisfaction have **never** been the elixir of happiness.
· **Rather**, happiness is often found in those moments we are most vulnerable, alone or in pain. 〈상관; not A. Rather, B〉

어휘

· vulnerable 상처받기 쉬운, 연약한
· on the lookout for ~이 있는지 살피는
· proportion 비율　　　　　　·implication 영향, 함축
· contentment 만족(감)　　　·edge 가장자리

9　　　　　　　　　　　　정답 ④ (→ drives)

해석

논거에 대한 결론의 우위는 감정이 결부되는 곳에서 가장 두드러진다. 심리학자 Paul Slovic은 사람들이 좋아하는 것과 싫어하는 것이 세상에 대한 그들의 믿음을 결정한다는 이론을 제시했다. 여러분의 정치적 선호는 여러분이 설득력이 있다고 생각하는 논거를 결정한다. 만일 여러분이 현재의 보건 정책을 좋아한다면 여러분은 그것의 이 점이 상당히 많고 그것의 비용이 대안들의 비용보다 더 관리할 만하다고 믿는다. 만약 여러분이 다른 나라에 대하여 강경론자의 태도를 취한다면, 여러분은 아마 그들이 비교적 약하고 여러분 나라의 뜻에 굴복하기 쉬울 거라고 생각할 것이다. 만일 여러분이 온건

론자라면 여러분은 아마 그들이 강하고 쉽게 설득되지 않을 거라고 생각할 것이다. 육류, 원자력, 문신 또는 오토바이와 같은 것들에 대한 여러분의 감정적인 태도는 그것들의 이 점과 위험에 대한 여러분의 믿음을 따른다(➜ 결정한다). 만약 여러분이 이것들 중 어떤 것이라도 싫어한다면 여러분은 아마 그것들의 위험은 높고 이점은 사소하다고 믿을 것이다.

요지문

The psychologist ~ people let their likes and dislikes determine their beliefs about the world.

- *(For example,)* Your political preference determines the arguments that you find compelling.
- *(Likewise,)* Your emotional attitude to such things ~ drives your beliefs about ~.

어휘

· compelling 설득력 있는, 강렬한 · negligible 사소한, 보잘 것 없는

10　　　　　　　　　　　　　　　　　　　　　　**정답 ⑤**

해석

피실험자에게 사람들의 얼굴 사진을 보여주고 분명히 나타나는 표정이나 마음 상태를 파악하도록 요청하는 심리학 연구가 있었다. 그 결과는 언제나 매우 엇갈린다. 17세기에 프랑스의 화가이자 이론가인 Charles Le Brun은 화가가 표현해 달라고 요청받을 수 있는 다양한 감정을 분명히 보여주는 일련의 얼굴 그림을 그렸다. 그 그림들에서 놀라운 점은 어떤 수의 얼굴 그림이든 손실 없이 서로 대체될 수 있었다는 것이다. 이 모든 것에서 빠진 것은 감정을 확정적인 것으로 만드는 어떤 환경이나 맥락이다. 우리는 이 사람이 누구인지, 다른 이 사람들이 누구인지, 그들은 어떤 관계인지, 그 장면에서 관건이 무엇인지 등을 알아야 한다. 그림에서뿐만 아니라 실생활에서도 우리는 단지 얼굴만 우연히 마주치는 것이 아니며, 우리는 특정한 상황에서 사람들을 마주치고, 사람들에 대한 우리의 이해는 그들과 우리가 살아 숨 쉬고 존재하는 사회적, 인간적 상황으로부터 괴리된 채 그럭저럭 촉발되어 보유될 수는 없다.

요지문

- What is striking about them is that any number of them could be substituted for one another without loss. 〈빈칸〉
  ➜ 요지
- In real life as well as in painting we do **not** come across just faces; *(rather,)* we encounter people in particular situations ~. 〈상관; not A. Rather, B.〉 ➜ 요지

어휘

· theorist 이론가　　　　　　· determinate 확정적인, 확실한

· at stake 관건이 되는, 성패를 좌우하는
· come across ~을 우연히 마주치다　　· substitute 대체하다

요지의 냄새를 맡는 독해

초판 1쇄 인쇄 2025년 02월 18일
초판 1쇄 발행 2025년 02월 26일
지은이 심우철

펴낸이 김양수
책임편집 이정은
교정교열 연유나

펴낸곳 도서출판 맑은샘
출판등록 제2012-000035
주소 경기도 고양시 일산서구 중앙로 1456 서현프라자 604호
전화 031) 906-5006
팩스 031) 906-5079
홈페이지 www.booksam.kr
블로그 http://blog.naver.com/okbook1234
페이스북 facebook.com/booksam.kr
이메일 okbook1234@naver.com

ISBN 979-11-5778-692-3 (53740)

* 이 책은 저작권법에 의해 보호를 받는 저작물이므로 무단전재와 무단복제를 금지하며, 이 책 내용의 전부 또는 일부를 이용하려면 반드시 저작권자와 도서출판 맑은샘의 서면동의를 받아야 합니다.

* 책값은 뒤표지에 있습니다.

* 파손된 책은 구입처에서 교환해 드립니다.

* 이 도서의 판매 수익금 일부를 한국심장재단에 기부합니다.

맑은샘, 휴앤스토리 브랜드와 함께하는 출판사입니다.